La madurez del hombre no viene con la edad; vie[ne con la aceptación de la] responsabilidad. Una de las más grandes barreras en el proceso de la madurez es que el hombre no puede resolver la crisis de identidad en que se encuentra. El Dr. Munroe analiza en forma muy exitosa esta crisis, dando una definición muy clara de lo que es el hombre y de lo que es su función en la sociedad. Al apuntar al origen del hombre, el Dr. Munroe trae claridad al verdadero propósito y destino del hombre. Este es un libro para los hombres que las mujeres deben leer también.

—Dr. A. R. Bernard
Pastor, Christian Cultural Center
Nueva York, NY

Como alguien que ha sido enriquecido con las enseñanzas y con los escritos del Dr. Myles Munroe, yo encuentro que el mensaje de este libro es muy significativo y presenta todo un reto. El Dr. Munroe nos ayuda a ver que el problema que el hombre está enfrentando a nivel mundial no es un problema biológico que tenga que ver con la masculinidad, sino un problema espiritual que tiene que ver con la identidad del hombre. Este libro nos ayuda a redescubrir el propósito escondido del hombre y nos da los principios para poder hacer esa determinación.

Este es un libro de su tiempo y de los últimos tiempos, no tan solo para leerlo, sino para usarlo como referencia para poder marcar nuestro curso hacia una mejor sociedad y hacia una vida mucho más rica.

—Dr. Bill Winston
Pastor, Living Word Christian Center
Forest Park, IL

La Red Cristiana de Negocios está llevando a cabo actualmente una iniciativa de paternidad con la comunidad, con el Estado y con los líderes del gobierno federal, enfocándonos en la crisis explosiva de hogares que no tienen padre alguno. El análisis del Dr. Myles Munroe acerca del liderazgo, en relación con lo que significa ser un hombre, nos ha ayudado una vez más para evaluar las señales conflictivas que los sistemas programados por el gobierno han causado a través de sus informaciones estadísticas. *Entendiendo el propósito y el poder de los hombres* debe ser el modelo usado para ayudar a eliminar los $150 mil millones de dólares al año que el gobierno federal y estatal gasta para subsidiar y para sostener a las familias con padres o madres solteros.

Este libro ayuda a que los hombres entiendan lo que significa ser un hombre, un esposo y un padre, y para que se puedan convertir en personas de cambio, dirigiéndose y enfocándose a edificar familias, comunidades, y ultimadamente, a su nación.

—*Sr. Jerome Edmondson*
Presidente y Fundador
Christian Business Network, Inc.
Southfield, MI

Dr. Myles Munroe

ENTENDIENDO EL

PROPÓSITO

Y EL

Juan Carlos Libreros Pedroza 2 Oct 2018 London

DEL HOMBRE

EL DISEÑO DE DIOS PARA LA IDENTIDAD MASCULINA

WHITAKER
HOUSE
Español

A menos que se indique lo contrario, todas las citas bíblicas son tomadas de la *Santa Biblia, La Biblia de las Américas*®, LBLA®, © 1986, 1995, 1997 por The Lockman Foundation. Usadas con permiso. Derechos reservados. (www.LBLA.org).

Traducción al español por:
Sí Señor, We Do Translations   Jorge Jenkins
P.O. Box 62   Tell: (302) 376-7259
Middletown, DE 19709 E.E.U.U.   Email: sisenortra@aol.com

ENTENDIENDO EL PROPÓSITO Y EL PODER DEL HOMBRE
Publicado originalmente en inglés bajo el título:
Understanding the Purpose and Power of Men

Dr. Myles Munroe
Bahamas Faith Ministries International
P.O. Box N9583
Nassau, Bahamas
Correo electrónico: bfmadmin@bfmmm.com
www.bfmmm.com; www.bfmi.tv; www.mylesmunroe.tv

ISBN: 978-1-64123-037-7
eBook ISBN: 978-1-60374-359-4
Impreso en los Estados Unidos de América
© 2018 por el Dr. Myles Munroe

Whitaker House
1030 Hunt Valley Circle
New Kensington, PA 15068
www.whitakerhouse.com

Por favor, envíe sugerencias sobre este libro a: comentarios@whitakerhouse.com.

1 2 3 4 5 6 7 8 9 10 11 🖳 25 24 23 22 21 20 19 18

DEDICATORIA

A mi amado hijo Chairo, teniendo la esperanza de que tanto el contenido como los principios de este libro se conviertan en la calidad de tu carácter y en la historia de tu vida.

Para Paul, quien siempre será mi hermano en esta vida y en la venidera. Que tu memoria viva a través de las cosas que me enseñaste como un verdadero varón y hombre.

A mi amado papá, Matt Munroe, quien ha sido mi ejemplo masculino.

A los hombres de BFM en su ministerio de la Comunión de Verdaderos Hombres; su pasión por la verdad es inspiradora.

A los hombres de toda raza, de toda cultura, de todo credo, y de toda nación, que se encuentran luchando por descubrir y poder dominar el misterio de ser un hombre.

A los hombres del Tercer Mundo que se encuentran en su búsqueda por recobrar su identidad perdida.

Al Creador y Fabricante del hombre y de la mujer.

RECONOCIMIENTOS

Nuestra concepción natural y nuestro nacimiento son resultado de la cooperación humana, y establece la prioridad que el Creador ha colocado en nuestra dependencia para con los demás, para alcanzar el éxito y el progreso personal. Esta obra es un testimonio de este tipo de cooperación, y confirma la realidad de que somos la suma total de las contribuciones hechas a nuestra vida por las personas que hemos tenido el privilegio de conocer en este viaje de la vida. Estoy profundamente agradecido por la inspiración y la sabiduría de los hombres y mujeres, tanto del pasado como del presente, quienes, por medio de sus vidas, instrucciones, correcciones, retos, entrega y ejemplo, han desarrollado dones dentro de mí, que yo ni sabía que existían.

También estoy muy agradecido a todos los amigos y colegas de la Asociación Internacional de Líderes del Tercer Mundo que siguen inspirándome para que yo pueda contribuir a mi generación y a aquellos que vengan en el futuro.

Por el desarrollo y producción de este libro, yo siento un profundo sentimiento de gratitud hacia:

Mi preciosa esposa Ruth y nuestros hijos Charisa y Chairo (Myles Jr.), por su paciencia y por su apoyo durante todas mis actividades mientras estoy viajando por todo el mundo. El hecho de ser tu esposo y su padre ha puesto a prueba la realidad de los principios de este libro, y ha hecho de mí un verdadero hombre muy masculino. Los amo a todos ustedes.

A Lois Smith Puglisi, quien ha sido diligente como persona, editora y consejera, muy dotada en todas las áreas, y quien ha pastoreado este libro desde su concepción hasta su forma actual. Tú eres un don para cualquier autor, y deseo que tu don siga abriendo camino para ti en el mundo.

CONTENIDO

Prólogo 9

Introducción 12

   1. ¿Qué es un verdadero hombre? 19

   2. Siete principios de propósito 43

   3. La creación del hombre 67

   4. El propósito de Dios para el hombre 84

   5. Dominio versus tiranía 115

   6. El hombre como visionario y como líder 136

   7. El hombre como maestro y como cultivador 155

   8. El hombre como proveedor y como protector 176

   9. El hombre y su vida sexual 196

  10. Diferencias entre el hombre y la mujer 221

  11. Cómo ser un buen padre 239

  12. Claves para convertirse en un verdadero hombre 257

Una palabra para los hombres de las naciones del Tercer Mundo 269

Acerca del autor 271

PRÓLOGO

El hombre del siglo veintiuno se encuentra en crisis. A través de todas las naciones de nuestra vivienda global, las prisiones y las cárceles se encuentran llenas de hombres. Comparados a su contraparte, que son las mujeres, ellos son responsables de una gran mayoría de los casos de comportamiento criminal en el mundo. Pero ellos también son víctimas del abuso de drogas y de ser los principales portadores del tan temido virus del SIDA. Muchos han hecho su hogar dentro de la subcultura de las pandillas, instigando actividades antisociales que provocan un caos en el orden social. Los hombres disfrutan el hecho de oprimir a las mujeres y de perpetrar la violencia doméstica.

En cada cultura y sistema social, los hombres están luchando para poder encontrar su lugar en un mundo que está cambiando rápidamente. En muchas sociedades el cambio tan dramático de la posición de la mujer, de los lugares de trabajo y de las funciones tradicionales culturales, ha dejado un gran número de hombres completamente confusos, desilusionados, muy enojados, frustrados, y aun, traumatizados. Sí, el hombre de este mundo posmoderno, lleno de técnica cibernética y guiado por la Internet, se encuentra preso en una red mundial de confusión. Los hombres se encuentran en problemas, pero tienen miedo de admitirlo. Están perdidos en un laberinto de nuevos paradigmas y de aguas desconocidas de convergencia social y cultural.

Muy frecuentemente cualquier tipo de cambio se convierte en la fuente de incertidumbre, y en cierta medida, de miedo y de ansiedad. Para muchos, este tipo de temor es muy difícil de manejar y causa diferentes reacciones. Algunas reacciones negativas ante el cambio pueden ser entre otras, la negación de las cosas, la ignorancia, el aislamiento, el enojo, la resistencia y el resentimiento. Estas reacciones pueden causar serios efectos en el medio ambiente en el cual se está llevando a cabo el cambio. El resultado puede ser opresión, supresión, violencia y el espíritu de control.

Un breve estudio del comportamiento del factor masculino en muchas naciones actuales, incluyendo la tuya, va a revelar que dichas reacciones se

deben a cambios culturales. Las transiciones tan drásticas que están sucediendo en las estructuras sociales y el cambio de creencias de tanto tiempo
están destruyendo las líneas de definición y las definiciones mismas de nuestras vidas. Para el hombre en la mayoría de las sociedades y de las culturas,
esta redefinición es traumática, y ha hecho que muchos hombres se queden sin
una definición clara de lo que es la hombría, la masculinidad y la paternidad.

El impacto de la confusión en las mujeres, en la familia y en la sociedad
también es aterrador. Muchas mujeres sufren la violencia de los hombres enojados. Los niños son víctimas del abuso y del resentimiento, y la sociedad tiene
que cargar con las cicatrices del deterioro social. Los gobiernos se encuentran
incapaces de responder a este fenómeno. Ellos están hallando que sus ideas,
sus leyes y sus programas sociales son completamente inútiles para solucionar
esto. Claramente está visto que los hombres se encuentran en problemas.

Así que, ¿qué es lo que un hombre debe hacer? El reto número uno que
encuentra el varón es su propia crisis de identidad. El hombre promedio se
encuentra confundido en cuanto a su hombría, a su masculinidad y a su sexualidad. Él no tiene una clara definición de lo que un hombre está supuesto a
ser. Algunos hombres han confundido sus funciones tradicionales, culturales y
sociales con la definición de hombría. Sin embargo, esto ha probado ser una de
las mayores causas del problema, debido a que, mientras que las funciones cambian, de la misma manera cambia la imagen que el hombre tiene de sí mismo.

¿Cómo podemos medir a un hombre? ¿Cuál es la verdadera hombría?
¿Cómo defines tú la masculinidad? ¿Cuál es la verdadera sexualidad del varón?
¿Cuál es el verdadero propósito del hombre con relación a la mujer? ¿Existe
una definición universal de la hombría? ¿Podría alcanzarse una definición de
este tipo? ¿Adónde debemos recurrir para obtener esta definición?

Este libro da respuestas a estas preguntas críticas, desde la perspectiva del
varón. El propósito y la función del hombre dentro del marco de la experiencia humana son explorados por medio de regresar al proceso original de su
creación, basados en la premisa de que nadie conoce el producto como el fabricante que lo creó. Ningún producto puede entender su identidad por medio
de preguntárselo al cliente o al consumidor, porque solo el fabricante conoce el
propósito original y potencial de su producto. Por lo tanto, es imperativo que
el hombre vuelva a descubrir su propósito original y entienda su verdadero
potencial, y de la misma manera, debe obtener un entendimiento claro de su
función principal dentro de la familia humana.

El hombre es la clave para construir infraestructuras sociales fuertes y duraderas, familias estables, sociedades sanas y naciones seguras. Es crítico que el tema de la crisis de los varones se convierta en una prioridad para los hombres, para las mujeres y para los gobiernos de las naciones, de tal manera que podamos asegurar desarrollos sociales continuos dentro de las naciones del mundo. Vamos a comenzar nuestro viaje a través de la tierra de la confusión cultural para poder volver a descubrir el propósito y el poder del verdadero hombre.

INTRODUCCIÓN

El hombre sostiene la clave para las naciones, y nuestras naciones se encuentran en crisis. A medida que el hombre avanza, de la misma manera avanzan la familia, la sociedad y el mundo. El problema consiste en que los hombres ya no tienen ninguna idea clara con respecto hacia dónde se dirigen. Ellos están sufriendo una profunda pérdida de identidad, las consecuencias son muy grandes para sus familias, para sus comunidades y para sus naciones.

PUNTOS DE VISTA CONFLICTIVOS ACERCA DE LA MASCULINIDAD

Las funciones tradicionales del hombre alguna vez les dieron a los hombres continuidad y equilibrio de generación en generación. Hoy en día, muchos hombres se están preguntando quiénes son realmente, y cuáles son las funciones que están supuestos a jugar en la vida. De forma superficial, ellos pueden estar siguiendo metas tradicionales de la vida, tales como trabajar, casarse y tener una familia. Sin embargo, tienen una incertidumbre interior en relación con lo que significa ser un hombre, un esposo y un padre.

¿Qué es lo que está causando esta incertidumbre? La razón principal es que la sociedad está enviando señales conflictivas acerca de lo que significa ser un hombre. Los puntos tradicionales de la masculinidad compiten hombro a hombro con las nuevas ideas de masculinidad que se encuentran en todo este mundo de ideas, y cada una está luchando por tener la supremacía.

EL CHOQUE DE LAS IDEAS TRADICIONALES CON LAS NUEVAS IDEAS

Esta competencia de ideas se está llevando a cabo a medida que absorbemos los mayores cambios sociales y políticos que ha habido en los últimos cuarenta años. En ambos niveles, en el nivel nacional y en el nivel internacional, las culturas y las ideas están chocando. Como resultado de esto, las personas están volviendo a evaluar lo que significa ser un humano, lo que significa ser un hombre o una mujer, y lo que significa ser un país determinado. Algunos de estos descubrimientos son los siguientes:

+ El movimiento para la igualdad de la mujer

- La exportación de la cultura occidental en el mundo
- La caída del comunismo
- El mercado mundial
- La creciente interdependencia entre naciones

Sea que se trate a nivel mundial o a nivel local, nuestro mundo está cambiando rápidamente delante de nuestros ojos, y la transformación social que acompaña a todo esto frecuentemente es muy dolorosa. El choque de las ideas tradicionales con las nuevas ideas ha dejado a muchos hombres perplejos y frustrados con relación a su propia identidad. ¿Cómo es que sus nuevas funciones (por ejemplo, la igualdad social con la mujer) van en contra de las funciones tradicionales (tales como proveedor y protector)? Los hombres se están sintiendo obligados a volver a definir sus funciones a medida que intentan adaptarse a estas expectativas sociales que están cambiando. Este ajuste está destruyendo tanto su vida personal como su vida profesional. Está alterando sus relaciones con las mujeres. Está transformando la vida de la familia.

Pero las líneas de estas nuevas funciones se ven muy borrosas para los hombres, a medida que las ideas tradicionales y contemporáneas eclipsan—se hacen sombra unas a las otras—y se vuelven a separar otra vez. Por ejemplo, por un lado se les ha dicho a los hombres que no existe una verdadera diferencia entre los hombres y las mujeres y que ellos tienen que considerar a las mujeres como iguales. Por el otro lado, se les anima a tratar a las mujeres con un cuidado especial y con mucha cortesía, pero cuando lo hacen, son acusados de ser machistas.

EL HOMBRE EN CRISIS

Históricamente, el hombre ha definido su masculinidad por medio de las diferentes funciones que ha desempeñado para sus familias y para la sociedad. Ahora que estas funciones se encuentran en transición, ellos no tienen una sólida definición de la masculinidad que les pueda dar un contexto cultural para la vida. Como resultado de esto, muchos hombres creen que han perdido una parte de ellos mismos y que no tienen nada concreto con que reemplazar esa pérdida. Frecuentemente, ya no se sienten ni queridos ni necesitados por las mujeres. Ellos solían tener una dirección bien clara de hacia dónde se dirigían como hombres. Ahora, es como si se encontraran atrapados en un laberinto, completamente frustrados e incapaces de moverse hacia delante con un propósito en la vida.

Algunos hombres han reaccionado con ira y con enojo en contra del movimiento de las mujeres, y en contra de otros cambios sociales. Ellos no tienen intención alguna de adaptarse. Por el contrario, han reafirmado o reforzado su dominio tradicional sobre las mujeres debido a que tienen miedo de perder el control. Han reaccionado siendo competitivos o aislándose. Ellos son dictatoriales o incluso abusivos con sus familias. En ciertos países, los hombres han luchado muy agresivamente para compensar en un nivel nacional. Ellos han tratado de compensar el avance de la igualdad de las mujeres con restricciones muy severas en los estilos de vida y en las libertades con que cuentan las mujeres, debido a que perciben estos cambios como parte de la influencia occidental en su sociedad. Para ellos esto es una corrupción moral que está dañando su estilo de vida.

UNA ENCRUCIJADA CRUCIAL

¿Por qué es la crisis de propósito del hombre un tema tan crucial? Por una razón. Ataca la médula de quiénes son los hombres, dejándolos indecisos y con un fundamento muy débil. Por otro lado, refleja un rompimiento en el entendimiento, en la comunicación y en la cooperación entre los hombres y las mujeres, que es totalmente en contra de lo natural y contrario a lo que es saludable. Los hombres se encuentran frente a una encrucijada crucial, y la dirección hacia dónde se dirijan va a tener un efecto muy serio en el curso de la sociedad. La crisis de propósito que ellos están experimentando va a escalar si ellos siguen viviendo en un estado mental defensivo o de incertidumbre. Van a permanecer frustrados y van a vivir en un nivel muy por debajo de su potencial. Más aún, las grietas en los fundamentos de la sociedad van a abrirse peligrosamente más y más.

¿Qué es lo que los hombres deben hacer? ¿Deberían aferrarse a sus funciones tradicionales y a sus maneras tradicionales de pensar, o deberían intentar caminar por la nueva senda que ha sido preparada a través de los nuevos conceptos de hombría?

Sería difícil tratar de cambiar el flujo del cambio, y no queremos regresar a la tradición solamente por el propósito de la tradición en sí misma. El viejo sistema no reflejó el total propósito y el completo potencial de los hombres, y por lo tanto, las mujeres fueron devaluadas bajo ese sistema tradicional.

Pero los conceptos contemporáneos de la hombría y de la masculinidad frecuentemente son muy ambiguos. Tienden a enfocarse en las funciones, en lugar de enfocarse en el propósito del varón y en la identidad del hombre (lo cual es una distinción crucial que explora este libro). ¿Qué clase de mundo vamos a tener si seguimos manteniendo este nuevo curso? Ya tenemos alguna idea de los efectos negativos que una crisis permanente del propósito del hombre puede traer. Muchos de los problemas sociales que enfrentamos actualmente, tales como los embarazos de jovencitas, el crimen y la pobreza, fluyen como producto de la falta de propósito y falta de raíces que tienen los hombres.

La mayoría de los crímenes en el mundo entero son cometidos por los hombres. Noventa o noventa y cinco por ciento de la población de las prisiones en los Estados Unidos de América son hombres. Recientemente, me ha asombrado el creciente número de jóvenes varones que se han involucrado en el crimen. Estamos viendo más y más actividad criminal entre los jóvenes varones de edades que van desde los nueve hasta los dieciocho años. En Londres, un niño de cinco años de edad fue asesinado por un niño de once años de edad. En Chicago, una niña de seis años de edad fue asesinada por un niño de nueve años de edad. Yo todavía recuerdo cuando los criminales solían ser hombres de edad adulta.

¿Qué tan seguido ves tú una lista de crímenes que fueron cometidos durante una semana específica donde el 50 por ciento de los delincuentes fueron mujeres? Realmente es un asunto de varones.

Ya sea que estemos hablando de un hogar destruido, de una esposa abusada, de un hijo abandonado, o de un crimen, estamos viendo principalmente un problema que tiene que ver con los varones, lo cual surge de un propósito desviado o de la falta de verdadera identidad.

EL ASUNTO CONSISTE EN EL PROPÓSITO Y NO EN LA MASCULINIDAD

¿Por qué es que tantos daños sociales han sido causados por los hombres? Puede ser una tentación para algunos el disculpar a los varones, diciendo que no tienen esperanza debido a su agresividad y a su actitud dictatorial, y que esto solo es su esencia natural que necesita un ajuste general. Yo quiero presentar una perspectiva alternativa a esto: el problema no consiste en el origen biológico de la *masculinidad*, sino en un problema espiritual de *identidad*. La identidad del hombre no es esencialmente un asunto de *funciones*, lo cual varía con cada cultura y cambia con los tiempos cambiantes; es un asunto de *propósito inherente*.

Por lo tanto, para poder analizar los problemas de nuestra sociedad y del mundo, debemos comenzar con el hombre y con la forma como él se percibe a sí mismo. Si los hombres supieran quiénes son realmente, y cuál es su verdadera razón de ser, entonces toda su confusión, su enojo y su comportamiento destructivo podrían ser reemplazados con propósito, con confianza y con la edificación de la sociedad. Es cuando los hombres no saben quiénes son ni qué propósito tienen en este mundo que llegamos a experimentar una multitud de problemas culturales.

Mientras la sociedad está sintiendo los efectos del dilema del hombre, también aparentemente está contribuyendo a ello por medio de presentar ideas incompletas o confusas acerca de la masculinidad. De esta manera, la sociedad está generando problemas para sí misma de forma inconsciente. Esta espada de dos filos no es nueva para nuestra generación o para nuestro mundo.

LAS CONSECUENCIAS DE IGNORAR EL PROPÓSITO

La crisis que estamos viendo hoy en día es, de hecho, una versión contemporánea de un dilema muy antiguo. Tanto los hombres como las mujeres han perdido su concepto de lo que significa verdaderamente ser humanos— hombre y mujer—desde hace mucho tiempo. El problema no está reservado solo para ciertas culturas en particular. El asunto de la identidad es un problema global. Yo he viajado a muchas naciones y he concluido que la mayoría del mundo está sufriendo de lo que yo llamo "las consecuencias de ignorar el propósito". En cada nación, en cada comunidad, no importa el idioma que hablen los ciudadanos o de qué color sea su piel, las personas están experimentando un dilema común. Ellas están sufriendo los efectos debilitantes de un mal entendimiento de propósito. No entienden quiénes son realmente, y por lo tanto, no están viviendo a la medida de todo su potencial en la vida.

En mi libro anterior titulado, *Entendiendo el propósito y el poder de la mujer*, yo muestro la forma en que la ignorancia del propósito por parte de la humanidad, históricamente, ha degradado a las mujeres (Recomiendo ese libro a los hombres, de la misma manera que recomiendo este libro a las mujeres). Hablé acerca de cómo podemos aliviar el dolor y el potencial invalidado que este mal entendimiento de propósito ha causado a las mujeres a través de los siglos, para que ellas puedan ser libres y puedan convertirse en todo aquello para lo cual fueron creadas.

Sin embargo, ni los hombres ni las mujeres podrán ser actualizados completamente si no se analiza la crisis del varón, debido a que los hombres tienen una influencia principal en el tono y en la dirección de la sociedad. Esta influencia fue creada con el propósito de que fuera usada para bien. Sin embargo, a medida que vemos muchos de los problemas sociales que estamos enfrentando actualmente, puede tener exactamente el efecto contrario cuando no se le entiende o cuando se abusa de ello. No hay manera que podamos tener un mundo seguro y productivo mientras la humanidad como un todo no entiende el motivo de su existencia, y los hombres, especialmente, no cuentan con una idea clara de su identidad.

Las personas pueden pasar años sin darse cuenta que no están cumpliendo su verdadero propósito. Ambos individuos y culturas pueden vivir cómodamente, siguiendo funciones establecidas, sin siquiera cuestionar su validez. Sin embargo, nuestra sociedad, que se encuentra turbulenta, nos está forzando a examinar el fundamento de nuestros conceptos de masculinidad y de feminidad. En este sentido, podemos ver esta crisis como una poderosa oportunidad para auto descubrirnos y para auto actualizarnos. Depende de nosotros el hacer pruebas precisas para determinar qué tan saludables son ambas ideas, tanto las tradicionales como las contemporáneas, con relación a lo que significa ser hombre y ser mujer, y entonces, poder establecer un fundamento fuerte para la sociedad.

El propósito de este libro es darnos los principios para que podamos hacer esas determinaciones y que podamos cumplir nuestro verdadero propósito como seres humanos.

VOLVER A DESCUBRIR EL PROPÓSITO

Por lo tanto, para volver a descubrir la identidad masculina, necesitamos analizar estas preguntas:

+ ¿Cómo es que los hombres pueden establecerse en el medio ambiente tan cambiante de las expectativas culturales?

+ ¿Qué significa ser hombres?

+ ¿Cuál es la definición de masculinidad que los hombres deberían adoptar?

+ ¿Cuál es la razón de que el concepto de sí mismo para un hombre sea tan importante para el fundamento de la sociedad?

+ ¿Cuáles son las funciones que los hombres deberían cumplir en el lugar de trabajo y en el hogar?

* ¿Qué tienen que ver las funciones de los géneros con el propósito del hombre?

* ¿Cuáles son las diferencias entre hombres y mujeres?

* ¿Cómo es que deben relacionarse los hombres y las mujeres?

* ¿Cómo es que un hombre puede construir una vida mejor para sí mismo, para su familia y para el mundo?

En las páginas siguientes, voy a explorar estas preguntas en una manera muy práctica y muy directa. Ven conmigo para que volvamos a descubrir el propósito: el hombre, tal y como él fue diseñado originalmente.

1

¿QUÉ ES UN VERDADERO HOMBRE?

LOS HOMBRES NECESITAN UNA IDENTIDAD DADA POR DIOS PARA QUE PUEDAN CUMPLIR SU VERDADERO PROPÓSITO.

Imagina que estás viendo un programa de televisión que se parece al programa *Diga la verdad*. Varios participantes tratan de convencerte de que son el Verdadero Hombre. Tú tienes que adivinar cuál de ellos es el auténtico y cuáles son los impostores.

El Concursante #1 está diciéndote que él es el Verdadero Hombre porque cumple con la función tradicional del hombre: él sostiene a su familia económicamente, mientras que su esposa cuida a los niños y el hogar. Mientras él provea un techo para sus cabezas y alimentos para que coman, él está cumpliendo su obligación como esposo y como padre. Este hombre no considera que su esposa sea igual a él.

El Concursante #2 dice que él es el Verdadero Hombre porque tiene una función culturalmente progresiva: él comparte su hogar y las responsabilidades de sus hijos con su esposa, mientras ambos persiguen sus carreras profesionales. Él piensa de su esposa como alguien completamente igual a él.

El Concursante #3 explica que él es el Verdadero Hombre porque ha sido liberado de los estereotipos masculinos, y ha decidido tomar la función del cuidado de los hijos y del hogar mientras que su esposa va a trabajar. Él considera que su esposa es igual a él o incluso mejor que él, debido a que ella tiene una naturaleza más sensitiva y con mayor compasión que la de él.

Estas son algunas de las imágenes de masculinidad que están compitiendo por la aceptación del hombre hoy en día. Muchos hombres se sienten como si les hubieran pedido que adivinaran lo que es un verdadero hombre, por medio de determinar cuál de estos "Concursantes" tiene las mejores respuestas y las más convincentes expresiones faciales. Pero parece que no hay un claro ganador. Adicional a esto, la sociedad sigue mezclando y comparando estas imágenes hasta el punto en que los hombres ya no saben qué es lo que se espera de ellos. Ellos están confundidos y frustrados a medida que tratan de poner en orden sus propias expectativas de masculinidad, mientras que, al mismo tiempo, están sintiendo la presión de varios segmentos de la sociedad que están promoviendo estas imágenes, o que están promoviendo una combinación imposible de estas imágenes. Mientras tanto, Hollywood está inundando a la sociedad con intrigantes imágenes de estrellas de la masculinidad, tales como James Bond y Rambo. Aunque estas imágenes son superhéroes en lugar de ser hombres reales, algunas veces es muy difícil escapar su seducción. No es difícil comenzar a pensar que un verdadero hombre, de alguna manera, debería imitar el poder y la multitud de recursos que ellos exhiben.

UNA CRISIS DE FUNCIONES

Lo que hace que nuestra situación actual se convierta en una falta de definición para los hombres es el hecho de que, tradicionalmente, los hombres han definido su masculinidad por medio de sus funciones: las funciones que desempeñan para sus familias y en la sociedad. Sin embargo, ha habido un cambio mayor en las funciones, tanto de los hombres como de las mujeres. Las reglas de la sociedad están cambiando. Esto ha sucedido en los últimos cuarenta años más o menos. Estamos en medio de una transición cultural, y la competencia de ideas acerca de la masculinidad está causando problemas muy complejos para los hombres. Ellos están siendo halados en diferentes direcciones al mismo tiempo, mientras que tratan de encontrar el verdadero significado de lo que significa ser un verdadero hombre en el mundo de hoy en día.

En años recientes, la literatura que se enfoca en los cambios de la vida de los hombres ha indicado que el hombre se encuentra en un estado de crisis y de conflicto interno. Una multitud de estudios nos están diciendo que los hombres no están seguros de quiénes son, ni de lo que las mujeres quieren de ellos o esperan de ellos. Sin tener una idea clara de su identidad, los hombres están tratando de enfrentar el choque de las expectativas de una nueva sociedad y de las ideas tradicionales con relación a lo que un hombre debería ser, las cuales ya se han internado a través de la familia, de la cultura o de la inclinación natural del hombre.

Los conceptos básicos que los hombres tienen acerca de la masculinidad están siendo despedazados. Los hombres se sienten fuera de lugar. Están frustrados, luchando para adaptarse a un concepto nuevo, pero muy vago con relación a quiénes son, o, por el otro lado, están muy enojados, tratando de revertir el flujo del cambio.

¿Deberían abandonarse totalmente los conceptos tradicionales? Si lo hacemos, ¿cómo y con qué podríamos sustituirlos? Muchos hombres tienen preguntas ante las cuales no encuentran respuestas, tales como las siguientes:

Juan Carlos Libreros Pedroza Oct 2/2018

1. ¿Acaso el hombre todavía está supuesto a ser el proveedor y el protector? Hoy en día, la mujer es la que sale y provee para sí misma su propio pan, y dice que ella no necesita ningún tipo de protección. El hombre ya no está seguro de qué es lo que debe hacer para la mujer.

2. ¿Acaso el hombre sigue siendo el líder y la autoridad en el hogar? Esto tampoco está claro actualmente. La mujer dice: "Tú no eres mi autoridad. Yo no soy una esclava. Yo produzco mi propio dinero, y tomo mis propias decisiones. Yo hago lo que yo quiero. Yo te llamaré por teléfono cuando sienta que estoy lista para ti". El hombre ya no sabe cómo es que se debe relacionar con la mujer.

3. ¿Acaso el hombre debería seguir mostrando caballerosidad? ¿Debería abrir la puerta para una mujer, escoltarla y acompañarla, pagar su cena en una cita con ella, y todo lo demás? El hombre acomoda la silla para la mujer, y ella dice: "Está bien. Gracias, pero yo puedo acomodar mi silla sin tu ayuda". Algunas veces el hombre le abre la puerta a la mujer, y ella se siente ofendida por ello. "¿Acaso crees que estoy inválida?", ella contesta. Si una mujer entra en una habitación y un hombre se pone de pie como un gesto de respeto, ella lo va a voltear a ver como si él estuviera loco. El hombre ya no sabe si debe seguir tratando delicadamente a la mujer.

4. ¿Acaso todavía es el hombre el defensor de su familia, de su propiedad y de su país? Cada vez más mujeres están entrando a las filas de las fuerzas policíacas y de las fuerzas armadas, y andan portando armas. Algunos hombres no saben cómo reaccionar ante estos cambios. Una mujer entra a su casa con su uniforme puesto, y su esposo siente miedo de siquiera decirle "hola" a ella. Él se va a levantar y a decir: "¡Diga, mi sargento!" Muchos hombres están pensando: "Ella no necesita realmente que yo la proteja". Los hombres ya no saben si las mujeres los necesitan para algo.

¿Existe algo actualmente que pueda marcar la diferencia entre un hombre y su contraparte femenina? Basados en los escenarios anteriores, esta es una pregunta muy difícil de contestar. Los hombres y las mujeres se encuentran en un estado de cataclismo y de confusión con relación a sus géneros.

Por lo tanto, ¿qué es lo que tú tienes que hacer para poder ser un hombre del siglo veintiuno? ¿Quiénes son los hombres en relación a las mujeres?

¿Cómo es que los hombres tienen que clasificar las diferentes versiones de la masculinidad que están siendo promovidas en el mundo entero?

Si tú eres un hombre y sientes que tu trabajo, tus relaciones y la perspectiva que tienes del mundo están siendo volteadas de cabeza, no estás solo en esta situación. Este es el momento más complejo en el mundo para ser un hombre. Los hombres de todas las edades están batallando con opiniones y puntos de vista competitivos, y con diferentes valores de lo que significa la masculinidad.

¿Qué ha sucedido?

SE HAN HECHO A UN LADO MILES DE AÑOS DE TRADICIÓN

Los hombres acostumbraban adquirir sus ideas de lo que significa la masculinidad por medio de observar a sus padres o por medio de tradiciones culturales de muchos años. Existía una continuidad en las funciones de los hombres que iban de generación a generación. Las cosas son muy diferentes ahora. Cientos, y tal vez miles, de años de tradición, se están haciendo a un lado en solo una o dos generaciones. Este cambio probablemente comenzó en el occidente y en las naciones industrializadas con el movimiento de las mujeres y con otros cambios culturales, pero su influencia se ha sentido, de una manera o de otra, en todo el mundo.

Por ejemplo, mi vida es completamente diferente de la vida de mi padre. Yo no puedo usar como ejemplo la forma como mi padre hacía las cosas como modelo para mí mismo, y mis hermanas no pueden usar el medio ambiente en que funcionó mi madre como ejemplo para ellas. Nuestros padres vivieron no solo en una generación diferente, sino con conceptos diferentes de la masculinidad y de la feminidad. Hablando históricamente, ha sido hasta solo recientemente que el hombre tenía ciertas funciones aceptadas y la mujer tenía ciertas funciones aceptadas, y estas no se oponían las unas con las otras.

FUNCIONES HISTÓRICAS

Tú puedes regresar cincuenta, cien, quinientos, dos mil, cuatro mil años, y tú vas a encontrar un modelo bastante consistente de las funciones para los hombres y para las mujeres, el cual era aceptado y valorado. Había algunas razones muy prácticas para el tan largo entendimiento de este modelo. Siempre ha habido ciertas excepciones al modelo entre individuos y entre culturas, pero la siguiente es la manera en que la mayoría de las familias se comportaban durante generaciones. Este modelo tradicional todavía sigue teniendo influencia en las relaciones entre hombre y mujer.

EXISTÍA UNA CLASIFICACIÓN BIOLÓGICA DE LAS FUNCIONES

En tiempos pre-contemporáneos, la biología contribuyó grandemente para las funciones de los hombres y las mujeres. Los hombres generalmente son más fuertes que las mujeres, y por lo tanto, eran los hombres los que salían a cazar y a proveer para la familia. Las mujeres están equipadas biológicamente para tener bebés, y por lo tanto, ellas cuidaban de los hijos. En general, no había opciones de control natal y no había alternativas de aborto con las que la mujer pudiera superar a la biología. El hombre no tenía que estarse figurando si era él o su esposa quien tendría que quedarse en casa para criar a los hijos. Las funciones eran menos complicadas debido a que estaban determinadas por la biología.

LA VIDA DE CADA DÍA ERA UNA LUCHA POR LA SUPERVIVENCIA

Adicional a esto, las personas vivían en un medio ambiente físico mucho más hostil, donde la vida de cada día era una lucha por la supervivencia. Esta era otra razón de por qué el hombre, quien era más fuerte físicamente, se convertía en el proveedor y en el protector de la familia.

Al mismo tiempo, el tener un trabajo era algo especialmente precario. El hombre literalmente tenía que arriesgar su vida para poder cuidar de su familia. Esto hacía que su esposa y sus hijos se volvieran a él en busca de liderazgo y valoraran su crucial contribución, la cual permitía la supervivencia de ellos. Ellos dependían totalmente de él.

Cuando un hombre salía a buscar comida para su familia, no había garantía alguna de que él iba a regresar vivo. Él podía ser herido mortalmente por un animal, o podía morirse por la inclemencia del tiempo. Por lo tanto, la mujer se gozaba grandemente al verlo regresar a casa. Esta misma actitud básica se mantuvo en el tiempo de nuestros padres y de nuestros abuelos, cuando la mayoría de los maridos eran los únicos proveedores de sus familias, y sus esposas permanecían en el hogar. Al llegar la noche, toda la familia estaba contenta de que el padre había regresado. ¿Por qué? Porque él había estado afuera en un mundo lleno de peligros, tratando de proveer. Algunas veces era difícil obtener un trabajo. Algunas veces el único trabajo que un hombre podía obtener era pasando largas horas en los campos, o debajo de la tierra en una mina de carbón. Cuando el hombre llegaba a casa cojeando, su esposa sabía que él había arriesgado su salud o aun su vida para traer pan a la mesa.

La familia en la que yo crecí era una familia típica que pertenecía a un pasado no muy distante. Yo soy uno de once hijos. Mi padre acostumbraba levantarse en las mañanas antes de que todos nosotros nos despertáramos, y él acostumbraba ir a la cama después de que todos ya se habían ido a dormir. Él pasó toda su vida trabajando para que pudiéramos tener un techo sobre nuestras cabezas, tratando de alimentar a casi una docena de niños, y para que pudiéramos tener ropa con la cual vestirnos. Era un trabajo de veinticuatro horas del día. Mi madre tenía que estar en casa, y su trabajo era tan duro como el de mi padre. Ella tenía que cuidar de todos los once niños que éramos nosotros, cocinando los alimentos, bañándonos, lavando nuestra ropa, mandándonos a la escuela, asegurándose de que habíamos hecho nuestras tareas y disciplinándonos. Era un estilo de vida muy difícil. Era solo cuestión de supervivencia.

SE ESTABLECEN LAS FUNCIONES Y LAS HABILIDADES DE CADA UNO

Las necesidades básicas de supervivencia requerían que los hombres y las mujeres desarrollaran funciones y habilidades específicas, las cuales pasaban a través de una generación tras otra. Hasta el tiempo de tus abuelos o hasta el tiempo de tus padres, todos sabían sus funciones para él y para ella, y tenían habilidades adecuadas para ellas. El esposo sabía lo que él necesitaba hacer, y lo hacía; la esposa sabía lo que ella necesitaba hacer, y lo hacía.

De esta forma, aunque la manera de sobrevivir era difícil, las relaciones eran relativamente fáciles, debido a que no existía confusión alguna en las funciones de los dos géneros. Un hombre o una mujer no tenían que ponerse a imaginar si estaban infringiendo indebidamente el territorio del otro. La función de ella era cuidar la casa, cocinar los alimentos y cuidar de los hijos. El trabajo de él era cazar o cultivar las cosechas y construir algún tipo de casa, para poder, con todo esto, proveer un techo y comida para la familia. La vida era bastante sencilla, y por lo tanto, en el mismo sentido, las relaciones eran menos complicadas.

LA INTERDEPENDENCIA CREÓ UN APRECIO NATURAL

Esta sociedad creada para sobrevivir produjo una interdependencia entre los hombres y las mujeres, lo cual generó un mutuo aprecio. Debido a que los dos trabajaban muy duro y realizaban sus funciones individuales, esto hacía que se respetaran el uno al otro. Era un aprecio natural. Era natural debido a que sus funciones estaban muy claras, y eran aceptadas como funciones necesarias e importantes.

En muchos de estos matrimonios, no existía el tipo de relaciones que conocemos hoy en día entre el marido y la esposa. El hombre estaba motivado por cosas sencillas: comida, sexo, los hijos y la seguridad. Él no estaba motivado por la conversación o por el intercambio sentimental ni por la sensibilidad emocional o psicológica. Él llegaba a casa cuando él quería satisfacer sus necesidades básicas.

En la mayoría, el hombre era honrado y amado por su mujer, no debido a que fuera un buen hombre o un compañero tierno, sino debido a que ella sabía que él estaba arriesgando su vida para cuidarla a ella y a sus hijos. Ella lo amaba a él debido a lo que él hacía por ella. Él no ganaba el honor y el aprecio de ella debido a que él fuera sentimental o romántico. Ella valoraba la provisión de él. Si él no hubiera desafiado los elementos para llegar a casa con carne fresca, ella no lo hubiera respetado.

La mujer pasaba el tiempo criando a los hijos y formando un hogar, y ella era respetada y amada por el hombre debido a su contribución con relación a la familia. Él no la honraba necesariamente debido a que ella fuera encantadora o debido a "que lo dijera la Palabra de Dios". Él la honraba a ella debido a que ella le dio sus hijos y debido a que él sabía el valor del trabajo que ella estaba realizando. Él no tenía que preocuparse acerca de quién iba a alimentar y a mantener limpios a los niños o acerca de quién iba a lavar la ropa. Su esposa hacía todo eso, y él la respetaba por ello.

Esto significa que el romance no era una parte importante en las vidas de muchos de nuestros ancestros. Ellos estaban muy ocupados tratando de sobrevivir. Cuando tú te encuentras en un estilo de vida donde solo estás tratando de sobrevivir, no queda mucho tiempo para los sentimientos.

Fue de esta manera que sucedieron las cosas durante mucho tiempo con muchas parejas de casados hasta hace poco tiempo. El hombre pasaba todo el día trabajando. Él estaba ocupado proveyendo y protegiendo a su familia. Él no tenía tiempo para el romance cuando él llegaba a casa. Todo lo que él quería era comida y sexo. Él no estaba preocupado acerca de conversar con su esposa en la cena o acerca de ir de compras con ella o acerca de darle dinero para que ella pudiera gastarlo. Él tenía dinero solo para sobrevivir. La relación era muy simple: "Mira, tenemos que sobrevivir, y yo tengo que protegerte. Cualquier cosa que yo tenga que hacer para cumplir con esto, en eso consiste la vida".

El hombre pensaba de este matrimonio como si fuera una sociedad, pero el concepto de sociedad no significa lo mismo cuando tiene que ver con nosotros en el día actual en que vivimos. Él no consideraba que su esposa fuera igual que él y ni siquiera que ella fuera tan buena como él. Al contrario, esta sociedad significaba que ella tenía una función que desempeñar y que él tenía su parte también. Los hombres y las mujeres fueron enseñados de esta manera con relación al concepto del matrimonio. El marido y la mujer se honraban el uno al otro debido a las contribuciones individuales que hacían a esta sociedad, y no debido a que reconocieran igualdad alguna entre los hombres y las mujeres. Esto es de donde venimos como sociedad. Sin embargo, las cosas han cambiado.

LAS FUNCIONES CONTEMPORÁNEAS

La vida es completamente diferente para los hombres y para las mujeres en estos días, debido a que ya no están dependiendo el uno del otro para la seguridad y para la supervivencia. Nuestras funciones y estrategias realmente han cambiado.

Los hombres ya no tienen los tipos de trabajos que solían tener durante siglos. Ellos tenían una función que era muy clara, y la cual no compartían con sus esposas. ¿Cómo era que se medía la hombría y la masculinidad? Se les decía a los hombres jóvenes: "Busca un trabajo, hijo, para que puedas proveer para tu familia y para que puedas tener hijos". Ser el proveedor y tener la habilidad para procrear era la medida para un hombre. Pero la forma en que la sociedad ve a los hombres se encuentra en transición, y estas características ya no son consideradas como las marcas o distintivos principales de la masculinidad. Un buen número de familias todavía sigue el modelo tradicional, donde el marido se encarga del trabajo mientras que la esposa se queda en el hogar con los hijos, especialmente mientras los hijos son pequeños. Sin embargo, aun estos matrimonios frecuentemente están siendo influenciados por las ideas contemporáneas, en lugar de las ideas tradicionales de cómo es que los hombres y las mujeres se deben relacionar los unos con los otros.

LA BIOLOGÍA YA NO ES UN FACTOR IMPORTANTE

La biología ya no determina las funciones del hombre y de la mujer en la forma en que solía hacerlo. Hoy en día, debido a que está prevaleciendo el hecho de que ambos pueden tener las mismas profesiones y de que existe el control natal, un marido y una mujer pueden elegir no tener hijos jamás. También, debido al esparcimiento de la idea de que la fertilidad es un asunto de la mujer solamente, la mujer muy frecuentemente le dice al hombre cuándo van a tener un hijo o si acaso van a tener un hijo. Aun si ellos tienen un hijo, eso no significa necesariamente que la esposa se va a quedar en el hogar a cuidar al bebé todo el día o todos los días. Las guarderías, así como muchas otras opciones para el cuidado de los hijos, le permiten a la mujer tener un trabajo fuera del hogar, ya sea de medio tiempo o de tiempo completo.

Este cambio está trayendo nuevas formas de tensión nerviosa a la familia. Si las trabajadoras de las guarderías o las nanas están criando a los hijos, algunas veces los hijos no llegan a conocer realmente a sus padres. De la misma manera, los padres no siempre saben lo que la niñera está haciendo o enseñando a los niños mientras ellos están en el trabajo. Básicamente, esto significa que los niños están siendo criados por personas que los padres ni siquiera saben quiénes son.

En adición a esto, debido a que tener niños y cuidarlos anteriormente producía respeto para la mujer por parte de su marido, hoy en día el hombre tiene que encontrar alguna otra manera de honrar a su esposa. Debido al modelo tradicional, cuando una esposa demanda respeto de su marido hoy en día, él piensa algunas veces: "Bueno, ¿qué estás haciendo tú para ganártelo?".

Las relaciones del siglo veintiuno son muy difíciles.

YA NO ESTAMOS TAN SOLO BUSCANDO SOBREVIVIR

La mayoría de nosotros ya no nos enfocamos en la supervivencia y en la protección de la manera en que las personas solían hacerlo antes. Esto no quiere decir que no enfrentemos retos económicos ni tensión nerviosa que estén relacionados con el trabajo, sino que el riesgo físico ya no es el mismo. No estamos cazando comida y encarando los elementos tan solo para permanecer con vida. Tenemos tiendas de abarrotes abiertas las 24 horas al día y hornos de microondas. Aunque vivimos en un mundo incierto donde todavía hay peligros, el medio ambiente físico es mucho más amigable hoy en día de como lo fue para nuestros antepasados. Actualmente, un hombre sale de su casa en la mañana vestido con su traje de tres piezas, mientras que maneja su automóvil último modelo para ir a trabajar, como lo hace un doctor en una oficina muy moderna. El riesgo físico ya casi no existe para muchas personas.

Una de las diferencias entre los estilos antiguos y las nuevas formas es que, cuando las personas se casan, ellas tienen ya casi todo lo que necesitan, en lugar de tener que luchar por ello. Más aún, la mujer ya no tiene que depender del hombre para que le provea después de que ellos se han casado. Debido a que la función tradicional de proveedor se encuentra inherente en muchos hombres, esta situación puede ser muy insegura para un hombre.

Por ejemplo, un hombre conoce a una mujer y descubre que ella ya posee bienes materiales. Debido a que ella ha estado trabajando por un buen tiempo, ella gana más dinero que él, y ella maneja un automóvil mucho más costoso. Ella es dueña de un condominio, tiene una televisión de 35 pulgadas, tiene un refrigerador, y toda la comida que puede poner en él. Ella puede comprar su propia gasolina para su automóvil. Ella tiene toda su vida arreglada y funcionando, y entonces él dice que quiere casarse con ella, y que quiere poder cuidar de ella. ¿Cómo es que ella va a poder depender de él? Ella ya tiene dinero en el banco. ¿Qué es lo que el hombre le va a dar a ella? Ella ya no está buscando sobrevivir ni ser protegida; ella es independiente, y por lo tanto, sus expectativas con relación a los hombres y al matrimonio son completamente diferentes.

Algunas mujeres se preguntan: "¿Cómo es que estoy supuesta a ser sumisa y a sujetarme, siendo que yo gano más dinero que mi marido, y además, la casa y todos los muebles son míos?". En otras palabras, ella le está diciendo al hombre: "Tú tienes que ganarte el derecho para que yo me someta a ti por medio de darme algo que yo no te haya dado todavía". Este es un concepto muy duro como para que un hombre lo pueda escuchar. Así que el hombre dice: "Bueno, yo no te puedo dar todo, porque tú ya posees más de lo que yo poseía desde el principio". ¿Cómo es que una mujer se somete a alguien cuando ella cree que ella lo está sosteniendo? Es una situación muy difícil para ambos, tanto para los hombres como para las mujeres. Pero este es el mundo en que estamos viviendo.

¿Alguna vez te has preguntado por qué son tan comunes los divorcios en estos días? Una de las razones es que hoy en día una mujer le puede decir al hombre rápida y directamente: "Si tú no puedes cuidar de mí adecuadamente, yo te voy a dejar". Mi madre tuvo once hijos. Cuando ella tenía un problema, ella no podía decirle a mi padre: "Te voy a dejar". ¿Qué es lo que ella iba a hacer? Ella no tenía ninguna preparación profesional o académica, y tampoco estaba preparada para ningún trabajo fuera del hogar. El hogar era toda su vida.

La independencia es una situación relativamente nueva para las mujeres, y los hombres todavía están aprendiendo a enfrentar este cambio. En muchas maneras, la mujer ha tomado el control no solo de la función tradicional del hombre como proveedor, sino también de la función como protector. Ella ahora también usa una macana, también tiene una pistola en su bolsa, y tiene un teléfono celular para llamar a la policía instantáneamente. Así que, ¿qué es lo que un hombre hace? Él dice: "Yo soy tu protector", y ella le responde: "Yo no necesito que tú me protejas a mí". Es un mundo diferente. Los hombres ya no saben lo que ellos están supuestos a hacer por las mujeres.

LAS FUNCIONES Y LAS HABILIDADES SE ENCUENTRAN MENOS FRAGMENTADAS

Los hombres y las mujeres estaban acostumbrados a existir en esferas diferentes. La esfera de un hombre era el trabajo y la supervivencia. El mundo de la mujer era el hogar y los hijos. No existía ninguna confusión en las funciones. Ellos sabían exactamente dónde estaban supuestos a estar.

El hecho de que una mujer abandone el hogar y entre al lugar de trabajo significa que el hogar ya no está siendo atendido específicamente por ella. El hombre ya no está seguro de cuál es su trabajo en el hogar, y la mujer tampoco está segura de cuál es su trabajo en el hogar. Ambos se encuentran muy confundidos.

Tu padre solía traer el tocino al hogar, pero ahora tu esposa está trayendo al hogar no solo el tocino, sino hasta el marrano completo. Además de esto, ella ya era dueña de dos cerdos antes de que tú te casaras con ella. Ella no quiere ningún tocino que tú puedas ofrecerle; ella ya tiene todo el tocino que necesita.

Si ambos, tanto el esposo como la mujer, están trayendo al hogar el tocino, entonces, ¿quién es el proveedor? Esa es una pregunta muy problemática para los hombres. Si los dos están pagando la hipoteca de la casa, entonces, ¿quién está proveyendo el techo para sus cabezas? Tu padre fue considerado el dueño de su casa porque él la compró y porque él la pagó. Hoy en día, la casa no pertenece al hombre. Pertenece a ambos, tanto al hombre como a la mujer.

Algunos hombres se preguntan hoy en día cómo es que sus padres solían ser "el hombre de la casa". Hoy en día, si el hombre se impone en la casa, la mujer también se va a imponer en la casa. Las cosas que les fueron enseñadas a los hombres ya no funcionan. Tu padre dice: "Ponla en su lugar". Tú le responses: "Pero el lugar le pertenece a ella". "Enséñale quién lleva los pantalones en la familia". "¡Pero ella también lleva los pantalones!"

Muchas parejas encaran situaciones económicas muy difíciles que requieren que ambos trabajen para poder solucionarlas. Sin embargo, la transición cultural de las mujeres, yendo estas a la universidad, logrando carreras profesionales y retrasando el matrimonio, ha hecho cambios muy significativos en la vida familiar.

Por ejemplo, un hombre puede decir: "Cariño, tú tienes que criar a los hijos", y ella le va a responder, "No, yo voy a salir a trabajar". "¿Por qué?". "Yo quiero hacer uso de la educación que recibí, y quiero cierto nivel de vida que requiere dos sueldos, así que voy a salir a trabajar". Él le responde: "¿Pero quién va a criar a los hijos? Tú eres la que debes criar y alimentar a los hijos". La respuesta de ella es: "En mi trabajo tienen una guardería para los niños. Voy a tomar ese trabajo".

¿Qué es lo que hace un hombre cuando su esposa gana más dinero que él, siendo que él cree que está supuesto a ser el proveedor y el protector del hogar? Él se siente frustrado y aun se siente avergonzado. Esa es una de las razones por qué hay tantos pleitos en nuestros matrimonios modernos. Discutimos continuamente acerca de lo que cada uno está supuesto a hacer.

Estas y otras situaciones similares han cambiado dramáticamente nuestras perspectivas, y han alterado nuestras funciones tradicionales. El varón ya no está seguro de lo que significa ser un hombre, y la mujer ya no está segura de lo que significa ser una mujer. Este cambio ha causado mucha tensión tanto para las mujeres como para los hombres.

Por ejemplo, algunas mujeres de hecho se sienten culpables cuando ellas dicen: "Me dedico a mi hogar". ¿Acaso piensas tú que en los tiempos de tus padres o de tus abuelos las personas le preguntaba a una mujer, "¿A qué te dedicas?". Esta pregunta nunca existía. Pero hoy en día, a casi todas las mujeres se les pregunta qué es lo que hacen. En otras palabras, sí sabemos lo que ella *ya no hace*. Ella ya no solo se queda en el hogar y cría a los hijos; y esto, conteniendo la implicación de que esto, en sí, es algo de lo que hay que avergonzarse.

Solía ser mucho más fácil para la mujer el quedarse en casa con sus hijos. Ella contaba con apoyo en esta función debido a que todas las mujeres en el vecindario también estaban en el hogar. Hoy en día, las personas piensan que algo anda mal con una mujer si es que ella se dedica tan solo al hogar. Ellos piensan cosas como estas: "¿Qué le pasa a ella? ¿Acaso es una floja?" o "Ella no tiene sentido de creatividad", o "Ella no debe ser suficientemente inteligente como para poder tener una profesión", o "Ella necesita realizar su propia vida". La idea está siendo promovida a través de toda la sociedad en el sentido de que "tan solo las mujeres tontas se quedan en el hogar".

Los resultados de los cambios en las funciones de los géneros pueden ser muy estresantes, tanto para los hombres como para las mujeres. Las personas se encuentran muy confundidas en relación con cómo actuar en este nuevo mundo. Esto se ha convertido en un dilema psicológico para ellos. Muchos se están sintiendo muy tensos y completamente fuera de lugar, y están tratando de imaginarse y de encontrar qué es lo que está mal en ellos. Te voy a decir ahora mismo qué es lo que está mal: simplemente es un mundo diferente.

LA INDEPENDENCIA HA CAMBIADO LOS PARÁMETROS DE APRECIACIÓN

Crecientemente independientes, autosuficientes, las mujeres contemporáneas ya no sienten la necesidad de que los hombres deben proveer para ellas y protegerlas. Este es un problema para los hombres. Ellos están tratando de hacer que funcionen las cosas en una relación, y ellos no están seguros de saber quién es el responsable de cada cosa. Por ejemplo, un muchacho invita a una muchacha a almorzar, y la mira, y le dice: "¿Vas a pagar lo tuyo?". Hace treinta años, el hombre pagaba automáticamente. ¿Por qué? Porque era la función del hombre ser el proveedor. Pero hoy en día, si un hombre invita a una mujer a cenar, y él se da cuenta que no tiene dinero suficiente, ella busca en su bolsa, y dice: "Yo me encargaré de esto". Él se siente avergonzado, pero ella no está avergonzada, porque ella es la que tiene el dinero. ¿Y podrías adivinar una cosa? Aún así, a ella todavía le gusta él. Le gusta porque ella siente que no existen muchos hombres buenos en el mundo de todas maneras.

La independencia de las mujeres está disminuyendo el valor tradicional de los hombres ante ellas. Históricamente, los hombres siempre murieron a una edad más temprana que las mujeres. ¿Por qué? Ellos tenían que salir en medio del frío y del hielo durante el invierno, aunque estuvieran tosiendo de tuberculosis, a fin de poder proveer para la familia. Ellos eran el único elemento de supervivencia para la familia. Esta es la razón por la cual las mujeres los valoraban a ellos. Algunas veces, cuando una mujer revela que su esposo la está abusando, y cuando le preguntan: "¿Por qué no lo dejas?", ella contesta: "No puedo hacer eso". Esa es una respuesta muy profunda. Hay ciertas cosas acerca de él que ella valora.

Si un hombre pasa cada día arriesgando su vida para protegerte a ti y a los niños a fin de proveerte todo lo necesario, entonces, ¿cómo te vas a sentir tú acerca de él? Obviamente, tú lo vas a estimar grandemente porque tú sabes todo lo que él está haciendo a fin de cuidar a la familia. Esta es la razón de por qué era natural para tu madre, aun en ocasiones cuando tu padre no siempre actuaba correctamente, el hecho de amarlo y honrarlo a él. Él era muy valioso para ella.

Hoy en día, sin embargo, esto no necesariamente es el mismo caso. Cuando un hombre muestra interés en una mujer, ella tal vez le va a decir: "Ahora bien, déjame decirte esto en forma bien directa: Si tú no das el ancho para mí, te puedes ir cuando gustes. Y si acaso nos casamos, yo quiero que tú firmes un acuerdo prenupcial para que todo lo que yo adquiera dentro del matrimonio siga siendo mío, si es que tenemos que terminar con este matrimonio". Las mujeres ya no valoran a los hombres en la forma en que lo hacían debido a que las necesidades que los hombres solían suplir, ahora están siendo suplidas por las mismas mujeres. Algunos esposos tienen miedo de sus esposas porque ellos piensan que sus mujeres no los necesitan.

Otro cambio significativo es que, por primera vez en los anales de la historia, los hombres y las mujeres se buscan el uno al otro primeramente buscando amor y compañerismo, en lugar de tan solo buscar supervivencia y protección. Nuestras prioridades como seres humanos han cambiado. Las personas están buscando algo más en sus relaciones. La felicidad, la intimidad y la pasión duradera son ahora los requisitos para una relación. Sin embargo, el entendimiento de cómo proveer estas cosas frecuentemente no es tan fácil para el hombre.

FELICIDAD

Las funciones tradicionales del hombre ya no son suficientes para hacer feliz a su pareja. Las mujeres quieren compañerismo y atenciones para poder ser felices. Mi padre no podía llevar a mi madre a pasear, ni podía llevarla a cenar a un restaurante. No había tiempo para esto. Él hizo a mi madre muy feliz tan solo por medio de asegurarse que la familia tuviera ropa, agua corriente y cosas como estas.

¿Qué es lo que los hombres pueden hacer para que las mujeres se sientan felices hoy en día? Ese es el reto. ¿Alguna vez has escuchado a un hombre decir: "¿Qué es lo que quiere la mujer?". En el pasado, los hombres solían decirles a sus esposas: "Mujer, ¿qué más quieres de mí? Te he dado un techo donde vivir y bastante comida para tu cocina". ¿Acaso recuerdas cuando los hombres decían estas cosas? Esos días ya pasaron.

INTIMIDAD

Cuando un hombre arriesgaba su vida para darle a su esposa comida y protección, entonces la intimidad, la sensibilidad y las habilidades de una buena comunicación no eran ningún problema. La mujer no decía: "Cariño, tú tienes que aprender la falta de estabilidad emocional y psicológica de una mujer que está pasando por la menstruación". Un hombre no tenía el tiempo para aprender cómo llevarse bien con una mujer. Otra vez, cuando él llegaba a casa, ya era oscuro, él estaba cansado y todo lo que él quería era comida y sexo. La casa era suya, la comida era suya y la forma de pensar era: "Es tiempo de que me pagues todo esto".

Pero hoy en día, las mujeres quieren intimidad y comunicación. "Platica conmigo. Tú no me has dicho que me amas en todo el día." Esta es la forma como piensan las mujeres. "Tú volteas a mirar a todas las demás, pero no me miras a mí. Tú no notaste mi vestido." Escuchen, el hombre de las cavernas no tenía tiempo para voltear a ver ningún vestido. Él estaba muy ocupado tratando de sobrevivir. Pero el mundo ha cambiado.

¿Alguna vez tus padres o tus abuelos hablaron acerca del PMS (síndrome premenstrual)? Ellos probablemente estaban muy ocupados para hablar acerca de esto. Y las personas, aun los maridos y sus esposas, no eran tan abiertos acerca de estos temas. Hoy en día, la atmósfera social ha cambiado, y tenemos más tiempo para poder pensar acerca de estas cosas. En estos días, una mujer podría decir: "No me toques ahora; estoy en medio de mi menstruación. Mis hormonas están todas locas". El hombre ahora también tiene que estudiar el tipo de "carácter o de temperamento" en que se encuentra su esposa. Cuando tú tan solo estás tratando de sobrevivir, tú no estás pensando en términos de caracteres o temperamentos. No era necesariamente una mejor forma de vida, pero definitivamente era muy diferente. Los hombres todavía están tratando de imaginarse la manera de poder tener intimidad y comunicación en sus relaciones.

Una mujer tal vez se puede preguntar por qué es que su marido tiene tantos problemas en hablar con ella. Él no sabe qué decir, y ella no se da cuenta de todo por lo que él está pasando. Por ejemplo, supongamos que ella tiene un magnífico trabajo, alguna posición como gerente o algún trabajo administrativo, y él tiene un trabajo de menor calidad. Ella llega a casa y trata de platicar con él durante la cena. ¿De qué van a hablar ellos? Ella está conversando en un nivel altamente intelectual, y él no puede alcanzar el nivel de ella, porque el trabajo de él no requiere que él se esfuerce hasta esos niveles. Así que ella dice un par de opiniones, y él se siente todo intimidado. Él tan solo se dice a sí mismo: "Oh, esa palabra que usó es muy complicada". Él no sabe qué hacer, porque parece que su función de liderazgo ha sido disminuida o empequeñecida.

En este tiempo de retos en nuestra cultura, las mujeres necesitan mostrar comprensión y entendimiento a los hombres de su vida. Por ejemplo, supongamos que una mujer se casa con un hombre, y ellos se establecen en su casa, y ella le dice a él: "Muéstrate y pórtate como hombre". Él dice: "Está bien...pero, ¿cómo?". Se encuentra entre la espada y la pared. Él solía saber lo que esto significaba, pero ahora ya no lo sabe. Así que ella dice cosas como esta: "Debes ser mi líder espiritual". Él la mira a ella con los ojos en blanco. "Mi padre era un cavernícola. Él me enseñó que la Biblia y la iglesia son tan solo para los debiluchos. Por lo tanto, yo no me he metido mucho en las cosas de la iglesia. Si voy, lo hago solo para agradarte a ti, pero si eso es lo que se necesita para hacer de mí todo un hombre, se va a llevar mucho tiempo". Él no entiende los asuntos espirituales en la forma como ella los entiende, debido a que a él le enseñaron que la religión es solo para las mujeres.

Y también, ella dice: "Consuélame", y él le responde, "¿Cómo?". Él nunca recibió ese tipo de entrenamiento de su padre. Ella le dice: "Muéstrame algo de afecto", y él le responde: "Oh no, ¿con qué se escribe esa palabra?". Ella le dice: "Debes ser más emotivo", y él le responde: "¿Emo-tú-qué? ¿Qué es eso?". Él no entiende lo que ella quiere decir.

¿Qué es lo que muchas mujeres hacen ante esta situación? Ellas se enojan. "¡Solo te pido que seas un verdadero hombre!" "¿Cómo?". "¡Tienes que proveer para mí!" "Pero tú ganas más dinero que yo." El hombre está totalmente confundido. Él no se da cuenta que ella quiere que él provea las necesidades emocionales de ella, o si acaso él llega a entender esto, él no sabe cómo llenar esas necesidades. Los hombres necesitan paciencia y entendimiento de parte de sus esposas.

PASIÓN

La pasión también es algo que se necesita en las relaciones de hoy en día.

Recuerden que, en los viejos días, el hombre solo acostumbraba pedir, diciendo de esta manera: "Mujer, ¿estás lista o no?". No había preludios románticos. Él tan solo decía: "Tarzán listo para Jane. ¿Jane lista? Bueno, comencemos". Y eso era todo.

Hoy en día, sin embargo, las mujeres quieren que los hombres pongan las luces más tenues, que pongan velas aromáticas en la recámara, y que llenen de flores todo el cuarto. Los hombres dicen: "¿Qué está sucediendo ahora?". Ahora, hombre, tú tienes que trabajar muy duro para obtenerlo. ¡Se requiere un trabajo muy duro!

En estos días, las mujeres quieren que los hombres comiencen a conquistarlas románticamente desde la mañana: que les preparen el desayuno, que les llenen la tina del baño, que las saquen a almorzar a algún lado, que les llamen cinco veces durante el día solo para decirles que las aman, que las recojan con una elegante limosina y que las lleven a cenar. Y después de todo esto, ellos tal vez sean recompensados esa noche. No hay garantía alguna de que sucederá, pero ellos no van a ser recompensados si no trabajan para ello.

LAS RELACIONES HOMBRE-MUJER SE HAN CONVERTIDO EN UN MISTERIO

Por lo tanto, en muchos aspectos de la vida, las funciones y las relaciones de los hombres y de las mujeres han cambiado completamente en las últimas décadas. El haber echado a un lado las funciones tradicionales del varón parece ser aterrador y aun muy peligroso para muchos hombres, porque ellos no saben dónde todo esto los deja parados. Ellos sienten que existe ahora un gran misterio en las relaciones entre los hombres y las mujeres, y ellos no saben qué esperar de todo esto. Yo puedo simpatizar con todo esto que ellos están pasando. El hecho de estudiar este tema me ha hecho darme cuenta que realmente nos encontramos en un dilema cultural. Me siento mal por los hombres. Ellos no saben qué hacer. Si tú eres una mujer, necesitas entender que los hombres realmente se encuentran en problemas.

He tratado de darte una visión de lo que el hecho de cambiar las funciones de los géneros ha dado como fruto al poner a los hombres totalmente fuera de equilibrio, y de esta manera, tal vez tú puedas ver la naturaleza del dilema que estamos enfrentando. Algunos de los escenarios que te he dado son graciosos, pero los problemas que los varones están enfrentando son muy serios debido a que tienen que ver con el propósito y con la identidad. Son serios debido a que la confusión sobre el propósito va a dividir, y aun va a destruir las vidas de las personas.

LAS FUNCIONES EN CONTRA DEL PROPÓSITO

Todo esto, ultimadamente nos trae al punto de lo que los varones usan como bases para su autoestima y para su identidad. Debido a que los hombres han ligado su identidad a sus funciones, ahora que las funciones han cambiado, ellos se han quedado sin base alguna para su hombría o masculinidad. Cualquier cosa con la que ellos sustituyan su vieja idea de masculinidad, puede o no puede ser una función verdadera y satisfactoria para ellos. Lo que es más perturbador es que, cuando los hombres no entienden su lugar en el mundo, ellos frecuentemente se van a retraer de él o van a usar su influencia en formas muy dañinas, tales como cometiendo crímenes.

¿Qué es lo que los hombres pueden hacer para volver a ganar sus bases y su identidad? Primeramente, ellos deben adoptar una forma completamente nueva de pensar. Ellos necesitan pensar en términos de *propósito,* en lugar de pensar en términos de *funciones.* La razón de que ellos están teniendo problemas hoy en día, es que han estado basando su valor y su dignidad en algo completamente equivocado todo el tiempo. Las funciones nunca han sido la verdadera base de la identidad y del propósito del varón. Las funciones pueden ser benéficas o dañinas, pero a final de cuentas, ellas solo reflejan la cultura y las tradiciones.

Lo que los hombres necesitan descubrir realmente es su propósito intrínseco, el cual trasciende más allá de la cultura y de las tradiciones. La posición y acciones de un hombre deben fluir como fruto de su propósito, y no al revés. Esta es la razón por la cual la respuesta para el dilema del hombre no consiste solamente en ajustarse a los tiempos tan cambiantes, aunque algo de esto también es necesario, sino en descubrir el propósito inherente del varón. Dado que vivimos en una sociedad muy confusa, el conocimiento de lo que significa ser un verdadero hombre no puede ser adquirido por medio de observar la cultura que nos rodea. Los hombres necesitan un entendimiento de ellos mismos que no esté completamente influenciado por directrices sociales a corto plazo, ni por la imagen que otros tengan de ellos. ¿Dónde entonces podemos acudir en busca de todas las respuestas?

Uno de los temas que vamos a estar repasando continuamente en este libro es el hecho de que el propósito de cualquier cosa puede ser hallado tan solo en la mente de su creador. Por lo tanto, los hombres necesitan una identidad dada por Dios a fin de que puedan cumplir su verdadero propósito. Debemos aprender lo que Dios tenía como diseño original para ellos. Para hacer esto, debemos regresar y redescubrir el plan original del Creador para ambos, tanto para el hombre como para la mujer.

Una vez más, nos debemos dar cuenta de que cuando los hombres ignoran su verdadera identidad, esto no solo afecta sus propias vocaciones y sentido de realización, sino también las vocaciones y la realización de sus familias y de la sociedad como todo un conjunto. Esto se debe a que Dios les ha dado a los hombres una influencia única de liderazgo. De la manera cómo anda el hombre, así también andan la familia, la sociedad y el mundo entero. Yo creo que si no tratamos con la crisis de identidad del hombre, toda nuestra generación estará en problemas. No hay escapatoria para este hecho.

La respuesta para los varones en el siglo veintiuno es, por lo tanto:

+ Definir su valor basándose en el propósito de Dios, en lugar de definirlo basándose en las funciones de la sociedad.

+ Aprender la visión que Dios tiene para la vida de ellos.

+ Continuar viviendo en la verdad para la cual en realidad fueron creados.

Si los hombres entienden el propósito y las responsabilidades que Dios les ha dado, así como el verdadero diseño para su relación con las mujeres, ellos pueden ser libres para poder cumplir su destino y todo su potencial. Ellos pueden llegar a ser los hombres que realmente fueron creados para ser.

Si tú eres un hombre, no necesitas estar todo confundido acerca de tu identidad y de tu lugar en la vida, independientemente de todas las señales conflictivas que la sociedad te está transmitiendo. Tú vas a encontrar una visión fresca y una dirección bien definida al redescubrir los propósitos de Dios, tanto para los hombres, como para las mujeres. A través de este conocimiento, los hombres pueden ser mejores y hacer mejores cosas de las que jamás se habían imaginado, y las mujeres pueden llegar a tener un nuevo entendimiento y apreciación de los hombres mientras que, al mismo tiempo, les permiten cumplir su llamamiento o vocación en la vida.

¿Qué es un "verdadero hombre"? Alguien que conoce la realidad acerca de quién es él, y que además, vive dentro de esa realidad. Este conocimiento comienza con entender la importancia de haber sido creado con un propósito de parte de Dios.

PRINCIPIOS

1. Los hombres tradicionalmente han definido su masculinidad por medio de sus funciones.

2. Históricamente, los hombres y las mujeres han establecido funciones que no se contraponen las unas a las otras.

3. Las relaciones son diferentes hoy para los hombres y para las mujeres, siendo que hoy no tienen que depender los unos de los otros para su seguridad ni para su supervivencia.

4. Los hombres se encuentran en una crisis de identidad y de propósito.

5. La confusión que hay sobre el propósito va a dividir, y más aún, va a destruir las vidas de las personas.

6. Si un hombre relaciona su identidad con sus funciones, entonces, cuando las funciones cambian, él ya no encuentra base alguna para su masculinidad.

7. La identidad de un hombre se encuentra en su propósito y no en sus funciones.

8. El propósito central de los hombres trasciende más allá de la cultura y de las tradiciones.

9. El conocimiento de lo que significa ser un verdadero hombre no puede ser adquirido por medio de observar la cultura completamente confundida que nos rodea.

10. El propósito de cualquier cosa se puede encontrar solo en la mente de su creador.

11. Los hombres necesitan una identidad dada por Dios para que ellos puedan llegar a cumplir su verdadero propósito.

12. Cuando los hombres ignoran su verdadera identidad, esto viene a afectar no solo a su propia vocación y su propia realización como hombres, sino que también afecta a la realización y vocación de sus familias y de la sociedad como un conjunto. Esto se debe a que, de la manera cómo anda el hombre, así también andan la familia, la sociedad y el mundo entero.

13. Un verdadero hombre es alguien que conoce la realidad de quién es él y que vive esa realidad en sí mismo.

PREGUNTAS DE ESTUDIO

PREGUNTAS PARA REFLEXIÓN

1. ¿Cómo definirías lo que es un "verdadero hombre"?

2. ¿De qué o de quién obtuviste la idea de lo que un hombre debe ser? (trasfondo familiar, actitudes culturales, amigos, iglesia, medios de comunicación u otros)

3. ¿Sientes alguna confusión o frustración acerca de los que deben ser los roles y las responsabilidades de un hombre? ¿Por qué o por qué no?

EXPLORAR LOS PRINCIPIOS Y PROPÓSITOS DE DIOS

4. ¿Cómo los hombres han definido su hombría tradicionalmente?

5. Completa las oraciones siguientes:

   En los pasados cuarenta años, más o menos, los roles de los hombres y las mujeres han experimentado un _____ mayor.

   Estamos en medio de un _____ cultural.

6. ¿Qué dicen los estudios sobre el estado de los hombres en la actualidad?

7. ¿En cuáles dos maneras están reaccionando los hombres a esta situación?

8. ¿Cuáles son las cuatro razones principales para los patrones culturales de hombres y mujeres, que han existido durante mucho tiempo?

9. ¿En qué cuatro maneras han cambiado los patrones culturales que han existido durante mucho tiempo para hombres y mujeres?

10. La independencia de la mujer ha cambiado su _____ en cuanto a los hombres y el matrimonio.

11. ¿Cuál es una de las razones por la que hay tantas disputas en los matrimonios modernos?

12. ¿Cuáles son tres requisitos significativos de una relación en la actualidad?

13. Los hombres sienten que hay una gran cantidad de _____ en sus relaciones con las mujeres.

14. La confusión en cuanto al propósito _____ y aún _____ las vidas de las personas.

15. Debido a que los hombres han vinculado su identidad a sus roles, ahora que los roles han cambiado, ¿de qué ellos carecen?

16. ¿Dónde se encuentra el propósito de algo?

17. ¿Cómo los hombres cumplirán su verdadero propósito?

18. ¿Qué pasa cuando los hombres ignoran su verdadera identidad?

19. ¿En qué tres cosas necesitan los hombres del siglo 21 enfocarse respecto a su propósito?

20. ¿Qué es un verdadero hombre?

CONCLUSIÓN

Si los hombres entienden el propósito y las responsabilidades que Dios les ha dado y el verdadero diseño de su relación con las mujeres, pueden ser libres para cumplir su destino y su potencial. Pueden llegar a ser los hombres que fueron creados para ser.

Independientemente de las señales conflictivas que la sociedad envía, los hombres pueden encontrar visión fresca y dirección, redescubriendo los propósitos de Dios para ambos hombres y mujeres. Mediante este conocimiento, ellos pueden ser y hacer más de lo que nunca imaginaron, y las mujeres pueden obtener un nuevo entendimiento y una nueva apreciación de los hombres, mientras les hacen posible cumplir su llamado.

APLICA A TU VIDA LOS PRINCIPIOS DE DIOS

PENSÁNDOLO BIEN

+ ¿Cómo se ha afectado tu vida por los roles cambiantes de los hombres y las mujeres? ¿Cómo has reaccionado a esos cambios?

+ ¿Has vinculado tu identidad a los roles que desempeñas o has desempeñado en el pasado?

+ ¿De qué maneras, si alguna, ha cambiado tu perspectiva de masculinidad como resultado de leer este capítulo?

ORAR SOBRE ESO

+ Ora para que Dios comience a renovar tu entendimiento de quién Él creó al hombre para ser en su propósito, diseño, necesidades y roles.

+ Pídele a Dios que te muestre una perspectiva específica de género que tú has aceptado, que se basa en un falso entendimiento de los roles hombre-mujer, en lugar de en los propósitos de Dios.

ACTUAR EN LA VERDAD DE DIOS

+ Si has experimentado conflicto en cuanto a los roles de género con un miembro del sexo opuesto, busca reconciliación con la otra parte, y comprométete a aprender y a poner en práctica el propósito y el diseño de Dios para hombres y mujeres.

+ Escribe tu entendimiento de los roles y las responsabilidades de los hombres en la familia y en la sociedad. Mantén esta lista en tu guía de estudio, y compara lo que has escrito con lo que aprendas en el curso de este estudio.

2

SIETE PRINCIPIOS DE PROPÓSITO

EL PROPÓSITO DE DIOS ES LA CLAVE DE NUESTRO CUMPLIMIENTO Y REALIZACIÓN.

Dios desea que todo hombre encuentre su propósito y su completa realización. Si un hombre quiere saber quién es, a fin de poder vivir completamente en esa realidad, primeramente él debe entender los principios de Dios con relación al propósito. Él tiene que aprender estos fundamentos para la vida, basándose en la Palabra de Dios. De otra manera, él va a caer en una trampa de completa confusión, donde muchos de nosotros nos encontramos en este momento.

Proverbios 19:21 es una escritura fundamental con relación a poder entender el propósito de Dios: *"Muchos son los planes en el corazón del hombre, mas el consejo del Señor permanecerá"*. Esta verdad crucial nos dice que podemos hacer todos los planes que se nos ocurran en esta vida, pero si no hacemos nuestros planes de acuerdo a los propósitos para los cuales fuimos creados por Dios, entonces nuestros planes van a ser en vano. No vamos a poder vivir en toda la capacidad de todo nuestro potencial, y nos vamos a sentir insatisfechos. Tal vez lleguemos a buscar objetivos y metas cuyas prácticas pueden llegar a ser muy dañinas para nosotros. Tenemos una sola vida, y tenemos que hacer buen uso de ella, si es que queremos llegar a cumplir con nuestro verdadero propósito en esta vida.

¿CÓMO ESTÁS USANDO TU VIDA?

¿Qué valores son importantes para ti en tu vida? ¿Acaso sabes que una de las cosas más peligrosas en la vida es el hecho de desperdiciar el tiempo? Se dice que el tiempo es un atributo que tú nunca vas a ser capaz de poder capturar. Una vez que has perdido el tiempo, se ha perdido para siempre. Lo que tú has vivido ya no lo puedes volver a vivir. Así que la mejor cosa que puedes hacer con el tiempo es usarlo de una forma en que te pueda dar el máximo rendimiento y los más grandes resultados. La mejor manera—la única manera—de usar el tiempo de una manera efectiva es hacer *lo que debemos hacer* y hacerlo *en el tiempo en que estamos* supuestos a hacerlo. La efectividad no significa solo hacer buenas cosas, sino más bien hacer las cosas correctas.

LO QUE ES BUENO EN CONTRA DE LO MEJOR

Ha de ser terrible estar ocupado haciendo todas las cosas equivocadas durante toda tu vida. ¿Acaso no ha de ser triste que una persona sea seria, dedicada y fiel, pero hacia las cosas equivocadas? Es posible hacer aquello que es bueno, pero que también no es correcto. Lo que yo quiero decir es esto: es posible hacer cosas buenas, pero que no son las mejores cosas, basadas en los propósitos que Dios tiene para ti. Una de las armas más grandes que el diablo ha tenido en contra de mi vida es el hecho de tenerme muy ocupado haciendo cosas que son buenas, pero que no son correctas, y que no son las mejores cosas para mí.

Dios nos creó a cada uno de nosotros con un propósito. Ese propósito es lo que es correcto para nosotros. Supongamos que Jesús se hubiera convertido en un sacerdote perteneciente al Sanedrín, el cual era el más alto concilio y tribunal de los judíos. Eso hubiera sido una cosa muy buena. Supongamos que Jesús se hubiera convertido en un miembro de los saduceos, y que hubiera sido uno de los líderes de la estructura social de Galilea y de Judea. Eso hubiera sido una cosa muy buena. Supongamos que Jesús se hubiera convertido en un trabajador social, ayudando a los pobres, realizando cruzadas masivas, alimentando multitudes de personas todos los días con pan y con peces. ¿Acaso eso no hubiera sido una cosa muy buena? Seguro que sí. Supongamos que él se hubiera dedicado en cada hora de Su vida a sanar a los enfermos y a levantar a los muertos. Esto hubiera sido una cosa muy buena, ¿o no? Pero no hubiera sido la cosa correcta que él tenía que hacer.

Hubo un tiempo cuando Jesús comenzó a decirles a sus discípulos que Él tenía que ser crucificado. Ellos no querían oír eso. *"Y tomándole aparte, Pedro comenzó a reprenderle, diciendo: ¡No lo permita Dios, Señor! Eso nunca te acontecerá"* (Mateo 16:22). La reacción de los discípulos ante el propósito de Jesús fue: "Te reprendemos. Quita ese pensamiento de Tu mente. Tú no vas a morir". Pero Jesús volteó, y los reprendió por tener una perspectiva muy pobre y muy corta. *"Pero volviéndose Él, dijo a Pedro: ¡Quítate de delante de mí, Satanás! Me eres piedra de tropiezo; porque no estás pensando en las cosas de Dios, sino en las de los hombres"* (v. 23). Jesús estaba diciendo, de hecho: "Yo sé para qué nací. Yo conozco el propósito para Mi vida. No me distraigan con cosas que solo son buenas. Yo debo buscar el propósito más alto".

Una de las razones de por qué Jesús conocía su propósito era que Él continuamente estaba buscando a Dios, y estaba en continua comunicación con Él.

Ese es el modelo que cada uno de nosotros necesitamos seguir. ¿Por qué? Es peligroso vivir sin Dios. Si tú no conoces a Dios, nunca vas a conocer la razón o el motivo de tu existencia. Y si tú no sabes la razón de por qué naciste, tú puedes vivir una vida completamente equivocada. Yo no dije una mala vida. Hay muchas personas buenas que están buscando relaciones, profesiones y metas en la vida, las cuales no son lo mejor para ellos. En lo que debemos preocuparnos es el hecho de vivir en forma efectiva. La única manera de poder vivir una vida llena y completamente realizada es por medio de conocer el porqué o la razón de que tú hayas nacido.

CUMPLIR TU PROPÓSITO

¿Alguna vez se te ha descompuesto el automóvil cuando te encuentras exactamente en medio de todo el tráfico? Tú te sales del automóvil, y tienes ganas de patear una de las llantas. Lo único que quieres es maldecir ese automóvil porque no está cumpliendo con el propósito para lo cual fue creado. Era nuevecito. Se veía fantástico. Tenía magnífica pintura. Pero tú ya no pudiste manejarlo. ¿Qué es lo que hace que te enojes con el automóvil? Es muy simple: el propósito del automóvil era transportarte a ti, darte movilidad, pero el automóvil no te está llevando a ningún lado. No importa qué tan bien se vea el automóvil; debido a que no estaba funcionando, no estaba cumpliendo su propósito.

Muchos hombres son como ese automóvil. Se encuentran parados en medio del tráfico, y ni siquiera se dan cuenta de ello. Están pasando sus vidas y haciendo cosas que se ven buenas, pero no conocen a Dios, o conocen muy poco acerca de Él y de Sus caminos.

Tenemos que darnos cuenta que las buenas obras no son un sustituto para la justicia. El conocer y el cumplir tu propósito es la única manera de hacer lo que es correcto. Recuerda nuestro versículo fundamental: *"Muchos son los planes en el corazón del hombre, mas el consejo del Señor permanecerá"* (Proverbios 19:21). Una de las razones por la cual este versículo es tan importante es debido a que muchas personas están planeando usar las obras de caridad o de beneficencia como su boleto para llegar al cielo. Es muy peligroso tratar de sobornar a Dios. Dios no se impresiona con todas las cosas buenas que nosotros podemos hacer. Él está esperando que nosotros hagamos lo que Él nos ha pedido hacer en primer lugar.

El descubrir nuestro propósito nos capacita para dejar de desperdiciar nuestras vidas y comenzar a cumplir nuestro propósito con todo nuestro potencial. Sin embargo, es entonces que debemos ser muy cuidadosos de no desviarnos a lo largo del camino. La manera más grande de destruir a alguien es desviar a esa persona de su verdadero propósito. Algunas veces las personas hacen esto descuidadamente, tal y como vimos en el ejemplo de Pedro y de Jesús. Sin embargo, ya sea que las personas traten de distraernos de nuestras mejores o de nuestras peores intenciones, debemos aprender a permanecer firmes en el propósito para el cual fuimos creados.

PERMANECER PERSEVERANTE EN TU PROPÓSITO

Nehemías cumplió un propósito muy importante en la vida, pero él, sin lugar a dudas, fue persuadido muchas veces a desviarse. Él se encontraba en el exilio, sirviendo como copero para el rey de Persia, cuando escuchó que la ciudad de Jerusalén aún se encontraba en una condición de destrucción. Él se molestó con estas noticias, y determinó: "Yo tengo que ir a reparar la ciudad". Así que él oró, y entonces obtuvo permiso del rey para reconstruir el muro de Jerusalén. El favor de Dios estaba en sus planes debido a que este era el propósito para el cual él fue creado. Él fue y comenzó a reconstruir el muro con la ayuda del remanente de los judíos que había en Jerusalén.

Sin embargo, a algunos hombres de los lugares cercanos no les agradaba lo que Nehemías estaba haciendo, y trataron de detenerlo. Ellos lo ridiculizaron y se burlaron de él, pero él se mantuvo trabajando. Ellos conspiraron para matarlo, pero él armó a algunos de sus trabajadores con diversas armas, y contrarrestó la conspiración. Ellos trataron de llenarlo de miedo y hacer que él corriera por su vida. Una de las últimas cosas que ellos intentaron es una de las más efectivas maneras de desviar a las personas. Ellos dijeron: "Ven, y vamos a tener una reunión; vamos a discutir lo que tú estás haciendo. Tal vez te podemos ayudar" (ver Nehemías 1-6).

Nuevamente, la mejor manera que un hombre no termine algo es hacerlo que haga una cosa buena, como tener una reunión, en lugar de seguir haciendo lo que tenía que hacer. Pero a Nehemías no lo pudieron engañar. Él les dijo: *"Yo estoy haciendo una gran obra y no puedo descender. ¿Por qué ha de detenerse la obra mientras la dejo y desciendo a vosotros?"* (Nehemías 6:3).

REFUERZA TU PROPÓSITO

Yo no puedo enfatizar suficientemente fuerte que el hecho de conocer tu propósito es crucial para la dirección de tu vida. Toda persona joven llega a un punto de tiempo donde él o ella dejan la niñez y entran a la edad adulta.

Ese período se llama adolescencia. Este es el tiempo durante el cual las personas jóvenes están tratando de descubrir quiénes son y por qué son así. Este también es el período de tiempo donde, o los ganamos, o los perdemos; los perdemos hacia un estilo de vida destructivo y una vida desperdiciada, o los ganamos para un futuro positivo y realizador. El propósito, por lo tanto, es la clave para la efectividad y la felicidad en la vida de una persona joven.

¿Acaso Jesús tuvo un problema de adolescencia? La respuesta es muy simple: no. ¿Por qué? Su propósito fue reforzado desde su nacimiento. A su madre y a su padre terrenales les fue dicha la razón por la cual Él nació. De alguna manera yo creo que a Dios le gustaría que todos los padres le conocieran a Él tan bien, que ellos pudieran tener una idea del propósito de la vida de sus hijos.

El ángel del Señor le dijo a José: "*Y dará a luz un hijo, y le pondrás por nombre Jesús, porque Él salvará a su pueblo de sus pecados*" (Mateo 1:21). José compartió este mensaje con María. Cuando Jesús nació, María podía hablar con Él acerca de Su propósito. Aunque en ese entonces ella no entendía completamente las implicaciones de Su Nombre, ella sí podía decirle a Él: "Tú vas a ser el Salvador".

El significado hebreo del nombre *Jesús* es "Jehová-Salva", o "El Señor es la Salvación". En esencia, el nombre de Jesús significa "Salvador". Cuando Él era un niño, Sus amigos tal vez le decían: "Salvador, ven y juega con nosotros". Sus padres tal vez le decían: "Salvador, ven a cenar". Cuando las personas oían que Él se acercaba, decían: "¿Eres Tú, Jesús? ¿Cómo te encuentras el día de hoy, Salvador?". Toda Su vida Él escuchó ese nombre. Pero no era solo un nombre; era la razón misma de Su existencia, y Él creció con ese propósito en Su mente.

Cuando Jesús tenía doce años de edad, Él fue a Jerusalén con Sus padres para celebrar la fiesta de la Pascua. Cuando la fiesta había terminado, Sus padres comenzaron a ir camino a casa, pensando que Jesús se encontraba en medio del gran grupo de parientes y amigos que viajaban con ellos. Cuando ellos no lo encontraron, regresaron a Jerusalén, y finalmente, lo encontraron en el templo. Ellos dijeron: "¿Por qué nos dejaste, Hijo? ¿Por qué nos hiciste esto?" (ver Lucas 2:48). Su respuesta fue muy poderosa. A la edad de doce años, Él ya era capaz de decirles a Sus padres: "*Me conviene estar en los asuntos de Mi Padre*" (v. 49).

¿Qué edad tienes tú?

¿Todavía te estás preguntando qué es lo que tienes que hacer en la vida?

¿Todavía te estás preguntando cuáles son los negocios de tu Padre Celestial, y cuál es la función que tú tienes en todo esto?

¿Todavía estás cambiando "tu profesión" en la vida cada tres años?

¿Acaso te has dado cuenta que no te puedes graduar de la escuela preparatoria de Dios para poder entrar al mundo de la obra de Dios?

¿Acaso tienes cincuenta años de edad y todavía te encuentras buscando cambiar de trabajo?

Yo sé que no es fácil poder mirarte concienzudamente a ti mismo, pero esto es necesario si es que quieres descubrir tu verdadero propósito en la vida.

Tú vas a estar muy ocupado haciendo obras de verdadero significado, una vez que aprendas por qué tú estás aquí. A los doce años de edad, Jesús ya estaba ocupado en Su propósito. ¿Acaso no es esta una manera muy excitante de vivir? No te rindas ante el hecho de poseer una vida con propósito, no importa cuál sea tu edad. Ocúpate en la cosa correcta.

PRINCIPIOS PARA ENCONTRAR TU PROPÓSITO

¿Cómo puedes descubrir lo que es correcto? Dios nos ha dado siete principios de propósito para que podamos vivir exitosamente una vida de realización. Escríbelos en una hoja de papel y colócalos en tu espejo, para que puedas verlos cada mañana cuando te estás preparando para ir a trabajar. Úsalos como un marcador en tu Biblia para recordarte a ti mismo estos principios cada vez que estás orando y leyendo la Palabra de Dios. Cuando llegues a entender estos principios, vas a ser capaz de aprender y de vivir en tu propósito:

1. Dios es un Dios de propósito.

2. Dios creó todo con un propósito.

3. No todo propósito es conocido para nosotros, debido a que hemos perdido nuestro entendimiento de la intención original de Dios para nosotros.

4. Donde no se conoce el propósito, el abuso es inevitable.

5. Para descubrir el propósito de algo, nunca le preguntes a la creación; pregúntale al creador.

6. Solo podemos encontrar nuestro propósito en la mente de nuestro Creador.

7. El propósito de Dios es la clave para nuestra realización.

1. DIOS ES UN DIOS DE PROPÓSITO.

Dios es un ser de propósito. Él tiene un propósito para cada cosa que Él ha hecho. Él estableció Su propósito aun antes de crear todo aquello que era necesario para cumplirlo. Lo que Él planea es intencional, tiene significado y está garantizado para tener éxito.

Este tema se encuentra a través de toda la Biblia. Considera las siguientes Escrituras:

Ha jurado el Señor de los ejércitos, diciendo: Ciertamente, tal como lo había pensado, así ha sucedido; tal como lo había planeado, así se cumplirá. (Isaías 14:24)

El consejo del Señor permanece para siempre, los designios de su corazón de generación en generación. (Salmo 33:11)

Porque como descienden de los cielos la lluvia y la nieve, y no vuelven allá sino que riegan la tierra, haciéndola producir y germinar, dando semilla al sembrador y pan al que come, así será mi palabra que sale de mi boca, no volverá a mí vacía sin haber realizado lo que deseo, y logrado el propósito para el cual la envié. (Isaías 55:10-11)

Porque los hombres juran por uno mayor que ellos mismos, y para ellos un juramento dado como confirmación es el fin de toda discusión. De la misma manera Dios, deseando mostrar más plenamente a los herederos de la promesa la inmutabilidad de su propósito, interpuso un juramento. (Hebreos 6:16-17)

Dios tiene propósitos que Él ha determinado de antemano y que lleva a cabo. Estos incluyen los planes para la humanidad como un conjunto, y los planes para los hombres y para las mujeres que llevan a cabo los propósitos de la humanidad. Para traer esto a un nivel más personal, todo esto incluye los planes para ti y para mí. Dios no hace nada al azar o sin saber el resultado final.

Los orígenes de la humanidad son descritos en el libro de Génesis, que quiere decir "el principio". Sin embargo, la creación que leemos en Génesis no fue el verdadero comienzo. A mí me gusta llamar a Génesis "el resultado final después de que Dios terminó con Su proceso de pensamientos". Cuando Dios terminó de decidir lo que Él quería hacer, entonces fue que lo creó todo. Primeramente, Dios predeterminó, predestinó o le dio propósito a todas las cosas. Entonces, Él las produjo.

Este concepto es crucial para nuestro entendimiento del propósito. Esto significa que Génesis no fue el comienzo de un experimento sobrenatural con un resultado desconocido. Génesis fue el comienzo de la producción de algo que ya era seguro. Así que, cuando hablamos acerca de lo que sucedió en Génesis, realmente estamos hablando acerca de lo que sucedió después de que Dios terminó de pensar.

Por lo tanto, en Génesis estamos viendo el arranque del proyecto, y así es como me gusta llamarlo. Algunos de ustedes que están estudiando administración de proyectos, saben que este es un paso muy importante en el proceso de construcción. Cuando ustedes han llegado a la fase de arranque, esto significa que ustedes ya tienen todos los planos dibujados, todos los recursos materiales en posición, todos los recursos administrativos en orden, y ahora estás listo para comenzar. Esto es Génesis.

¿Acaso tú comienzas a construir una casa cuando has excavado los cimientos? No, tú comenzaste a construir esa casa desde el momento en que la idea fue concebida. Esto significa que la casa terminada está en el mundo invisible. Las personas pasan frente a la propiedad, y no ven ninguna casa. Sin embargo, para ti, que entiendes y conoces lo que está a punto de suceder, esta casa ya está terminada. El excavar los cimientos es el comienzo de la implementación de tu propósito. Así que, después de que tú excavas los cimientos, y cuando alguien te pregunta, "¿Qué estás haciendo?", tu respuesta es muy concreta. Tú apuntas a los planos que te hizo el arquitecto de la casa, y dices: "Estoy construyendo esto".

Dios me reveló esta verdad de una manera muy visual. Existe una calle cerca de donde yo vivo llamada Shirley Street. En una ocasión, lo único que había ahí era un lugar para estacionamiento. Un día, mientras yo manejaba en esa calle, yo pude ver un gigantesco anuncio con un dibujo hermosamente pintado de un edificio. Todavía no existía edificio alguno en ese lugar, pero ahí estaba ese anuncio y el nombre del edificio. Mostraba toda la decoración, el color del edificio, las ventanas, todo. Era un dibujo muy detallado de cómo se iba a ver el edificio una vez terminado. El anuncio decía: "Estará aquí muy pronto".

Yo manejé por ese lugar y sentí que el Espíritu Santo me estaba diciendo: "¿Pudiste ver eso?". Yo respondí: "¿Ver qué?". Él me dijo otra vez: "¿Pudiste ver ese edificio ya terminado?". "¿Que si pude ver ese edificio terminado?". Manejé hasta la oficina de correos, y regresé otra vez para poder mirar nuevamente el dibujo. Él me dijo: "Ahí está. Ese es el edificio terminado". La compañía constructora nos estaba mostrando el final de su propósito. Tener visión significa poder ver algo como si eso ya existiera. La compañía constructora tenía la visión para este edificio.

De la misma manera, en Su sabiduría, Dios no está tan solo adivinando los planes que tiene para nosotros, como humanidad en conjunto, o para cada uno de nosotros en forma individual. Dios ya ha decidido Su propósito. Él tiene la visión completa. Y se encuentra en su cuaderno de dibujo. Esa es Su visión para nosotros. No es un pensamiento de último minuto. En Génesis 1, leemos la fórmula de cómo Él comenzó a excavar los cimientos de la humanidad. Vamos a regresar a este tema en el capítulo 4, debido a que es esencial para poder entender la naturaleza y el propósito del varón.

Lo que necesitamos entender en este punto es que cuando Dios creó al hombre y a la mujer, Él ya había predeterminado lo que ellos debían ser y lo que ellos debían hacer. Ellos no eran tan solo experimentos divinos. Juntos forman parte de un proyecto intencional divino que tiene un propósito predeterminado.

2. DIOS CREÓ TODO CON UN PROPÓSITO.

Dios creó todo teniendo un propósito en mente, y Él también lo creó con la habilidad de poder cumplir Su propósito. Todo lo que Dios creó es tal y como es, debido al propósito para lo cual fue creado. El *porqué* dicta su forma de ser. El propósito de una cosa determina su naturaleza, su diseño y sus características.

Tú no haces algo sino hasta que sabes exactamente lo que quieres y por qué lo quieres. Tú nunca vas a encontrar a un fabricante que comienza un proyecto en la planta de una fábrica, esperando que algún día esto se convierta en algo útil. Su propósito y su diseño están completos aun antes de que empiece la producción. Por ejemplo, si un fabricante decide que él quiere construir un aparato que pueda grabar imágenes movibles en una cinta magnética para que puedan repetirse y que puedan transmitirse en vivo por medio de la televisión, entonces, él ha creado un producto, una cámara de video, pero el fabricante lo diseñó en un principio. Lo que es más, todo lo que se encuentra en esa cámara de video es necesario para que funcione adecuadamente. Si tú pudieras ver dentro de esa cámara de video, podrías ver cosas que tú no sabías que existían ahí adentro y que no sabías para qué se podían usar. Pero nada de lo que encuentres dentro de ese producto ha sido puesto tan solo por el hecho de divertirse. De hecho, dado que son tan caras, más vale que no haya nada que no sirva dentro de esas cámaras.

Permíteme darte otra ilustración que va a estar más relacionada con tu casa: el dedo grande de tu pie. ¿Acaso eres consciente de que si te quitaran el dedo grande de tu pie, podrías perder todo tu equilibrio y caer? Probablemente tú nunca piensas acerca del dedo grande de tu pie, a menos que te lo lastimes. Entonces, parece que se convierte en una gran incomodidad. Pero te permite estar de pie cuando tú te inclinas hacia delante. El dedo grande de tu pie no está en su lugar sin razón alguna. ¡Gracias a Dios por los dedos gordos de nuestros pies! También existe un propósito para tus uñas. Algunos de ustedes saben exactamente qué tan importantes son, debido a que tuvieron algún accidente y perdieron alguna uña. Tus uñas están ahí para proteger la piel sensible de tus dedos.

Debido a que Dios lo creó todo con un propósito, tanto los hombres como las mujeres necesitan acudir a Dios si es que quieren conocer su verdadero motivo de existir. Si están tratando de cambiar los planes de Dios o están luchando en contra de los planes de Dios, en esencia están luchando en contra de ellos mismos, debido a que están trabajando en contra de su propia naturaleza, en contra de su propio diseño y en contra de la forma como mejor deberían funcionar de acuerdo al diseño del Fabricante. Más aún, debido a que Dios es amor, Sus planes incluyen lo que es mejor para nosotros, y por lo tanto, cuando luchamos en contra de esos planes, también estamos luchando en contra de lo que es mejor para nosotros.

El propósito de Dios requiere de dos géneros que estén trabajando juntos en cooperación para poder llevar a cabo una visión mutua. Adecuadamente, los hombres y las mujeres tienen diseños complementarios que les capacita para cumplir el propósito de Dios conjuntamente.

3. NO TODOS LOS PROPÓSITOS SON CONOCIDOS PARA NOSOTROS.

Aunque todos y todo en la tierra tienen un propósito, esto no significa que somos conscientes de todos los propósitos. Cuando los seres humanos, como la raza que son, le voltean la espalda a Dios y a Sus caminos, tal y como aprendimos en Génesis 3, ellos terminan por perder su conocimiento de las intenciones que Dios tenía para ellos y para el mundo.

El rechazar a Dios fue equivalente a comprar una costosa, sofisticada e intrincada pieza de equipo y, al mismo tiempo, tirar a la basura el manual del fabricante. Si tú logras que algo funcione bajo estas circunstancias, será por pura suerte. Lo más probable que va a suceder es que tú nunca vas a lograr que funcione adecuadamente. Tú también te vas a perder de muchas de las características y funciones que este equipo tiene que ofrecer. Nunca va a cumplir su propósito por completo.

De la misma manera, la humanidad no ha respetado el hecho de que la creación de Dios y las instrucciones de Dios para vivir fueron establecidas con una razón específica, y que si ese propósito sigue siendo ignorado, los hombres y las mujeres nunca van a funcionar adecuadamente como seres humanos. Esta es una situación muy peligrosa en donde ellos se encuentran, porque esto lleva directamente al siguiente principio.

4. DONDE NO SE CONOCE EL PROPÓSITO, EL ABUSO ES INEVITABLE.

Donde no se conoce el propósito, el abuso es inevitable. Supongamos que yo soy Henry T. Ford. Voy a ponerle un motor a un carro, y voy a producir un producto que se va a llamar motocarro. Yo ya conozco el propósito aun antes de comenzar a fabricar este vehículo. Va a permitir que las personas tengan más movilidad en la tierra. Ahora, supongamos que tú decides pensar: "Yo quiero usar este motocarro como si fuera una lancha", y entonces, tú lo lanzas desde un precipicio hacia el agua. ¿Qué va a suceder? Muy probablemente, tú te vas a ahogar, y el carro va a terminar todo arruinado. ¿Por qué? Porque el carro fue fabricado para cumplir con un propósito específico, y si tú no lo usas de acuerdo a ese propósito, lo más probable es que tú te vas a hacer daño durante este proceso. Necesitamos dejar de lanzarnos desde los precipicios de la vida, llegando a entender y llegando a cumplir nuestro propósito como seres humanos.

Aquí tienes otro aspecto de este mismo principio: el castigo por tomar veneno es la muerte por envenenamiento. Tú no necesitas que Dios te mate después de que has ingerido veneno. Lo que esto significa para nosotros es que

Dios no tiene que hacer nada en especial para juzgarnos por haber abusado de nuestra vida. Nos juzgamos a nosotros mismos por medio de recibir las consecuencias de haber participado en prácticas destructoras, basados en nuestra determinación de vivir de acuerdo a nuestro propio conocimiento, en lugar de vivir de acuerdo al conocimiento de Dios. Por consecuencia, somos víctimas de nuestras propias decisiones y no del juicio de Dios.

Estos ejemplos demuestran que si tú no conoces el propósito de alguna cosa, tú la vas a usar mal o a abusar de alguna manera. Esta es la razón por la cual podemos estar sinceramente equivocados muchas veces. También es posible estar fielmente equivocados en otras ocasiones. Y es posible estar seriamente equivocados también. Tú eres serio en lo que haces, pero estás equivocado, debido a que tú no conoces el propósito de aquella cosa en la cual te involucraste. Este principio es aplicable y es verdadero para todas las cosas, incluyendo también a las personas.

¿Cuántas personas se meten en el matrimonio de forma muy seria? La mayoría de las personas lo hacen. Ellos van a la iglesia, se paran ante el altar, y le dicen a la persona amada: "Te voy a amar hasta que la muerte nos separe". Ellos lo hacen de forma muy seria. Pero, de repente, "se mueren" en los siguientes tres meses. Por lo menos, lo que se muere es el amor que tenían. Entonces, su familia y sus amigos tratan de figurarse qué fue lo que sucedió. Su matrimonio falló debido a que ellos no entendían el propósito del matrimonio, ni el propósito de la pareja, ni el propósito de la familia. Y es debido a que no entendieron todas estas cosas, que acabaron abusando de su unión.

Las personas abusan de las cosas tan solo porque ellas no entienden sus propósitos, o porque ellas ignoraron esos propósitos. Cuando los hombres y las mujeres no conocen las intenciones de Dios, ellos acaban abusando unos de los otros, aun si no lo hacen intencionalmente. Si los hombres van a llegar a resolver su crisis actual de identidad y a llevar a cabo su propósito como hombres, como maridos y como padres, ellos necesitan redescubrir el plan de Dios para ellos. De otra manera, ellos van a lastimar a todos aquellos que los rodean, aun de forma no intencional.

5. PARA DESCUBRIR EL PROPÓSITO, NUNCA SE LO PREGUNTES A LA CREACIÓN; PREGÚNTALE AL CREADOR.

Si quieres descubrir el propósito de alguna cosa, no se lo preguntes a la cosa. ¿Por qué? No se planeó, no se diseñó, ni se construyó a sí misma. Solo el fabricante sabe el porqué y el cómo de su producto; nadie más lo conoce verdaderamente. Esta es la razón de que él es el único que puede probar que tiene una perfecta relación con su producto.

Por lo tanto, si vas a usar algo, la primera pregunta que tú necesitas hacer es: "¿Quién hizo esto?". Si compras cierto tipo de guitarra, necesitas consultar con el fabricante que hizo esa guitarra en particular. Esta es la razón por la cual la compañía incluye un instructivo con la guitarra; ese instructivo te dice cómo usar la guitarra basándose en su propósito específico. Tú no la usas para remar una lancha. Tú no la usas para jugar béisbol. En otras palabras, el fabricante te incluyó ese manual o instructivo para protegerte de que no abusaras del producto y para que tú pudieras disfrutarlo plenamente.

El punto es este: *Para poder entender cómo funcionamos como seres humanos, como hombres y como mujeres, necesitamos acudir al manual que nos ha sido proporcionado por el Fabricante y Diseñador que nos creó: la Biblia.* Dios sabía exactamente lo que Él quería cuando Él pensó en el hombre. Debes recordar que Él creó tanto al hombre como a la mujer después de que Él ya había decidido lo que cada uno iba a ser, a fin de que llegaran a cumplir Sus propósitos y Sus planes, y por esta razón, Él los diseñó acordes para ello.

Esto significa que Él es el Único que conoce cómo es que la humanidad debe funcionar. Si tú tienes alguna pregunta de por qué es que estás aquí, tú deberías consultar el Manual del Fabricante. Si tú no conoces el propósito de alguna cosa, lo único que puedes hacer con esa cosa es experimentar. Todos aquellos que no conocen su propósito solo están experimentando con esta vida.

Permítanme usar el matrimonio como una ilustración nuevamente. ¿Sabes tú lo que muchos matrimonios son actualmente? Solo son unos grandes experimentos. "Yo realmente no sé para qué sirve una esposa, pero ya soy suficientemente grande como para casarme, así que voy a buscar una esposa." Tú te casas tan solo porque ya cumpliste veinticinco años de edad. Bueno, y después, ¿qué pasa? ¿Acaso sabes tú lo que tienes en las manos? "No, pero ella se mira muy bonita." ¿Para qué sirve una esposa? "Oye, hombre, para tener sexo y para limpiar la cocina." Este es un gran experimento. ¿Pero sabes una cosa? Después de tres semanas, tú te das cuenta de que ella no está de acuerdo con tu definición de la palabra esposa. El experimento no está funcionando. Ella no está lavando los platos, y tampoco quiere ser objeto de sacrificio cada noche. Ella empieza a pedir cosas como tiempo para sí misma. Ella quiere amor, afecto y atención. Ella quiere aprecio. "Hey, yo no compré todo eso con el mismo precio." Bueno, mi amigo, el matrimonio no es una carrera de pruebas solamente.

Otra vez, cada ocasión que tú no conozcas el propósito de alguna cosa, tú solo vas a estar experimentando con ella. Esto es lo que muchas personas, especialmente muchas personas jóvenes, están haciendo con la vida. Ellos no saben para qué es la educación, así que ellos tratan a la escuela como si fuera solo un experimento. Ellos faltan a las clases, y se pasan el tiempo en fiestas y echando relajo, y entonces pierden el año. Ellos experimentan con el sexo y con la identidad sexual, y terminan teniendo todo tipo de problemas. Ellos experimentan con las drogas, y terminan lastimando su cuerpo.

Cuando yo era un niño, fui tentado a experimentar a fin de encontrar respuestas acerca de la vida. Yo le doy gracias a Dios de que me protegió de muchas de esas cosas. Pero muchos de los jóvenes con los que yo crecí no fueron capaces de sobrevivir sus experimentos con la vida. El experimento les explotó en la cara. Algunos ya están muertos. Los cuerpos de otros están contaminados y destruidos como fruto de estar usando sustancias destructivas. Ellos no conocieron el propósito de los elementos que estaban utilizando.

A mí me gustaría decirles a las personas jóvenes que están leyendo este libro: si tú quieres saber el porqué naciste, las peores personas a quienes puedes preguntarles son tus amigos, debido a que tus amigos también están tratando de encontrar la razón de por qué están aquí. Si tú quieres saber la razón de tu existencia, no se lo preguntes a otro producto; pregúntale al Fabricante. Todos los demás tan solo están tratando de adivinar la respuesta.

Todo lo que hemos estado haciendo todos estos años es preguntarle al producto la razón de su existencia. Y debido a que el mundo no entiende mucho acerca de la razón de la existencia de las cosas, está funcionando como un laboratorio experimental gigantesco. Todos nosotros hemos estado asumiendo que tenemos la posición de científicos. Hemos estado imaginando que tenemos el tiempo y la inteligencia para poder descubrir la razón de nuestra existencia a través de la experimentación. Entonces, llegamos a encontrar que la vida es muy corta y que hemos sido unos descubridores muy pobres y muy limitados.

La vida es demasiado preciosa como para tratarla como una carrera de pruebas solamente. La única forma de evitar pagar el precio de la prueba y los errores es aprender el propósito de tu vida. Piensa acerca de un mecánico para automóviles. Si él solo está experimentando, él no va a durar mucho tiempo en el negocio de los automóviles. Si él dice: "No tengo ni idea de dónde va esta pieza. Voy a adivinar en qué parte del motor la tengo que poner", entonces, esto es solo experimentación. Él no tiene ni idea de lo que el fabricante tenía en su mente.

Bueno, si tú nunca dejarías que un mecánico inexperto trabajara en tu automóvil, ¿qué me dices con relación a tu vida? No existe ningún profesor universitario que conozca tan bien a las personas como para poder escribir un libro muy definido acerca de lo que nos mueve a cada uno de nosotros. No existe psicólogo o psiquiatra alguno que me conozca verdaderamente. Dios escribió un libro acerca de Su producto, y ese producto soy yo. Repítete a ti mismo: "Yo soy un producto muy costoso. Yo no voy a permitir que nadie experimente conmigo". Es algo muy peligroso el ponernos a experimentar con este artículo tan valioso llamado vida.

Por lo tanto, si algún hombre quiere conocer su razón o motivo de vivir, él debe acudir a Dios y a Su Manual, y nunca a otros hombres. Si él se mira a sí mismo o mira a otros, él va a comenzar un viaje nada confiable y muy riesgoso que va a afectar la dirección de su vida.

6. ENCONTRAMOS EL PROPÓSITO TAN SOLO EN LA MENTE DE NUESTRO CREADOR.

Si tú recuerdas este principio durante toda tu vida, podrás estar a salvo: antes de comprar algo, revísalo para ver quién lo construyó. De inmediato, vas a poder saber lo que estaba en la mente del creador o fabricante. Si compras una camisa que está de oferta en una tienda, y puedes ver la etiqueta en el cuello de la camisa, tú la vas a tratar muy diferente de la manera que tratarías una camisa marca Pierre Cardin. Tú tal vez arrojes la camisa de descuento en una silla, pero tendrías mucho cuidado de poner la camisa hecha por un diseñador especial en un gancho en el closet de tu recámara.

Necesitamos poder entender la mente de nuestro Creador. ¿Cómo podemos hacer esto? Por medio de aprender la manera como Él piensa. La única manera en que nosotros podemos tener éxito es por medio de descubrir y vivir en los propósitos de nuestro Creador, pasando a través de una transformación aun en la forma en que pensamos de nosotros mismos, para que lleguemos a hacerlo basados en las intenciones originales que Él tiene para nosotros. Esta transformación viene a través de la renovación de nuestra mente:

> *Por consiguiente, hermanos, os ruego por las misericordias de Dios que presentéis vuestros cuerpos como sacrificio vivo y santo, aceptable a Dios, que es vuestro culto racional. Y no os adaptéis a este mundo, sino transformaos mediante la renovación de vuestra mente, para que verifiquéis cuál es la voluntad de Dios: lo que es bueno, aceptable y perfecto.*
>
> (Romanos 12:1-2)

Los caminos de Dios van a transformar tu espíritu, tu mente y tu apariencia. Cuando tú te presentas delante de Dios y aprendes de Él, vas a comenzar a entender Su propósito. *"La ley del Señor es perfecta, que restaura el alma; el testimonio del Señor es seguro, que hace sabio al sencillo"* (Salmo 19:7).

La manera más grande como tú puedes encontrar propósito es por medio de someter tu vida totalmente al Fabricante. Tú no debes acercarte a Dios tan solo porque eso es la cosa religiosa que se debe hacer. Tú no debes acercarte a Dios tan solo porque eso es la cosa religiosa que "todos" están haciendo. Tú no debes acercarte a Dios tan solo porque es una cosa buena el hecho de asistir a una iglesia. Tú debes acercarte a Dios porque tú quieres encontrar la manera para no seguir desperdiciando tu vida. Nadie te conoce tan bien como Aquel que te creó. Este es el punto a seguir.

Somos tan especiales para Dios que Él mandó a Su Unigénito Hijo para que muriera por nosotros. Debe haber algo único y especial en cada uno de nosotros para que Dios quiera que recibamos salvación para que podamos cumplir con el propósito para el cual Él nos dio la vida. Necesitamos buscar a Dios con todo nuestro corazón para poder descubrir ese propósito. *"Me buscaréis y me encontraréis, cuando me busquéis de todo corazón"* (Jeremías 29:13).

Por lo tanto, el hombre va a poder cumplir su propósito tan solo si él busca, con todo su corazón, la mente de su Creador. Cuando los planes de Dios se descubran delante de él, su vida que ha estado hecha pedazos se va a convertir en un conjunto completo y ordenado, y él va a poder llegar a ser el tipo de hombre que estaba diseñado a ser desde un principio.

7. EL PROPÓSITO DE DIOS ES LA CLAVE PARA NUESTRA REALIZACIÓN.

Tú nunca podrás estar completamente satisfecho hasta que llegues a encontrar tu propósito y comiences a vivir en él. Tú nunca podrás *hacer* lo que estás supuesto a hacer hasta en tanto *tú descubras* lo que tú debes hacer. Y si tú haces aquello que no estás supuesto a hacer, tú nunca te sentirás satisfecho.

SIETE PRINCIPIOS DE PROPÓSITO 59

Tú estás perdiendo el tiempo. Tú estás abusando de tu vida. Deja de hacer eso ahora mismo.

Yo me encontraba hablando acerca del propósito en una iglesia en Baton Rouge, Louisiana. Una dama se me acercó después del servicio, y dijo: "Yo tengo cincuenta y seis años de edad, hermano. ¿Dónde estaba usted hace cincuenta y seis años?". Le respondí: "¿Qué quiere decir usted?". Ella me dijo: "Usted es la primera persona que ha venido a mi vida y que me ha ayudado a entender que yo tengo una razón para vivir, y yo no puedo dar cuenta de los cincuenta y seis años pasados en este momento. ¿Dónde estaba usted hace cincuenta y seis años?".

Algunas veces las personas comienzan a sentirse de la misma forma en que esta mujer se sentía; se sienten tristes porque han desperdiciado tanto tiempo. Si esta es tu situación, no te desanimes. Una de las cosas maravillosas acerca de Dios es que Él tiene la manera de restaurar los años que la langosta ha devorado (ver Joel 2:23-26). Cuando tú acudes a Él, Él sabe cómo hacer para que recuperes el tiempo que has perdido.

Pero Dios preferiría que lo siguiéramos a Él y que conociéramos nuestro propósito toda nuestra vida. Por esto la Palabra de Dios dice muy fuertemente a los jóvenes: *"Acuérdate, pues, de tu Creador en los días de tu juventud, antes que vengan los días malos, y se acerquen los años en que digas: No tengo en ellos placer"* (Eclesiastés 12:1). La Biblia nos está diciendo a todos nosotros: "Acuérdate de Dios ahora mismo, y no cuando ya hayas acabado de divertirte y hayas arruinado tu salud con drogas, con alcohol y con tabaco y tengas que decir: 'Bueno, ya estoy muy enfermo; ahora mejor voy a buscar a Dios'". No esperes hasta que hayas echado a perder toda tu vida para acordarte de Dios. *"Acuérdate, pues, de tu Creador en los días de tu juventud".* ¿Por qué? Porque Dios quiere que te acuerdes del Fabricante desde temprana edad para que Él pueda poner tu vida en el curso y en la dirección correcta para todo el resto de tu vida.

Dios no dice: "Acuérdate de la universidad". Él no dijo: "Acuérdate del orientador de la escuela" o tampoco dijo: "Acuérdate de lo que tus amigos te están diciendo". Ellos tan solo pueden darte opiniones acerca de lo que deberías hacer. Dios dijo: "Acuérdate de tu Creador, del Fabricante, del Único que te creó. Acuérdate de Él desde tu temprana edad, desde que eres joven". ¿Por qué? Para que los días malos no te roben tu vida.

Algunos de ustedes saben de lo que estoy hablando porque han estado ahí, y ahora están arrepentidos. Algunos de ustedes tal vez todavía se encuentran en medio de esto. Otros de ustedes tal vez no están usando sustancias peligrosas, pero aún así, ustedes están arruinando su vida. Están trabajando catorce horas al día, tratando de ser "personas exitosas", pero no están haciendo aquello para lo cual fueron colocados en esta tierra. Ustedes nunca van a estar satisfechos.

¿Acaso no sería maravilloso poder vivir cada día en forma efectiva, haciendo exactamente aquello para lo cual tú naciste? No existe satisfacción o realización alguna si no conoces tu propósito.

¿Recuerdas la pintura de aquel edificio en Shirley Street? Después de que había manejado por ese anuncio la segunda vez, el Espíritu Santo me dijo: "Si tú vieras a todos los hombres trabajando en ese proyecto, excavando todo el lodo y los escombros, todas las piedras y todo lo demás, haciendo grandes hoyos, y si les preguntaras qué es lo que están haciendo, ellos tal vez dirían: "Estamos moviendo esto. Estamos construyendo aquello". Ellos te podrían decir exactamente hacia dónde se dirigen. Yo nunca he olvidado esa lección.

Tengo una pregunta para ti: ¿Acaso tu vida se parece a esto? Si alguien te preguntara qué es lo que estás haciendo, ¿podrías decirle exactamente que te diriges a algún lado específico? ¿Les podrías decir exactamente adónde? ¿Tienes tu visión y tu sueño tan claro que podrías dibujar una pintura de ello?

Si tú sabes hacia adonde te diriges, entonces, cuando alguien no entiende el motivo de que haya todo ese lodo, todos esos escombros, el agua y el hoyo, eso ya no importa. Puede ser que todo no se vea bien, pero como tú puedes ver, esto es parte del proceso. Algunas veces, el proceso es muy desordenado. Cuando te encuentras en medio del proceso, tu vida puede parecer como que no está llegando a nada. Pero toma nota muy cuidadosamente: hay un dibujo para ti. Dios lo ha dibujado especialmente para ti en Su Palabra. Cada vez que tú te veas enredado en medio del lodo y de los escombros, cada vez que te sientas desanimado, tú puedes ver ese dibujo.

Cuando una persona trabaja en la construcción, algunas veces el contratista solo le va a decir que excave un hoyo o una zanja. Él no puede entender lo que esta zanja tiene que ver con cualquier otra cosa, pero él tiene que confiar en las indicaciones del contratista. Él excava esa zanja porque él sabe que el contratista conoce cosas que él desconoce. De la misma manera, Dios está en el negocio de construir y edificar nuestra vida y a nosotros mismos. Él es el Contratista. Algunas veces, Él te dirá que hagas algo y Él no te va a dar muchas explicaciones acerca de eso.

Tú tal vez te encuentras en este momento en medio de algo que Él te dijo que hicieras, pero que tú no entiendes; y parece que no tiene mucho sentido. Sientes como si solo estuvieras excavando una zanja. Tú estás diciendo: "Esto no es lo que yo le pedí". Tal vez es tu trabajo lo que te parece como esa zanja. Tal vez es tu matrimonio lo que te parece que es como esa zanja. Pero cuando tú estás buscando a Dios y los propósitos de Dios, Él está diciendo: "No te rindas. Tú no entiendes. Tan solo mantente en dónde estás. Estamos construyendo algo aquí. Tan solo cava esa zanja".

Un hombre puede ser capaz de ver el resultado de los propósitos de Dios en su vida de veinticinco años hacia el futuro o de solo un día hacia el futuro. Pero si él está viviendo en los planes que Dios tiene para él, él ya ha encontrado la clave para su existencia.

DIOS COLOCÓ SU PROPÓSITO DENTRO DE TI.

El llegar a ser lo que Dios ha propuesto acerca de ti no solo te va a permitir vivir efectivamente, pero también te va a permitir adorar a tu Creador, Quien te ha dado ideas, talentos, recursos y la energía para poder cumplir Sus deseos y Sus planes para tu vida. Proverbios 20:5 dice: *"Como aguas profundas es el consejo en el corazón del hombre, y el hombre de entendimiento lo sacará"*. Esta es una declaración muy poderosa, ¿o no? *"Como aguas profundas es el consejo en el corazón del hombre"*. Esto significa que tu propósito se encuentra dentro de ti. Dios lo ha colocado muy profundamente dentro de ti. Sin embargo, para que lo puedas sacar, tú necesitas la ayuda de la sabiduría y de la revelación de Dios, porque tu propósito nació y fue creado en la mente de tu Creador.

Recuerda que Dios creó al hombre con un propósito específico en mente, y que Él lo diseñó en forma única para ese propósito. Por lo tanto, el hombre posee características y cualidades que son necesarias para su funcionamiento y para su realización como hombre. Más aún, cuando un hombre llega a identificar, entiende, aplica en forma efectiva, y manifiesta estas características en su vida y en sus relaciones, la mujer también va a experimentar la realización que ella tanto ha deseado.

Como hemos podido ver, es muy beneficioso el poder ver el dibujo que muestra la perspectiva general antes de entrar a ver los detalles que hay dentro. Para que un hombre pueda conocer el propósito de Dios para él como hombre y como individuo, primero él necesita poder ver los propósitos de Dios para la humanidad como conjunto. En el siguiente capítulo, vamos a ver de cerca la sabiduría y la revelación de Dios con relación a la creación del hombre.

PRINCIPIOS

1. Dios es un Dios de propósito.

2. Todo lo que Dios planea es intencional, tiene significado y tiene la garantía para tener éxito.

3. Dios lo creó todo con un propósito.

4. El propósito de alguna cosa determina su naturaleza, su diseño y sus características.

5. No conocemos todos los propósitos porque hemos perdido nuestro entendimiento de las intenciones originales de Dios para nosotros.

6. Cuando no se conoce el propósito, el abuso es inevitable.

7. Para poder descubrir el propósito de alguna cosa, nunca le preguntes a la creación; pregúntale al creador.

8. Si no conocemos el propósito de nuestra vida, solo estamos experimentando con ella.

9. Cuando tú acudes a Dios, Él sabe cómo restaurar el tiempo que tú perdiste cuando no conocías tu propósito.

10. Encontramos nuestro propósito tan solo en la mente de nuestro Creador.

11. El propósito de Dios es la clave para nuestra satisfacción y para nuestra completa realización.

12. Dios colocó tu propósito dentro de ti. Para poder sacarlo, tú necesitas la ayuda de la sabiduría y de la revelación de Dios.

PREGUNTAS DE ESTUDIO

PREGUNTAS PARA REFLEXIÓN

1. ¿Qué estás haciendo para que tu vida importe: para ti, tu familia y los propósitos eternos de Dios?

EXPLORAR LOS PRINCIPIOS Y PROPÓSITOS DE DIOS

2. Una de las cosas más peligrosas en la vida es _____.

3. ¿Cuál es la mejor forma de utilizar el tiempo efectivamente?

4. ¿Cuál es una de las razones por la que Jesús sabía Su propósito?

5. ¿Cómo vivir sin Dios afecta tu entendimiento de tu razón para existir?

6. ¿Qué puede causar la destrucción del potencial de una persona?

7. ¿Qué dijo Nehemías cuando las personas intentaron distraerlo de su verdadero propósito?

8. ¿Por qué Jesús no tuvo un "problema de adolescente"?

9. ¿Qué nos ha dado Dios para que podamos vivir vidas exitosas y realizadas?

10. ¿Cuál es el primer principio del propósito?

11. Lo que Dios planea es _____, _____, y garantizado a _____.

12. Cuando Dios creó al hombre y a la mujer, Él ya había _____ lo que ellos estaban supuestos a _____ y _____.

13. ¿Cuál es el segundo principio del propósito?

14. Debido a que Dios hizo a propósito a los hombres y a las mujeres, ellos necesitan ir a Él para encontrar la verdadera razón de ser. ¿Qué ocurre cuando tratamos de cambiar o luchar contra los planes de Dios para nosotros?

15. Completa el tercer principio del propósito: No cualquier propósito es _____ a nosotros.

16. ¿Cuándo los seres humanos perdieron su conocimiento de la intención de Dios para ellos y el mundo?

17. El cuarto principio del propósito lee: "Cuando no se conoce el propósito..." (Escoge uno):

    (a) "nosotros no somos responsables por nuestras acciones."

    (b) "el abuso es inevitable."

    (c) "la ignorancia es felicidad."

    (d) "no nos puede lastimar."

18. Cuando abusamos nuestras vidas, ¿qué nos juzga, y por qué?

19. ¿Por cuáles dos razones las personas abusan las cosas?

20. ¿Cuál es el quinto principio del propósito?

21. Cuando quieres saber el propósito de algo, ¿por qué no debes preguntarlo tú mismo?

22. Para entender cómo funcionamos como seres humanos, ¿qué debemos consultar?

23. ¿Cuál es el sexto principio del propósito?

24. ¿Cuál es la única manera en que tendremos éxito en la vida?

CONCLUSIÓN

Proverbios 19:21 es una escritura fundamental con respecto al entendimiento del propósito de Dios: *"Muchos son los planes en el corazón del hombre, mas el consejo del SEÑOR permanecerá"*. Si un hombre quiere saber quién es él, de manera que pueda vivir plenamente en esa realidad, él primero tiene que entender los principios del propósito de Dios. De otra manera, él caerá en confusión; donde muchos hombres están ahora mismo. Puede que él nunca sepa la verdadera razón de su existencia, y puede vivir una vida que esté completamente equivocada para él. Conocer y vivir en los propósitos de Dios, sin embargo, libera al hombre para ser y hacer lo que nació para ser y hacer, trayéndole plenitud y satisfacción en todas las áreas de su vida.

APLICA A TU VIDA LOS PRINCIPIOS DE DIOS
PENSÁNDOLO BIEN

+ ¿De qué maneras has estado viviendo una vida con propósito hasta ahora? ¿O has intentado descifrar quién eres y de qué se trata tu vida? Si alguien te preguntara hacia dónde vas en la vida, ¿podrías "pintar un cuadro" de eso? ¿Cómo se vería?

+ ¿Cómo tu entendimiento de tu propósito de vida cambió leyendo los principios bosquejados en este capítulo?

+ Jesús sabía Su propósito porque Él estaba continuamente buscando a Dios y en comunicación constante con Él. ¿Estás en comunicación estrecha con Dios, o es débil tu comunicación con Él ahora mismo? ¿Qué pasos puedes dar para aclarar tu entendimiento del propósito de Dios para ti?

ORAR SOBRE ESO

+ Haz un compromiso de pasar quince minutos cada mañana buscando a Dios por medio de la oración, y pidiéndole a Él que cumpla Sus propósitos en tu vida.

+ Si de alguna manera tienes personas o cosas abusadas porque no entendiste los propósitos de Dios para ellos, pide a Dios que te perdone y que renueve tu entendimiento de ellos de acuerdo con Sus caminos.

ACTUAR EN LA VERDAD DE DIOS

+ No importa cómo hayas abusado de tu vida en el pasado, no te des por vencido en tener una vida con propósito. Deja el pasado detrás de ti, y decide hoy empezar a aprender y a vivir en los propósitos de Dios para ti.

+ Si Dios te ha dirigido a hacer algo que no entiendes totalmente, y si experimentas en tu vida una situación que no parece hacer sentido y te sientes como si estuvieras "cavando una trinchera", ¡no te rindas! Continúa siendo fiel a Dios y sus caminos, y permítele mostrarte cómo un trabajo de trinchera encaja en el panorama más grande de Sus propósitos para ti.

+ Guarda en tu memoria estos versos que recalcan que Dios es un Dios de propósito, y que Sus propósitos permanecen para siempre: Isaías 14:24; Salmos 33:11; Isaías 55:10–11.

3

LA CREACIÓN DEL HOMBRE

EL HOMBRE-ESPÍRITU HABITA DENTRO DE AMBOS, TANTO DENTRO DEL HOMBRE COMO DENTRO DE LA MUJER.

El hombre puede conocer el verdadero significado de su existencia solo por medio de entender quién es él con relación a la creación de Dios de la raza humana como conjunto. Los hombres necesitan ver cómo es que ellos caben dentro del gran dibujo que Dios hizo de la humanidad, la cual Él diseñó y construyó cuando comenzó el mundo.

La primera cosa que debemos darnos cuenta es que hay una diferencia entre ser *hombre* y ser *varón*, y que cada uno de estos tiene un propósito único de existir. ¿Qué es lo que quiero decir con esto? El relato de la creación en los primeros dos capítulos de Génesis revela la diferencia básica. Génesis 1 es un capítulo de declaración. Declara lo que Dios hizo en la creación. Génesis 2 es un capítulo de explicación. Explica la forma como Dios llevó a cabo Su acto de creación, y muestra cómo la creación del hombre se relaciona a la creación de las dos manifestaciones físicas del hombre: el varón y la mujer.

En Génesis 1:26-28 leemos lo siguiente:

Y dijo Dios: Hagamos al hombre a nuestra imagen, conforme a nuestra semejanza; y ejerza dominio sobre los peces del mar, sobre las aves del cielo, sobre los ganados, sobre toda la tierra, y sobre todo reptil que se arrastra sobre la tierra. Creó, pues, Dios al hombre a imagen suya, a imagen de Dios lo creó; varón y hembra los creó. Y los bendijo Dios, y les dijo: "Sed fecundos y multiplicaos, y llenad la tierra y sojuzgadla; ejerced dominio sobre los peces del mar, sobre las aves del cielo y sobre todo ser viviente que se mueve sobre la tierra.

CREADOS A LA IMAGEN DE DIOS

La primera cosa que tenemos que aprender de este pasaje es que el hombre fue hecho a la imagen de Dios. Cuando Dios hizo al hombre, Él básicamente dibujó al hombre, usándose como modelo a Sí Mismo, para que la esencia del hombre pudiera ser tal y como Él es. Debido a que *"Dios es Espíritu"* (Juan 4:24),

Él creó al hombre como un espíritu. El espíritu es eterno. El hombre fue creado como un ser eterno, debido a que Dios es eterno.

Es muy importante reconocer que no nos estamos refiriendo al varón y a la hembra. Fue toda la raza humana como conjunto que Dios creó a Su imagen. El hombre es espíritu, y los espíritus no tienen género. La Biblia nunca habla acerca de espíritus que sean masculinos o femeninos.

¿Cuál fue la razón de que Dios creó a la humanidad a Su imagen? Él no creó a ninguno de los animales o de las plantas a Su imagen. Él ni siquiera creó a los ángeles a Su imagen. El hombre es el único ser de la creación de Dios que es como Él.

SER LA SIMIENTE DE DIOS

Dios creó a la raza humana para que tuviera una relación con Él; para que fuera Su familia, Su simiente, los hijos espirituales de Dios. La naturaleza de Dios es amar y dar. Debido a que *"Dios es amor"* (1a. Juan 4:8,16), Él quería un ser que pudiera ser el objeto de Su amor y de Su gracia. Él quería que el hombre fuera el recipiente de todo lo que Él es y de todo lo que Él tiene.

El hecho de que el hombre fue creado a la imagen de Dios es una revelación asombrosa acerca de nuestra relación con Él. Dios deseaba hijos que pudieran ser como Él mismo. Pero Él no tan solo los deseaba, y después, no hizo nada acerca de esto, sino que Él concibió Su deseo y lo convirtió en realidad. Él quedó "embarazado" con lo que Él estaba deseando. Una vez que Dios concibió, Él comenzó a hacer los preparativos para el "nacimiento" o creación del hombre. Antes de que existiera cosa alguna en la tierra, existía Dios, y Dios estaba embarazado con nosotros.

¿Cómo acostumbramos llamar a una mujer que está embarazada? Decimos que está esperando un bebé. Dios estaba esperando el nacimiento del hombre, así que, de inmediato, Él fue a preparar "la cuna" para Sus hijos, aun mucho antes de que existiera cualquier evidencia física de su simiente. El deseo que Dios tenía de tener Sus hijos, le hizo crear todo el universo como preparación para la llegada de ellos.

Permítame decirte lo que hemos aprendido comúnmente y que no es nada bíblico. Hemos aprendido que Dios creó el universo, y que *entonces*, Él decidió crear al hombre. Esta no es la manera en que sucedió. Dios primero decidió crear al hombre, y esta fue la razón para la creación del mundo.

Cuando mi esposa y yo estábamos esperando nuestro primer hijo, teníamos su cuarto completamente arreglado y listo, aun antes de que el bebé llegara. Yo recuerdo el día en que lo terminamos, y nos paramos en la puerta para ver todo el cuarto. Habíamos limpiado la habitación minuciosamente. Teníamos la nueva cuna, la almohada, las sábanas, el talco, el aceite para bebé, los pañales, la comida de bebé, y todo lo que te puedas imaginar ya estaba listo. Teníamos pequeños cuadros en las paredes. No había bebé alguno, pero todo lo que el bebé podría necesitar y usar ya estaba listo. Entonces, nos paramos en la puerta, miramos a todo el cuarto, y dijimos: "Esto es bueno". ¿Qué estábamos haciendo? Preparando. Eso es exactamente lo que Dios estaba haciendo en Génesis 1 cuando Él creó al mundo como preparación para la creación del hombre.

De la misma manera que un bebé recién llegado es el centro de atención para los pensamientos de sus padres, la raza humana fue y es el centro de atención de los pensamientos de Dios. La maravilla de esta idea le llegó al Rey David un día. Él dijo: *"Cuando veo tus cielos, obra de tus dedos, la luna y las estrellas que tú has establecido, digo: ¿Qué es el hombre para que de él te acuerdes, y el hijo del hombre para que lo cuides?"* (Salmo 8:3-4). David, de hecho, le preguntó a Dios: "¿Por qué Tú solo estás pensando acerca de nosotros?". Aunque el Salmo no nos da la respuesta de Dios, yo pienso que Su respuesta sería como esta: "Cada vez que tú veas la luna y las estrellas y todo lo demás que Yo he creado, Yo quiero que tú sepas que todo eso existe solo por razón de ti".

Somos tan importantes para Dios que Él creó el universo entero para nosotros. No solo eso. Él lo creó con un gran cuidado para asegurarse de que íbamos a tener el mejor medio ambiente para vivir. Todo lo que Dios creó mantiene al resto de la existencia en equilibrio. Por ejemplo, cuando Él hizo nuestro sistema solar, Él creó al sol para que fuera una luz para nosotros, y entonces, Él colocó cuidadosamente a todos los planetas alrededor de Él. Yo puedo imaginar a Dios haciendo los ajustes necesarios para que el sistema solar pudiera estar correcto para nosotros. Yo puedo verlo a Él, empujando tantito a la tierra, y diciendo: "No, está muy cerca del sol. Eso es demasiado caliente. Vamos a retirarla un poquito. Ahora está muy frío. Ellos se van a congelar. Ah, aquí está perfecto. Las condiciones están perfectas. El bebé va a estar bien". Entonces, yo también me lo imagino a Él diciendo: "A los niños les gustan los colores, así que vamos a hacer que haya flores muy coloridas para que salgan de la tierra. Esa es una rosa muy hermosa; a ellos les va a gustar esto. Vamos a poner algunos colores en los peces también. Ahora, ya hemos creado el atardecer, pero vamos a hacer que la capa de ozono tenga preponderancia sobre la luz, de tal manera que la cambie de color. Pero que la luz venga a través de la atmósfera y de la estratosfera, para que cuando esta luz pegue en ellas, se vuelva de color púrpura, amarillo, azul y rosado". Yo puedo verlo a Él, pensando acerca de las necesidades futuras del hombre. "Ahora debemos tener muchos alimentos para el bebé. Necesitamos algunas frutas y verduras. También necesitamos separar el agua salada del agua fresca, para que el bebé pueda beber. Ahora todo está en orden. ¡El cuarto para el bebé está listo!".

Te he sometido el hecho de que el hombre es la razón de que el universo exista. Yo nunca he dicho que el hombre es el centro del universo. Los humanistas dicen que el hombre es el centro del universo. Eso está equivocado. Dios es el centro de todo lo que existe. Él *"sostiene todas las cosas por la palabra de su poder"* (Hebreos 1:3). Es Él quien es el centro de la vida. Todo lo que Él creó y cada movimiento de nuestra existencia existe solo en Él. Pero, debido a que somos Su simiente, Él creó el universo tan solo para nosotros.

Cuando Dios terminó de crear al mundo, Él dijo que todo era bueno (ver Génesis 1:4-25). Yo creo que Él dijo esto debido a que todo ya estaba listo. Y fue solo hasta después de que Dios dijo que el mundo físico era bueno que Él dijo: *"Hagamos al hombre"* (v. 26). Lo que es interesante acerca de esto es que los cielos y la tierra fueron creados primeramente debido a su propósito. Algunas personas pueden decir: "Bueno, si los cielos y la tierra fueron creados primero, ¿acaso eso significa que son más importantes que el hombre?". No. Ellos solo estaban apuntando a la venida del hombre. El propósito de ellos era ser un medio ambiente perfecto para los hijos de Dios. Cuando mi esposa y yo estábamos preparando el cuarto, teníamos la cuna, el talco, y todas las otras cosas materiales estaban listas primeramente en ese cuarto. ¿Acaso eso quería decir que todas esas cosas eran más importantes que el bebé? No. Todas esas cosas estaban ahí solo por razón del bebé. Lo mismo es verdadero en cuanto a la relación del hombre con el mundo físico. Efesios 1:4 explica el orden de prioridades de esta manera: *"Según nos escogió en Él **antes de la fundación del mundo**, para que fuéramos santos y sin mancha delante de Él"*.

TENER COMUNIÓN CON DIOS

Otra razón de que el hombre fue creado a la imagen de Dios es para tener comunión con Él, de la misma manera como es una relación familiar cercana. La única razón de que el hombre puede tener esta comunión con Dios es porque Dios hizo que el hombre fuera espíritu, de la misma manera como Él es espíritu. *"Dios es espíritu, y los que le adoran deben adorarle en espíritu y en verdad"* (Juan 4:24).

Aunque Dios es el Creador, Él siempre ha enfatizado que Él es el Padre del hombre. Su primer deseo no fue que el hombre pensara de Él como un Dios asombroso o como un *"Fuego Consumidor"* (Deuteronomio 4:24). Aunque en ocasiones resulta difícil para nuestras mentes religiosas el poder entender este concepto, Dios quiere que nos acerquemos a Él de la misma manera como lo haría un niño con su padre amoroso.

Dios y la humanidad fueron hechos el uno para el otro. Esta es la razón de que, no importa qué tantas relaciones tengas o qué tantos regalos compres para otras personas, al final, tú no vas a estar satisfecho con nada hasta que no llegues a amar a Dios. Dios tiene que llegar a ocupar el primer lugar en tu vida. Tu amor fue diseñado para tener la completa realización solo en Él.

PARA MANIFESTAR SU NATURALEZA

Dios creó al hombre a Su imagen para que el hombre también pudiera reflejar Su carácter y Su personalidad. Cuando Dios creó al hombre, el cielo y la tierra se pararon en admiración de este ser asombroso que manifestaba la misma naturaleza y que reflejaba Su gloria.

Considera este admirable versículo del Salmo 82:6: *"Yo dije: Vosotros sois dioses, y todos sois hijos del Altísimo"*. Este versículo está hablando de la raza humana. Nos llama *"dioses"* e *"hijos del Altísimo"*. ¿Por qué es que somos llamados dioses pequeños? Se debe a que como hijos del Dios Altísimo tenemos Su naturaleza y compartimos Sus propósitos. Físicamente somos hijos de los hombres, pero espiritualmente, somos hijos de Dios.

Dos aspectos fundamentales del carácter de Dios son el amor y la luz, y el hombre fue hecho para exhibir estas cualidades. Sin embargo, el hecho de que el hombre sea a la imagen de Dios no quiere decir que el hombre pueda revelar estas cualidades estando separado de Él. El hombre fue hecho para que siempre revelar la naturaleza de Dios dentro del contexto de estar conectado continuamente a Él en comunión. 1a. Juan 4:16 dice lo siguiente: *"El que permanece en amor permanece en Dios y Dios permanece en él"*, y Proverbios 20:27 dice: *"Lámpara del Señor es el espíritu del hombre que escudriña lo más profundo de su ser"*. Esto significa que cuando tú tienes comunión con Dios, tú reflejas

Su luz. Tú muestras la naturaleza de Dios, porque: *"Dios es luz, y en Él no hay tiniebla alguna"* (1a. Juan 1:5).

Dios también creó al hombre para demostrar Su sabiduría y la bondad de Sus preceptos. Este propósito es parte de los planes eternos de Dios, y culminó en la venida de Cristo Jesús y en el nacimiento de la iglesia:

A fin de que la infinita sabiduría de Dios sea ahora dada a conocer por medio de la iglesia a los principados y potestades en los lugares celestiales, conforme al propósito eterno que llevó a cabo en Cristo Jesús nuestro Señor. (Efesios 3:10-11)

PARA COMPARTIR SU GOBIERNO

Dios dijo: *"Hagamos al hombre a nuestra imagen, conforme a nuestra semejanza; y ejerza dominio"* (Génesis 1:26). El hombre fue creado para compartir la autoridad de Dios. Dios nunca quiso gobernar solo. El amor no piensa en esos términos. Tú siempre puedes saber cuando una persona está llena de amor. Él no quiere hacer las cosas tan solo para sus propósitos egoístas. Una persona egoísta quiere toda la gloria, todo el crédito, todo el reconocimiento, toda la atención, todo el poder, toda la autoridad, todos los derechos y todos los privilegios. Pero una persona que está llena de amor, quiere que otros compartan con él lo que él tiene.

Debes notar que la palabra "hombre" en Génesis 1:26 se refiere al ser espiritual que fue creado a la imagen de Dios. El propósito de dominio le fue dado al hombre espiritual o al hombre-espíritu. Esto sucedió aún antes de la creación del varón y de la mujer, lo cual discutiremos en detalle más adelante. Por lo tanto, la espiritualidad, tanto del hombre como de la mujer, tiene la misma responsabilidad hacia la tierra debido a que la autoridad y el gobierno le fueron dados al hombre-espíritu, el cual habita en ambos.

El relato de la creación revela un hecho interesante que muy a menudo pasamos por alto hoy en día. Dios no creó al hombre para el cielo. Dios creó al hombre para la tierra. Dios es el Gobernador de los cielos, y Él creó al hombre para expresar Su autoridad en la tierra. Él dijo: "Yo quiero que lo mismo que está sucediendo en el cielo suceda en la tierra; quiero que Mi gobierno se extienda a otro ámbito, pero yo no quiero gobernarlo directamente. Yo quiero que el hombre comparta Mi autoridad y gobierno". El plan de la creación de Dios era este: mientras que Dios gobernaba el reino invisible de los cielos, el hombre iba a gobernar el reino visible en la tierra, siendo que Dios y el hombre iban a disfrutar una comunión continua, a través de sus naturalezas espirituales. En esencia, Dios le dijo al hombre: "Déjame gobernar a través de ti, para que tú puedas apreciar, disfrutar y compartir mi gobierno y autoridad, y de esta manera, tú puedas saber cómo se siente el hecho de ser 'dioses pequeños'".

Es importante darse cuenta que el hombre no solo fue creado para tener comunión con Dios, sino también para tener una responsabilidad que cumplir. Yo quiero enfatizar este punto debido a que algunas veces, las personas usan su adoración a Dios como una excusa para descuidar otras áreas de su vida. Ellos dicen: "Yo fui creado tan solo para amar al Señor, para adorar al Señor y para alabar al Señor". Estas cosas son buenas y necesarias. Sin embargo, tú no puedes pasar todo tu tiempo en la iglesia, adorando, alabando y cantando. Llega el momento cuando tú tienes que cumplir con tu responsabilidad para poder demostrar lo que significa tu relación con el Señor en términos de vivir y de gobernar el mundo.

Al hombre le fue dada la libertad para mostrar su creatividad mientras que gobernaba la tierra física y a todas las otras creaturas vivientes que habitan en el planeta. La tierra fue hecha para ser gobernada, para que la cuidaran, para que la moldearan esos seres que habían sido hechos a la imagen de Su Creador. De esta manera, el hombre debía reflejar el espíritu creativo y amoroso de Dios.

PARA EXTENDER LOS NEGOCIOS DE LA FAMILIA

También necesitamos entender que cuando Dios creó al hombre para que compartiera Su autoridad, esto fue en el contexto de la relación que el hombre tenía con Él como Su simiente. Dios no creó al hombre para que fuera un sirviente, sino para que fuera un hijo que iba a estar involucrado en hacerse cargo de los negocios de la familia. Este era el plan de Dios para la raza humana desde el principio. Él siempre ha querido que Sus hijos Lo ayuden a cumplir Sus propósitos.

Esto significa que Dios no quiere que el hombre solo trabaje *para* Él; Él quiere que el hombre trabaje *con* Él. La Biblia dice que somos *"colaboradores con Él"* (2a. Corintios 6:1) o *"compañeros con Él"*. En el original griego, *"colaboradores"* significa aquellos que "cooperan", quienes "ayudan", quienes "trabajan junto con".

Es muy común oír que las personas dicen: "Estoy trabajando para Jesús". Si tú estás trabajando *para* Jesús, tú todavía eres alguien que solo ha sido contratado. Cuando tú entiendes los negocios de la familia, entonces tú te conviertes en un colaborador junto con Cristo Jesús.

PARA PODER DEPENDER DEL PADRE CELESTIAL EN RELACIÓN A NUESTRAS NECESIDADES PERSONALES

¿Cuáles son algunas de las implicaciones de que seamos los hijos de Dios y que estemos trabajando en Sus negocios? Primeramente, no tenemos que preocuparnos de los gastos de nuestro diario vivir. Si tu padre y tu madre son dueños de un negocio muy próspero, y ellos te ponen en el negocio para que tú también lo manejes, ¿acaso te preocuparías acerca de dónde vas a comer cada día? ¿Te preocuparías acerca de dónde conseguir agua para beber cada día? ¿Te preocuparías acerca de dónde conseguir ropa para vestir todos los días? No, no te preocuparías porque ustedes son una familia, y tú vas a poder tener todo lo que necesites.

Si eres contratado para trabajar en un negocio tan solo como un empleado, entonces tú no conoces la verdadera condición financiera de esa compañía. En adición a esto, si quieres más dinero, tienes que solicitar un aumento de sueldo. Tú tienes que trabajar muy duro para recibir alguna compensación. Tú tienes que impresionar a tu jefe a fin de que puedas obtener un pequeño aumento en tu sueldo. Tú también tendrás que vivir con el temor de que en cualquier momento te pueden correr. Sin embargo, si tú eres hijo del dueño, tú puedes saber qué tan bien se está desempeñando la compañía.

En la compañía o en el negocio de Dios, siempre existe plenitud de provisión para vivir, y tú puedes depender de ello con toda tu confianza. Jesús dijo lo siguiente:

> No os preocupéis, diciendo: "¿Qué comeremos?" o "¿qué beberemos?" o "¿con qué nos vestiremos?" Porque los gentiles buscan ansiosamente todas estas cosas; que vuestro Padre celestial sabe que necesitáis todas estas cosas. Pero buscad primero su reino y su justicia, y todas estas cosas os serán añadidas. (Mateo 6:31-33)

Jesús no dijo: "El jefe sabe que ustedes necesitan estas cosas". Él dijo: "Tu *Padre* sabe que tú necesitas estas cosas". Podemos confiar en nuestro Padre Celestial, que es el hombre de negocios más rico que existe, para que supla todas nuestras necesidades.

PARA DEPENDER DEL PADRE CELESTIAL EN RELACIÓN A LAS NECESIDADES DEL REINO

Cuando Jesús sabía que Su ministerio terrenal ya iba a concluir y que Él iba a ser crucificado, iba a resucitar e iba a regresar a Su Padre celestial, Él habló con Sus discípulos acerca de su función en cuanto a hacer crecer el negocio de la familia aquí en la tierra. *"Ya no os llamo siervos, porque el siervo no sabe lo que hace su Señor; pero os he llamado amigos, porque os he dado a conocer todo lo que he oído de mi Padre"* (Juan 15:15). ¿Cuál era la razón de que Jesús estaba llamando a Sus discípulos Sus amigos? De hecho, Él dijo: "El sirviente no sabe lo que el dueño está haciendo. Yo los llamo a ustedes amigos porque les he dicho a ustedes todo lo que el Padre me ha revelado".

Piensen acerca de lo grande y próspero que es el negocio de Dios. Es tan grande que Dios dice que Él puede suplir todas tus necesidades (Filipenses 4:19). Yo no creo que en este contexto Él se esté refiriendo a tus pequeñas necesidades, tales como una casa, un automóvil, ropa o comida. Recuerda que Él nos dijo que ni siquiera tenemos que pedir por esas cosas. Por lo tanto, Él debe estar hablando acerca de las formas de cómo invertir más, con el propósito de hacer crecer el negocio de la compañía. En esencia, Él está diciendo: "La compañía tiene tantos bienes que mis hijos nunca tienen que preocuparse acerca de las cosas materiales para invertir en ellas".

Yo creo que si nos ocupamos suficientemente en expandir la influencia de la compañía y en construir sus intereses, nuestro acceso a los recursos se abrirá (ver Mateo 6:33). Dios creó al hombre para que fuera Su simiente y para que trabajara en Sus negocios, y Él tiene todos los recursos que necesitamos para cumplir este propósito.

PARA EJECUTAR SU JUSTO JUICIO

El hombre fue creado a la imagen de Dios por otra razón: para ejecutar Su justo juicio. En todas las profecías acerca del Mesías, especialmente en Isaías, en Jeremías y en Daniel, tú vas a encontrar que este también era el propósito principal para que Cristo viniera a la tierra. Este era el resultado de Su vida, de Su ministerio, de Su muerte y de Su resurrección. Todas estas cosas estaban conectadas con el cumplimiento de Su propósito para ejecutar un justo juicio sobre la tierra.

La razón de que esto también es el propósito del hombre, es que es la intención de Dios que gobernemos la tierra a través del Espíritu de Cristo.

Debes recordar que, a través del hombre, Dios desea extender Su gobierno de lo invisible a lo visible. Él quiere exponer Su carácter, Su naturaleza, Sus principios, Sus preceptos y Su justo juicio al mundo visible. Aunque la caída del hombre sacó a la humanidad de los propósitos de Dios, Cristo nos redimió para que pudiéramos ser restaurados a los planes originales que Él tenía para nosotros. El dominio sobre la tierra, incluyendo el hecho de ejercitar el justo juicio, no es una tarea temporal, sino eterna, que Dios le da al hombre.

Debido a la Caída, cuando morimos, nuestros espíritus se separan de nuestros cuerpos, y vamos para estar con Dios en los cielos. Otra vez, nunca fue la intención de Dios que el hombre trabajara en los cielos. Aunque en nuestro crecimiento espiritual y en nuestro desarrollo espiritual vamos a aprender a tener dominio sobre lo espiritual, de igual manera que sobre las cosas físicas (ver 1a. Corintios 6:3), Dios le dio al hombre la tierra para que la gobernara. Y dado que los propósitos de Dios nunca cambian, Él hizo provisión suficiente en Su plan de redención para el hombre, a fin de que este pudiera cumplir ese propósito.

Dios nos hizo una promesa. Él dijo que cuando llegáramos a la oficina matriz (los cielos), solo íbamos a estar ahí durante un tiempo. Va a llegar un día cuando nuestros cuerpos van a ser resucitados y se van a reunir con nuestro espíritu, para que Él pueda mandarnos a terminar nuestro trabajo (ver 1a. Corintios 15:42-44, 52-53; Isaías 65:17).

Si tú estás encontrando muy difícil aceptar todo esto, debes leer el libro de Apocalipsis. Dios habla ahí acerca de tronos, acerca de que vamos a reinar con Él, y acerca de gobernar con Él. La razón de que vamos a reinar con Él es porque Jesús vino a traer el justo juicio a la tierra. Vino a restaurarla adonde debía haber estado en primer lugar. Ese siempre ha sido el propósito de Dios para el hombre. Dios te hizo un gerente, y Él siempre cumple Sus propósitos eternos.

Él no te va a levantar de entre los muertos tan solo para que vivas con Él para siempre. Él te va a levantar de entre los muertos para que puedas acabar el trabajo que originalmente tenías que hacer. Esta es la razón de que la Escritura dice que cuando Jesús regrese a la tierra y seamos resucitados, vamos a reinar junto con Él (Apocalipsis 5:10). La palabra reinar significa ¿qué? Tener dominio, administrar.

CREADOS COMO HOMBRE Y COMO MUJER

Por lo tanto, Dios creó al hombre para que Él tuviera alguien a quien amar, alguien que trabajaría junto con Él en Sus propósitos para la tierra. Pero la tierra es una entidad física, y el hombre es espíritu. La tierra necesita alguien que tenga un cuerpo físico para que viva en ella y la cuide. Dios sabía que esto iba a ser necesario, y esa es la primera razón de por qué Él creó al hombre y a la mujer.

"*Creó, pues, Dios al hombre a imagen suya, a imagen de Dios lo creó; varón y hembra los creó*" (Génesis 1:27). Después de que Dios creó al hombre, Él lo colocó en dos "casas" físicas: el hombre y la mujer. Esto significa que el hombre-espíritu existe dentro de cada hombre y dentro de cada mujer. Todos nosotros, hombres y mujeres igualmente, somos el hombre. La esencia de ambos, tanto del hombre como de la mujer, es el espíritu que reside dentro de ambos llamado "el hombre". Génesis 5:1-2 dice lo siguiente: "*El día que Dios creó al hombre, a semejanza de Dios lo hizo. Varón y hembra los creó, y los bendijo, y los llamó Adán el día en que fueron creados*".

¿Por qué es que Dios tomó al hombre, quien es un espíritu, y lo puso en dos entidades físicas diferentes en lugar de ponerlos en una sola entidad? Fue porque Él quería que el hombre cumpliera dos propósitos distintos. Vamos a explorar la importancia de este hecho en más detalle en los capítulos siguientes. Por ahora, necesitamos recordar que el hombre-espíritu no tiene género alguno, y que para poder cumplir con sus propósitos eternos, Dios usó dos formas físicas para poder expresar el ser espiritual interior que fue hecho a Su imagen.

Por lo tanto, independientemente de que tú seas hombre o mujer, la persona que vive dentro de ti, quien es la esencia de quién tú eres, es el hombre-espíritu. Aunque los hombres y las mujeres tienen diferencias entre sí, ellos están formados por el mismo tipo de esencia.

Debido a que los seres humanos tienen comunión con Dios y lo adoran a través de sus espíritus, esto significa que tanto los hombres como las mujeres tienen acceso directo hacia Dios, y son individuos responsables delante de Él.

"CREADOS" VERSUS "HECHOS"

Génesis 1:26-27 implica que el proceso a través del cual Dios creó al hombre fue diferente del proceso a través del cual Él produjo al varón y a la mujer. Podemos pensar en la diferencia de la siguiente manera: Dios *creó* al hombre, pero Él *lo hizo* en la forma de un varón y de una mujer. La palabra para "*hacer*" que se encuentra en el versículo 26 y la palabra usada para "*creó*" que está en el versículo 27 son muy diferentes en el original hebreo. La palabra *"hacer"* viene del hebreo *asah*, que significa formar una cosa partiendo de algo que ya existe. La palabra *"creado"* viene del hebreo *bara*, que significa formar algo partiendo de la nada. Estos versículos dicen que Dios *creó* al hombre a Su imagen, pero también que *hizo* al hombre. Dios usó estas dos palabras para referirse a la forma como Él trajo al hombre a la existencia. De hecho, Él estaba diciendo: "Yo voy a crearlo, y también. Lo voy a hacer. Yo lo voy a crear de la nada y también lo voy a hacer de la materia ya existente".

Debes recordar que Dios creó al hombre-espíritu partiendo de Su propio Ser, en lugar de crearlo de algo que ya existía en el mundo físico. El hombre no fue creado a partir de la materia; el hombre salió del Espíritu de Dios. Por lo tanto, la parte del hombre que fue creada de la "nada" vino de Dios. Dios habló la Palabra para hacerla existir, de forma similar en que Él dijo: *"'Sea la luz', y fue la luz"* (Génesis 1:3). Pero cuando Dios hizo al hombre y a la mujer, Él usó material derivado del mundo físico, del mismo que Él ya había creado.

El hecho de reconocer esta diferencia es crítico para poder entender nuestro propósito en el mundo, tanto como seres espirituales hechos a la imagen de Dios como seres físicos que llevan a cabo los propósitos ordenados por Dios en el mundo. También es esencial para el entendimiento del hombre con relación a quién verdaderamente es él y cómo es que se tiene que relacionar con la mujer. Vamos a poder ver las implicaciones prácticas de estos propósitos en el siguiente capítulo.

PRINCIPIOS

1. Los hombres pueden llegar a conocer el verdadero significado de su existencia solo por medio de entender quiénes son con relación a la creación de Dios de la raza humana como conjunto.

2. Hay una diferencia entre *"ser un hombre"* y *"ser un varón"*.

3. La raza humana fue creada a la imagen de Dios.

4. Dios creó al hombre para que fuera un espíritu, tal y como Él es Espíritu.

5. El hombre fue creado para que fuera la simiente de Dios y para que tuviera comunión con Él, para que manifestara Su naturaleza, para compartir Su autoridad y gobierno, para extender el negocio de la familia, para depender del Padre para las necesidades personales,

para depender de Él en relación con las necesidades del reino, y para ejecutar el justo juicio de Dios.

6. Después de que Dios creó al hombre, Él lo colocó en dos "casas" físicas: el hombre y la mujer.

7. El hombre, el hombre-espíritu, reside dentro de ambos, tanto del hombre como de la mujer.

8. Dios *creó* al hombre, pero Él *hizo* al varón y a la mujer.

9. Dios hizo al hombre y a la mujer porque Él quería que el hombre pudiera cumplir dos propósitos distintos en esta tierra física.

PREGUNTAS DE ESTUDIO

PREGUNTA PARA REFLEXIÓN

1. ¿Por qué crees que Dios creó hombres y mujeres para vivir en este mundo?

EXPLORAR LOS PRINCIPIOS Y PROPÓSITOS DE DIOS

2. Génesis 1: 26-27 nos dice que el hombre (la humanidad) fue hecho en el _____ de Dios. La humanidad fue creada como _____ desde "Dios es espíritu" (Juan 4:24).

3. Un espíritu no tiene _____.

4. El hombre también fue creado como _____ _____, porque Dios es _____.

5. Hay varias razones principales por las cuales Dios creó a la humanidad a Su imagen. ¿Cuál es la primera razón?

6. Dios creó la tierra en _____ para la llegada de la humanidad.

7. Así como un nuevo bebé está en _____ del _____ de sus padres, _____ estaba y está en el _____ de _____ de Dios.

8. Somos tan importantes para Dios que creó el universo entero para nosotros. Él lo creó con _____ _____ para asegurarse de que tuviéramos el mejor _____ para vivir.

9. ¿De qué manera Efesios 1: 4 nos dice el orden de prioridad de la humanidad y el mundo físico?

10. ¿Cuál es la segunda razón principal por la que Dios creó a la humanidad a su imagen?

11. Aunque Dios es el _____, Él siempre ha enfatizado que Él es _____ de la humanidad.

12. ¿Cómo quiere Dios que nos acerquemos a él?

13. Tu amor fue _____ ser _____ en Él.

14. La tercera razón principal por la cual Dios creó a la humanidad a Su imagen era _____ Su _____, para reflejar Su _____ y _____.

15. ¿Qué dos aspectos fundamentales del carácter de Dios está destinado a exhibir la humanidad?

16. ¿Cuál es la cuarta razón principal por la que Dios creó a la humanidad?

17. ¿Cuál fue el plan de la Creación?

18. La quinta razón por la cual Dios creó a la humanidad fue para _____ _____ _____ _____.

19. Dios no quiere que la humanidad obre _____ Él; Él quiere que la humanidad trabaje _____ para ayudarlo a cumplir Sus propósitos.

20. Sexto, la humanidad fue creada por Dios para _____ el
_____ para _____ _____.

21. En la "compañía" de Dios, siempre hay un montón de_____
para todos. Puedes confiar en esa verdad con _____.

22. ¿Cuál es la séptima razón por la cual la humanidad fue creada por Dios?

23. Dado que Dios ya ha prometido satisfacer nuestras necesidades físicas,
¿qué necesidades se mencionan en Filipenses 4:19 que Dios dice que Él
proveerá para nosotros?

24. La octava razón por la cual la humanidad fue creada a la imagen de Dios
fue _____ Su _____ _____.

25. ¿Cuál es la razón principal por la que Dios creó al hombre y a la mujer?
(ver Génesis 1:27)

26. ¿Por qué Dios colocó al hombre espiritual en dos entidades físicas separa-
das, en lugar de una?

CONCLUSIÓN

La creación del hombre fue llevada a cabo por Dios de dos maneras diferentes. Primero, creó a la humanidad el espíritu, y luego colocó este espíritu
en las dos entidades físicas o "casas" de hombres y mujeres. Reconocer la distinción entre el espíritu-hombre y la mujer es fundamental para comprender
nuestro propósito como seres espirituales hechos a la imagen de Dios y seres
físicos que llevan a cabo nuestros propósitos ordenados por Dios en el mundo.
También es un fundamento esencial para que el hombre entienda quién es él y
cómo debe relacionarse con la mujer.

APLICA LOS PRINCIPIOS DE DIOS A TU VIDA

PENSÁNDOLO BIEN

+ Leer el Salmo 8: 3-6. ¡Piensa en el gran valor con el que Dios te aprecia, y en el hecho de que estás en el centro de los pensamientos de Dios!

+ ¿De qué manera debes tratar a los del género opuesto dado el hecho de que tanto los hombres como las mujeres están hechos a la imagen de Dios, tienen al espíritu-hombre residiendo dentro de ellos, y son espiritual-mente responsables ante Él?

ORAR SOBRE ESO

+ ¿Generalmente piensas en Dios como un Padre celestial amoroso, un gobernante desaprobador y condenador, o de alguna otra manera? Esta semana, convierte en tu práctica enfocarte en Dios como tu Padre celestial que desea darte todo lo que Él es y todo lo que tiene.

+ Podemos reflejar la naturaleza y el carácter de Dios solo cuando estamos continuamente conectados a Él en comunión. Busca aumentar tu comunión con Dios ofreciéndole continuamente las alegrías y los dolores, los triunfos y las tristezas de tu vida, y alabándolo por su amor y gracia.

ACTUAR EN LA VERDAD DE DIOS

+ ¿Confías en que Dios proveerá para tus necesidades físicas y espirituales, o crees que debes suplirlas tú solo? Memoriza Mateo 6: 31-33 y Filipenses 4:19 y confirma estas verdades cada vez que sientas la tentación de preocuparte por tu vida.

+ ¿Cuánta consideración le has dado a tu responsabilidad, dada por Dios, de ejercer dominio sobre la tierra? Escribe varias formas en las que crees que Dios quiere que cumplas con esa responsabilidad en tu propia esfera de influencia.

4

EL PROPÓSITO DE DIOS PARA EL HOMBRE

DIOS DISEÑÓ Y EQUIPÓ AL HOMBRE PARA QUE PUDIERA LLEVAR A CABO TODO PROPÓSITO Y TODO TIPO DE FUNCIONES PARA LOS CUALES ÉL FUE CREADO.

Muchos hombres siguen preguntándose el porqué de su existencia. Pero el Creador del hombre no nos va a dejar a nuestra suerte, adivinando acerca de lo que el hombre está supuesto a ser y con qué propósito fue diseñado. En este capítulo, vamos a explorar las intenciones originales de Dios para el hombre, para que ya no existan preocupaciones, y no tengamos que estar adivinando su razón o motivo de vivir. Otra vez vamos a ir al libro de Proverbios 19:21 para encontrar esta verdad que es vital: *"Muchos son los planes en el corazón del hombre, mas el consejo del Señor permanecerá"*. Son muchas nuestras opiniones acerca de lo que el hombre debería ser, pero el propósito del Señor es lo único que cuenta, y este propósito es la clave para nuestra realización y para nuestro cumplimiento.

Lo que vamos a estar viendo es con relación al propósito ideal del hombre. Este no es el punto donde nos encontramos actualmente. Pero el ideal de Dios es hacia donde debemos estar moviéndonos, y por Su gracia, lo haremos.

LA CREACIÓN DEL HOMBRE-VARÓN

Primeramente necesitamos recordar que Dios lo creó todo de acuerdo con los requisitos de Sus propósitos. En el capítulo anterior, aprendimos que Dios desea dominar e influenciar el planeta por medio de la raza humana, y para eso creó al hombre, el hombre-espíritu, a Su imagen, y entonces lo colocó en dos "casas" físicas como hombre y como mujer. *"Creó, pues, Dios al hombre a imagen suya, a imagen de Dios lo creó; varón y hembra los creó"* (Génesis 1:27).

Me gustaría hacer notar aquí que, dado que el hombre-espíritu habita en ambos, tanto en el hombre como en la mujer, podemos referirnos al varón como el "hombre-varón" y a la mujer como el "hombre-mujer". Esto nos va a recordar que tanto el hombre como la mujer, ambos son "hombre". Estas diferencias entre el hombre y la mujer tan solo son físicas y funcionales, y no son diferencias de su esencia.

El propósito del hombre, el hombre-espíritu, y el propósito del hombre-varón son dos cosas muy diferentes, aunque están relacionadas. El hombre fue creado a la imagen de Dios para el propósito que ya discutimos en el capítulo anterior. El hombre-varón fue creado para poder servir en los propósitos del hombre sobre la tierra, y poder ser capacitado para cumplir este propósito.

Génesis 2 nos da una explicación mucho más detallada de la manera en que Dios hizo al hombre y a la mujer. Primero, Él "formó" al varón: *"Entonces el Señor Dios formó al hombre del polvo de la tierra, y sopló en su nariz el aliento de vida; y fue el hombre un ser viviente"* (Génesis 2:7). El varón fue formado primero, y hubo un período de tiempo antes de que la mujer fuera formada. Podemos aprender mucho acerca de los propósitos de Dios para el hombre durante este período de tiempo por medio de todo lo que él vio, oyó y aprendió.

Debes recordar que el propósito de alguna cosa es lo que determina su naturaleza, su diseño y sus características. Esto significa que la naturaleza, el diseño y las cualidades de los hombres-varones fueron escogidos por Dios y creadas por Él de acuerdo a lo que Él determinó que era lo mejor para cumplir Sus propósitos divinos.

ELEMENTOS DEL PROPÓSITO DEL VARÓN

El propósito del varón puede ser resumido como *su prioridad, su posición y su asignación o función.*

- *La prioridad* se refiere al orden que guarda el hombre en la creación, y lo que esto significa en relación con la razón o motivo de su existencia.

- *La posición* se refiere al medio ambiente y al lugar donde el hombre tiene que llevar a cabo su propósito.

- *La asignación o función* se refiere a las funciones o tareas que le fueron dadas al hombre.

1. LA PRIORIDAD DEL HOMBRE

El orden en el cual fue creado el varón nos da la primera indicación del motivo o razón de su existencia. ¿Por qué Dios hizo primero al varón? No fue porque el varón era mejor, sino debido a su propósito.

Cuando tú piensas acerca de esto, Dios realmente hizo tan solo a un ser humano. Cuando Él creó a la mujer, Él no tuvo que regresar a recoger materia prima de la tierra, sino que la formó a ella partiendo del costado del hombre (ver Génesis 2:21-23). Solo el hombre fue el que vino directamente de la tierra. Esto se debió a que el hombre fue diseñado por Dios para ser el fundamento de la familia humana. La mujer salió del hombre, en lugar de salir de la tierra, debido a que ella fue diseñada para descansar o depender del hombre; para tener al hombre como su apoyo.

Yo creo que el fundamento de la sociedad, la infraestructura que Dios intentó para este mundo, ha sido mal entendido por completo. Frecuentemente decimos que la familia es el fundamento de la sociedad. Es muy cierto que la familia es el adhesivo que la mantiene unido. Pero Dios no comenzó a edificar la sociedad terrenal con la familia. Él comenzó con una sola persona. Él la comenzó con el hombre-varón.

¿Recuerdas nuestra discusión acerca de los principios de propósito que vimos en el capítulo 2? Debido a que Dios es un Dios de propósito, Él lo planeó todo aún antes de que Él hubiera comenzado a crear, de tal manera que cuando Él comenzó a excavar los cimientos, Él sabía exactamente lo que Él quería, y sabía exactamente cómo tenía que verse el dibujo de la obra terminada. Pero Él tenía que comenzar con los cimientos o con el fundamento.

¿Alguna vez has visto a un contratista que construye una casa, comenzando por el techo? ¿Alguna vez has visto a un hombre que camina en un lote vacío, y que sostiene una ventana en el aire, tratando de que esta se quede en ese lugar? Tú no comienzas con las ventanas. Tú no comienzas con el techo. Tú no comienzas con las vigas que sostienen el techo. De la misma manera, Dios comienza en la misma forma que comienza cualquier otro constructor. La prioridad está en construir siempre lo que tú necesitas primero. Tú comienzas con el fundamento o con los cimientos.

Las comunicaciones de Dios hacia el hombre que se encuentran en la Biblia indican la importancia que Él le da al hecho de construir basado en el fundamento. ¿Qué es lo que Jesús describe como nuestra mayor prioridad? Aquello sobre lo cual edificamos (ver Mateo 7:24-27). De hecho, Él dijo: "Ahora bien, algunos de ustedes van a construir en la arena. Tu edificio se ve bien, pero a mí no me importa qué tan bien se ve tu edificio. Si tus cimientos o tu fundamento no están bien, va a haber un gran derrumbe".

Pablo dijo: *"Pues nadie puede poner otro fundamento* (espiritual) *que el que ya está puesto, el cual es Jesucristo"* (1a. Corintios 3:11). ¿Qué, o más bien, quién es el fundamento? *"Cristo Jesús"* (v. 11). Por lo tanto, Dios no piensa acerca del fundamento o de los cimientos en términos tan solo de cemento y agua, sino en términos de personas.

Esta es la razón por la cual cuando Dios comenzó a construir la raza humana. Él comenzó por medio de establecer el fundamento del varón. Dios colocó a los varones como la base de todo el edificio que es la humanidad. Esto significa que la sociedad va a ser tan fuerte como lo sean sus hombres. Si los hombres no aprenden lo que significa ser un fundamento fuerte para Dios, entonces, la sociedad se va a hundir. Y esto se aplica a los Estados Unidos de América, a Canadá, a Rusia, a China, y a todas las naciones del mundo. Si el hombre abandona el hogar, o si él no asume sus responsabilidades, tú tendrás una casa edificada sobre la arena. Es muy difícil que las ventanas de esa casa se queden intactas en ese lugar. Las vigas van a caer cuando lleguen las presiones, porque el hombre no está en ese lugar.

Ustedes que son hijos de padres divorciados saben exactamente a lo que me estoy refiriendo. Tu madre fue una madre soltera, y tuvo que luchar para que tú no tuvieras que sufrir lo que iba a sucederle a tu familia. Por supuesto, tú estás agradecido a tu madre. Tú aprecias verdaderamente lo que ella hizo, y le das gracias a Dios que ella pudo aguantar la tormenta y salir adelante en la vida. Ella lo hizo muy bien. Sin embargo, todos ustedes sufrieron el trauma de haber perdido su cimiento o fundamento.

Cuando el hombre-varón tiene grietas y errores en la subestructura de su vida, entonces todo el edificio se encuentra en terreno muy peligroso. Ahora bien, hombres, vamos a platicar. Este es el año cuando tú debes decidir colocarte en un terreno sólido, porque tal y como ande el hombre, así van a andar la familia, la sociedad y el mundo. Echa una mirada a la condición en que se encuentran nuestras sociedades y naciones. ¿Cómo crees tú que los hombres están andando?

Nuestras sociedades están en un desastre total, debido a que el fundamento, que son los hombres, se ha hecho todo arenoso; completamente incierto e inestable. ¿Cómo puedes edificar a toda una raza humana basada en un fundamento que está lleno de arena mezclada con paja? El fundamento siempre se mide por la cantidad de peso que puede ser colocado encima de él.

Cuando yo estaba construyendo mi casa, el arquitecto y el contratista estaban discutiendo todas estas cifras y yo me encontraba muy confundido. Yo estaba ahí sentado, actuando como si yo supiera todo lo que ellos estaban hablando. Ellos estaban diciendo cosas como estas: "¿Qué tanto peso puede sostener este cimiento?". Yo dije: "El cemento es cemento". Pero no, yo encontré que ellos tenían que calcular las cosas, tales como la altura de la casa, los pisos que iba a tener, y cuánto iba a pesar el techo cuando ya estuviera terminado. Ellos tenían que checar todas estas cosas aun antes de que comenzaran a construir los cimientos. ¿Por qué? Porque si tienen veinte toneladas de peso encima de los cimientos o del fundamento, ellos tienen que poner suficiente acero reforzado para que, cuando el peso se asiente sobre el fundamento, este no se agriete. El fundamento tiene que tener prioridad por encima de todo, debido a que todo lo demás se va a construir sobre él.

Nuevamente, cuando Dios hizo primero al hombre, Él no estaba diciendo que el hombre es más importante que la mujer. Él estaba diciendo que el hombre tiene una responsabilidad específica. Él tiene un propósito que cumplir, el cual es como el fundamento. Aunque el fundamento es importante, no es más importante que las otras partes del edificio. El fundamento no puede desempeñar todas las funciones por sí mismo. Por ejemplo, no puede proteger a los ocupantes de las inclemencias del clima. Tú puedes caminar por aquí y por allá, diciendo: "Yo tengo un cimiento de $500,000 dólares aquí". Se ve muy bien; es concreto sólido. Pero entonces llega la lluvia. El cimiento o fundamento no te puede mantener seco; solo el techo puede hacer esto. Es de la misma manera con la familia humana. El fundamento es crucial, pero el resto de la familia también es esencial.

Debes recordar que muy a menudo el cimiento o fundamento se encuentra oculto. Yo ya no puedo ver el cimiento de mi casa aunque estuve involucrado en discusiones acerca de él, y aunque pude observar cómo lo excavaron y cómo lo llenaron de cemento. Yo sé que está ahí, debido a que yo vi que lo colocaron. Hoy en día, yo camino sobre el cimiento o sobre el fundamento todo el tiempo, pero nunca lo veo. El fundamento debe ser muy sólido, muy seguro, pero no necesariamente se va a ver.

Muchos de ustedes, hombres, necesitan vivir como el fundamento para el cual fueron creados. Tan solo necesitas estar ahí y mantener firme el hogar, para que tu esposa y tus hijos siempre puedan apoyarse en ti, y puedan saber que tú no te vas a agrietar. Muchos varones jóvenes que no tienen padre, debido a que estos hombres no se encuentran ahí, ya sea física o emocionalmente, están caminando en el lodo, en lugar de estar caminando en el concreto. Estos jóvenes están tratando de encontrar un fundamento para sus vidas, pero solo hay puro lodo debajo de ellos, porque no tienen ningún lugar donde puedan pararse en tierra firme. Han perdido su cimiento o fundamento. Entonces, cuando ellos crecen, van a salir, y van a tratar de convertirse en su propio fundamento cada uno de ellos. Él único problema es que a ellos nunca nadie les enseñó lo que es un verdadero fundamento o cimiento.

Una vez escuché la siguiente frase: "Un varón joven se convierte en un hombre cuando su padre le dice que ya es un hombre". Muchos jóvenes nunca han tenido un padre que les diga quiénes son realmente. El propósito del hombre-varón es dar o proveer el fundamento a la estructura de la vida.

Estoy orando para que Dios levante algunos hombres fundamentales que sean muy fuertes. Hombres que sean capaces de apoyar a su esposa y a sus hijos, y que puedan funcionar como un estabilizador. Hombres con quienes sus familias se van a sentir seguras en la fuerza de ellos. No importa lo que fue tu padre, tú puedes llegar a ser un fundamento muy fuerte por medio de convertirte en el tipo de hombre que Dios realmente te creó.

Yo me encontraba hablando acerca de este tema en Barbados recientemente, y un joven me dijo: "Pero tú no entiendes la historia del hombre afro-caribeño. Debes saber que yo heredé el legado de mi abuelo y de mi bisabuelo". Yo le respondí: "Espera. Cada vez que hay una historia negativa queriendo predecir tu futuro, entonces tu mismo presente se encuentra en problemas. No vengas a decirme que tú tienes que repetir tu misma historia. Estamos aquí para crear historia. Necesitamos crear una historia completamente nueva para los hijos de nuestros hijos". Y entonces, también le dije: "No importa quién era tu bisabuelo. El punto que sí importa es lo que tu nieto va a decir acerca de ti".

Salomón dijo lo siguiente: *"El hombre bueno deja herencia a los hijos de sus hijos, pero la riqueza del pecador está reservada para el justo"* (Proverbios 13:22). Me gusta esto. Un buen hombre no vive pensando en el pasado. Él piensa en el futuro. Un buen hombre no solo pasa hacia delante la herencia que consiste en terrenos y en dinero. Ese no fue el único tipo de herencia del cual habló Salomón. Salomón está hablando acerca de todo un legado, algo donde uno se puede parar y apoyar, algo donde uno puede sostenerse a través de toda la vida.

Tal vez mientras tú estabas creciendo, tu padre se fue del hogar cuando las cosas se pusieron muy difíciles. Y tú piensas que necesitas hacer exactamente lo mismo, ahora que tienes una familia. Déjame decirte algo: si tienes un pequeño hijo varón y te vas del hogar, le vas a estar enseñando la misma cosa que te enseñó tu padre. Y esto no para ahí. Crea un ciclo de destrucción perpetua. Tenemos que detener este ciclo regresando al Manual de Dios para volver a tomar la dirección correcta.

2. LA POSICIÓN DEL VARÓN

La prioridad del hombre en la creación no tan solo significa que él fue diseñado para ser el fundamento de la familia humana, sino también que él fue el primero en ser colocado aquí en la tierra de acuerdo a los propósitos de Dios. Él fue el primero en tener una relación con Dios, en experimentar la creación de Dios y en recibir las instrucciones de Dios.

EN EL JARDÍN DEL EDÉN

El hombre fue colocado en el medio ambiente en el cual él debía llevar a cabo su propósito: *"Y plantó el Señor Dios un huerto hacia el oriente, en Edén; y puso allí al hombre que había formado"* (Génesis 2:8). Este punto es muy, muy crítico e importante. Dios puso al hombre en el medio ambiente en el cual se suponía que él debía permanecer, a fin de poder cumplir y llevar a cabo la razón de su existencia. ¿Cómo era este medio ambiente?

UN LUGAR CELESTIAL UBICADO AQUÍ EN LA TIERRA

La palabra *"Edén"* viene del hebreo que significa "delicado", "delicia" o "placentero". La palabra hebrea para "jardín" significa "un lugar cerrado" o algo que está rodeado "por una cerca, cercado". Este jardín era algo mucho más que cualquier jardín ordinario. Todo lo que estaba influenciando el cielo influenciaba este lugar tan especial aquí en la tierra. Dios no comenzó por medio de colocar al hombre sobre toda la tierra, ni por medio de colocarlo en cualquier lugar de la tierra. Él colocó al hombre en este lugar llamado Edén, donde existía una conexión celestial y gloriosa entre lo visible y lo invisible. La gloria misma estaba fluyendo de un lado al otro en este lugar tan especial, aquí sobre la tierra.

El Jardín del Edén puede ser considerado como la "incubadora" de Dios para su nueva simiente. Algunas veces, el nuevo bebé es colocado en una incubadora para que pueda acostumbrarse físicamente al clima de su nuevo medio ambiente. En un sentido, el hombre ya estaba en Dios desde siempre, debido a que el hombre fue *"escogido desde antes de la fundación del mundo"* (Efesios 1:4). Era como si el hombre hubiera estado tan acostumbrado a estar en el medio ambiente dentro de Dios, que Dios tuvo que escoger un lugar especial en el planeta, para colocar Su unción en ese lugar por causa del hombre, cuando Él lo colocó sobre la tierra. De esta manera, la transición no iba a ser muy pesada para el hombre. El hombre iba a poder vivir en un medio ambiente muy bien regulado, que era un lugar celestial ubicado aquí sobre la tierra.

EL LUGAR DE LA PRESENCIA CONSTANTE DE DIOS

Una razón central de por qué Dios colocó al hombre en el Jardín del Edén era para que el hombre pudiera estar en Su presencia todo el tiempo. El hombre podía pasear y hablar con el Señor en la frescura de la mañana. Él podía oír la voz de Dios. Este era un lugar donde la comunicación, la comunión y la unidad con Dios siempre estaban intactas.

Un fabricante siempre coloca su producto en el lugar donde este puede desempeñarse mejor, y así poder cumplir el propósito para el cual fue creado. De manera similar, podemos concluir, basados en lo que hemos aprendido acerca del medio ambiente que existía en el Jardín del Edén, que el primer propósito del hombre era estar en la presencia de Dios. El varón no está supuesto a funcionar fuera de la presencia del Señor.

Aquí está la importancia de esto: Dios nunca tuvo la intención de mover a Adán fuera del Jardín del Edén. La intención de Dios era que *el Jardín del Edén se moviera por sobre toda la tierra*. Dios quería que Adán tomara la presencia de Dios y que la esparciera a través de todo el mundo. Esto es lo que Él quería hacer cuando le dijo a Adán que dominara sobre toda la tierra. Este es el propósito de Dios todavía hoy en día. Tal y como lo dice en el libro de Isaías 11:9: *"porque la tierra estará llena del conocimiento del SEÑOR, como las aguas cubren el mar"*. Adán podía cumplir este propósito tan solo si él se encontraba en constante y continua comunión con el Dios del Jardín del Edén.

Si un hombre no está viviendo en la presencia de Dios, él tal vez se esté moviendo, pero no va a estar funcionando realmente. Fuera de la presencia de Dios, el hombre es una bestia sin control y muy peligroso. Pablo dijo que un hombre sin Dios es una creatura sin consciencia (ver Romanos 1:28-32). Tú no puedes confiar en la perspectiva de un hombre que no conoce a Dios. Tú no puedes confiar totalmente en la perspectiva de un hombre que apenas está comenzando a conocer a Dios tampoco, porque este hombre apenas está comenzando a acostumbrarse a estar en la presencia de Dios.

Es solo por medio de estar continuamente en la presencia de Dios que nuestra mente y nuestro corazón pueden ser renovados. Necesitamos aprender a caminar *"andando en el Espíritu"* (Gálatas 5:25), en lugar de andar tan solo sobre la base de nuestras propias ideas acerca de la vida. Tal y como lo dijo el profeta Jeremías: *"Más engañoso que todo, es el corazón, y sin remedio; ¿quién lo comprenderá?"* (Jeremías 17:9).

El problema con muchos de nosotros como hombres es que pensamos que no necesitamos a Dios, cuando, de hecho, Él es lo primero que realmente necesitamos. Yo estoy asombrado cuando observo a los hombres que están tratando de funcionar sin Dios. En ocasiones, parece que ya lo están logrando, pero no es así. Ellos no están cumpliendo su verdadero propósito. Frecuentemente, el hecho de "estarlo logrando" es solo una máscara externa que se ponen para evitar que las personas puedan ver las cosas como son en realidad. Si tú llegaras a saber lo que realmente está sucediendo en sus vidas, tú podrías estar seguro de que no lo están logrando.

Nunca debemos dudar de la necesidad que tenemos de Dios. ¿Cuál fue la primera cosa que Dios le dio al hombre? Él no le dio una mujer, o un trabajo, ni siquiera le dio un mandamiento; Dios le dio al hombre Su presencia.

No basta con tan solo ir a la iglesia. Necesitamos estar en contacto con Dios constantemente, escuchando Su voz, escuchando Sus mandamientos y Sus órdenes y siguiendo Su dirección. ¿Por qué? Porque nuestro ser interior necesita ser fortalecido (ver Efesios 3:16) y porque somos responsables de guiar a todos aquellos por quienes vamos a rendir cuentas. Esta es la razón por la cual Dios le dio a Adán Su Misma Persona divina antes de que Él le diera a otra persona u otra cosa.

Dios puso en el hombre la necesidad de la presencia de Dios. Esta es la razón de que todos los hombres estén buscando a Dios de una manera o de otra, ya sea que reconozcan este hecho o no lo reconozcan. No importa si ellos son budistas, hindúes, musulmanes, unitarios, o incluso satanistas. No importa quiénes son, pero todos ellos están buscando a la Misma Persona. Los hombres siempre van a encontrar algún tipo de religión, aun si lo quieren llamar ateísmo. Ellos tienen un hambre en sí mismos que los obliga a creer en algo o en alguien más grande que ellos mismos.

Esta pasión para encontrar la presencia de Dios es lo que produce las diferentes formas de cultos. Este es el clamor del hombre-varón hacia Dios. Muy profundo en tu corazón, tú realmente quieres a Dios, aunque seas un hombre joven. Tú realmente quieres a Dios, hombre maduro. Estás probando todo lo demás, pero verdaderamente estás buscando a Dios. Esto es parte de ti mismo. Tú puedes tener fama, autoridad, influencia, dinero y todo lo demás, pero aun así, hay algo que falta en tu vida, mi amigo. Y yo sé qué es lo que falta. Tú estás buscando a Dios.

Algunos de ustedes que están leyendo este libro le han dado la vuelta al mundo por un tiempo, pero eventualmente han regresado a Dios. Tú corriste lejos y por todos lados, tratando de huir de Él. Tú dormiste con todas las personas que pudiste, tomaste todo lo que pudiste y oliste todo lo que se te antojó. Y ahora, mírate a ti mismo; has regresado a la presencia de Dios, y estás contento de que has encontrado aquello que estabas buscando todo este tiempo. Es muy bueno regresar a Aquel a quien has estado buscando. Si esta ha sido tu experiencia, parece que no tienes ningún miedo de predicar el evangelio, porque tú sabes exactamente lo que los hombres están buscando. Oh, ellos se esconden en todo tipo de cosas: en los portafolios, en automóviles muy lujosos, en su terquedad, en sus malas palabras, en sus peleas y en el alcohol. Pero muy profundo en sus corazones, están buscando a Dios. Y tú puedes decirles: "Cuando ustedes acaben de buscar, yo estaré aquí. Y los voy a guiar hacia Dios", porque tú ya has estado ahí donde ellos están.

¿Acaso no sería fantástico que una familia pudiera tener un esposo o un padre en el hogar, que ellos supieran que ha estado en contacto con Dios de tal manera que ellos pudieran obtener la dirección para sus vidas? La clave es la relación. Dios puso al hombre en el Jardín del Edén debido a que Él quería que el hombre siempre estuviera relacionado con Él en comunión y en compañerismo.

UN LUGAR DE ENTRENAMIENTO

La instrucción de Dios para el hombre fue: *"Llenad la tierra y sojuzgadla"* (Génesis 1:28). Pero de hecho, Dios le dijo al hombre: "Tengan dominio sobre este lugar aquí, para que ustedes se acostumbren a gobernar primeramente en una escala pequeña". La implicación de esto es que Dios quería que este hombre creciera en su habilidad para dominar, por medio de aprender a dominar el área en la cual fue colocado inicialmente. Si tú has sido fiel en lo poco, entonces tu liderazgo se va a expandir mucho más (ver Mateo 25:14-23).

Dios es muy bueno con todos nosotros. Él nunca nos da más de lo que podemos manejar. Él siempre nos da lo que es suficiente para poder entrenarnos para el resto. Yo espero que tú puedas entender este principio. Dios siempre te va a dar aquello que es suficiente, de tal manera que puedas acostumbrarte a la idea de tener más. La mayoría de nosotros lo queremos todo en este mismo momento. Hacemos corto circuito a los planes de Dios, porque siempre tratamos de tomarlo todo de una sola vez. Y de hecho, Dios está diciendo: "Tú vas a tenerlo todo, pero no en este momento. Tú todavía no has desarrollado el carácter, ni la experiencia necesaria, ni el ejercicio adecuado de tu potencial, como para que estés listo para manejar más".

La historia del hijo pródigo es un caso que nos ilustra este punto (ver Lucas 15:11-32). El hijo *demandaba* de su padre todo aquello a lo que tenía derecho. Realmente, él siempre lo había tenido todo, debido a que él era el hijo amado de su padre, y de esta manera, iba a recibir su herencia. Sin embargo, su padre quería que él trabajara junto con él en los negocios de la familia primero. El padre quería que él obtuviera experiencia por medio de ayudarle a administrar sus propiedades y por medio de aprender a asumir las diferentes responsabilidades. Entonces, él podría ser capaz de manejar cualquier dificultad que se le presentara en el futuro.

Tú deberías encontrar aquello para lo cual Dios te ha escogido, y entonces, pedir por ello. Si recibes más de lo que puedes manejar, entonces, lo que tú recibes es muy probable que te vaya a descalificar, debido a que tú no estás preparado para manejarlo.

Por esto Dios colocó al varón en el Jardín del Edén a fin de prepararlo. Pero, tal y como veremos, el hombre ni siquiera pudo manejar o administrar el Jardín del Edén. ¡Imagina lo que hubiera sucedido si él hubiera tenido toda la tierra solo para comenzar! Es muy peligroso tenerlo todo de una sola vez. Yo le doy gracias a Dios por el proceso que Él usa en nuestra vida. Dios no solo nos promueve. Él nos capacita para esa promoción. Nuestra pregunta a Dios no debería ser: "Dios, ¿cuándo me vas a promover?", sino "Dios, ¿estoy listo para ser promovido?".

3. LA TAREA DEL HOMBRE

La tercera cosa que determina el propósito de un hombre es su tarea o su función. *La función o la tarea* significan una responsabilidad o algo que te ha sido confiado para hacer. Las responsabilidades que Dios le ha confiado al hombre son muy claras, y ellas indican su propósito. Lo que Dios le dio a Adán para hacer todavía se mantiene vigente para los hombres de hoy en día, debido a que Dios es un Dios de propósito, y tiene una razón para todo lo que Él hace. Él nos está enseñando Su plan para la raza humana a través del relato de la creación.

LÍDER Y VISIONARIO

"Entonces el Señor Dios tomó al hombre y lo puso en el huerto del Edén, para que lo cultivara y lo cuidara. Y ordenó el Señor Dios al hombre" (Génesis 2:15-16). ¿A quién le dio la orden el Señor? Él le dio la orden al hombre-varón. ¿Qué es lo que le dijo? *"Y ordenó el Señor Dios al hombre, diciendo: De todo árbol del huerto podrás comer, pero del árbol del conocimiento del bien y del mal no comerás, porque el día que de él comas, ciertamente morirás"* (v. 16-17). El hombre, que existía primero, recibió toda la información, toda la revelación, toda la comunicación de parte de Dios. Dios quería que él fuera el recipiente inicial de Su plan para la raza humana. Dios le mostró a él todo el Jardín del Edén, todo el medio ambiente del Jardín del Edén, la visión de todo lo que Él había creado, y entonces, Él le dio las instrucciones acerca de cómo vivir.

La mujer no fue formada sino hasta después de los eventos del pasaje de esta Escritura. Por lo tanto, el hombre solo fue quien recibió toda esta información. Él solo era quien estaba a cargo de todo. Él solo era quien tenía la responsabilidad de todo. Él solo era el líder sobre todo. Por lo tanto, al hombre le fue dado el encargo de ser el líder y el visionario, y el que iba a guiar en los caminos de Dios a todos aquellos que vinieran detrás de él. A medida que avancemos, tú vas a poder ver que todo lo que se necesita para guiar a la familia se encuentra dentro del varón.

Esto no significa que las mujeres también no tengan la capacidad de ser líderes y visionarias. Sin embargo, el hombre es a quien Dios primeramente le confió Sus planes y Sus propósitos para el mundo. Él fue el líder antes de que la mujer fuera creada. Dios le dio al hombre la tarea de transmitir lo que Él le había comunicado al hombre. Este sigue siendo el propósito de Dios para los varones en la familia y en la sociedad.

Es muy importante que los hombres entiendan este hecho. A ellos se les ha confiado los propósitos de Dios. El varón debe ser responsable por todo aquello que está bajo su jurisdicción. Este es un asunto muy serio. Si algo anda mal en tu familia, tú eres la persona responsable. Tú puedes decir, de la misma manera que Adán le dijo a Dios cuando la raza humana cayó, "Pero la mujer...." (ver Génesis 3:12) No, no es la mujer; tú eres el responsable. Dios se dirigió directamente a Adán aunque Eva fue la primera que comió del fruto. Cuando Dios le preguntó, *"¿Dónde estás tú?"* (v. 9), la pregunta no tenía nada que ver con el sitio donde el hombre estaba ubicado, sino con su posición como hombre. "Tú no estás cumpliendo tu propósito de liderazgo, Adán. ¿Qué le ha pasado a tu familia?".

El propósito del hombre no fue escogido por el varón, sino por Dios. Cualquiera que sea tu propósito, es exactamente de ahí que viene tu posición. El propósito, y no las expectativas sociales, es lo que debería determinar la posición. El varón no es elegido popularmente como la cabeza de la familia. Tú, como varón, no tienes que hacer una campaña para obtener votos de tu familia a fin de convertirte en la cabeza del hogar. Si tú eres un hombre, tú *eres* la cabeza de la familia. Tú eres quien tiene la responsabilidad, ya sea que te guste o no. Si huyes de esta responsabilidad, esta responsabilidad te va a perseguir, debido a que no solo es una función; es un propósito dado por Dios. Sin embargo, debe ser entendido a la luz de la Palabra de Dios, y no bajo el contexto de la definición que da la sociedad acerca de lo que significa ser cabeza de un hogar. Vamos a hablar más de esto en el siguiente capítulo.

MAESTRO

De hecho, Dios le dijo a Adán: "Este es Mi mandamiento: No comas del árbol que está en medio del Jardín, el Árbol del Conocimiento del Bien y del Mal". Dios no le dijo nada de esto a Eva. Él se lo dijo solamente a Adán, lo cual significa que era la responsabilidad del hombre enseñar y guiar a su mujer en la Palabra de Dios.

Si yo fuera el primero en descubrir algo, y entonces alguien más entrara en el escenario teniendo la necesidad de conocer esta información, ¿qué es lo que eso haría de mí? Haría de mí un maestro. El hecho de que yo estaba ahí primero y que tenía toda la información me pone en esta posición de maestro. De la misma manera, al hombre le fue dado el propósito de ser el maestro, no debido a que él sea más listo, sino debido a que él estaba primero. Este es el modelo que Dios estableció. Otra vez, esto no quiere decir que las mujeres no tienen la capacidad para enseñar, sino que Dios quiso que los hombres fueran los primeros responsables de enseñar Sus caminos.

En Génesis 3, Satanás vino a tentar a Eva y él le preguntó: "¿Acaso Dios no te dijo que no debes comer de ninguno de estos árboles?"(ver v. 1). La respuesta de Eva estaba basada en lo que ella había escuchado de Adán, y no de Dios, debido a que Adán fue a quien Dios le dio las instrucciones. Ella dijo: "No; podemos comer de todos los árboles excepto del árbol llamado del Conocimiento del Bien y del Mal. No podemos ni siquiera acercarnos a tocar este árbol" (ver v. 2-3). Eva aprendió esto de su maestro. Tal vez ella le añadió el estilo, o tal vez fue Adán quien lo hizo; esto no está muy claro. Pero el punto es que fue la tarea de Adán enseñar a la mujer las instrucciones de Dios.

Efesios 5 nos dice que Jesús mismo le enseña a Su novia, que es la Iglesia, *"por el lavamiento del agua que es la Palabra"* (v. 26). Cristo Jesús es un Maestro, y *"los maridos deben amar a sus esposas...de la misma manera que Cristo amó a la iglesia"* (v. 25, 28). Hasta este día de hoy, Dios no ha cambiado Su propósito. El varón debe tener la responsabilidad de la instrucción divina. Yo no estoy hablando de cómo están las cosas hoy en día. Estoy hablando de cómo están supuestas a ser. Dios espera que los hombres revelen Su voluntad y Su Palabra a las mujeres. Sin embargo, en nuestros días los hombres han perdido la voluntad de Dios de una manera tal, que Dios tiene que hablarles a las mujeres directamente. Dios puede hacer esto debido a que la mujer tiene a un hombre-espíritu dentro de ella, y ella tiene su propia relación con Dios. Pero Dios desea que los hombres sean los líderes espirituales.

CULTIVADOR

¿Cuáles fueron las tareas que Dios le dio al hombre con relación al Jardín del Edén? La Biblia dice: *"Entonces el SEÑOR Dios tomó al hombre y lo puso en el huerto del Edén, para que lo cultivara y lo cuidara"* (Génesis 2:15). Por lo tanto, una de las responsabilidades del varón es trabajar o cultivar. Vamos a ver primero la idea del hombre *cultivando* el Jardín del Edén.

La naturaleza del trabajo que le fue dado al hombre para hacer no era algo sin importancia; era cultivar. Yo deseo que todo hombre pueda apropiarse de esta verdad. La palabra *cultivar* significa hacer que algo crezca y que produzca en una mayor cantidad. Esto significa que si tú eres un hombre, tú propósito es cultivar todo lo que te rodea. La palabra *cultivar* también significa hacer que algo dé fruto, desarrollar algo hasta su estado perfecto. El hombre tiene que ser alguien que desarrolla y produce fruto. Él tiene que ser una fuente de fruto y de productividad. Dios le dio esta tarea al varón antes de que la mujer fuera creada y antes de que naciera el primer hijo. Por lo tanto, el propósito del hombre-varón es desarrollar y cultivar personas y cosas para la gloria de Dios.

PROVEEDOR

Ahora vamos a ver la idea del hombre *trabajando* en el Jardín del Edén. El hecho de cultivar involucra creatividad y esfuerzo. Estas dos cosas son la naturaleza misma del verdadero trabajo.

Hombres, yo quiero presentarles a ustedes uno de sus propósitos principales. Es muy sencillo, y no tiene nada de complicado. Tú no tienes que tratar de ser como Batman. Tú no tienes que competir con Arnold Schwarzenegger ni con nadie más. Tú no tienes que tener grandes músculos. Tú puedes pesar tan solo cuarenta kilos, y todavía puedes cumplir con tu propósito, y no vas a tener ningún problema. Dios te dio la tarea de trabajar.

Ahora bien, ya puedo escuchar que alguien dice: "Estoy tan enojado con Adán. Debido a que Adán pecó, ahora yo tengo que ir a trabajar". Yo tengo noticias para ti: el trabajo fue asignado para el hombre en Génesis 2, lo cual es antes de la caída del hombre. En otras palabras, amigo mío, el trabajo no es una maldición. Permíteme darte la razón principal de por qué Dios te dio el trabajo. Esta razón nos es dada en Génesis 2:2-3:

> *Y en el séptimo día completó Dios la obra que había hecho; y reposó en el día séptimo de toda la obra que había hecho. Y bendijo Dios el séptimo día y lo santificó, porque en él reposó de toda la obra que Él había creado y hecho.* (Génesis 2:2-3)

Dios mismo trabajó cuando Él creó al mundo, y Él todavía sigue trabajando hoy en día para llevar a cabo Sus propósitos. Por ejemplo, Pablo dijo en Filipenses 2:13:*"Es Dios el que obra en vosotros el querer y el hacer de acuerdo a Su buena voluntad"*. Debido a que ustedes han sido hechos a la imagen y a la semejanza de Dios, es que ustedes han sido diseñados para trabajar. Pero deben recordar que el trabajo debe incluir creatividad y cultivo, y no consiste solo en una rutina. Y también están supuestos a mantenerse en su propio lugar. En Génesis 2, la Biblia dice que Dios trabajó muy duro y que terminó Su trabajo, de tal manera que Él dejó de trabajar y descansó. Él no tuvo que trabajar hasta media noche, y tampoco trabajó los siete días de la semana, por el puro hecho de trabajar. Él dejó de trabajar cuando era apropiado hacerlo. Él nos dijo que nosotros debemos hacer lo mismo (ver Éxodo 20:9-10).

¿Cuál es la importancia del trabajo? *El trabajo expone todo tu potencial.* Tú no puedes enseñar todo que lo que tienes dentro, a menos que existan demandas que lo requieran, y estas demandas son hechas por medio del trabajo.

Dios le dio al varón el trabajo debido a que tiene relación con su propósito. El propósito de Dios es que el hombre permanezca en la presencia del Señor, y aprenda a gobernar y a administrar lo que Dios le ha dado para hacer. De esta manera, él eventualmente puede llegar a cumplir todo el plan de Dios para él, el cual consiste en dominar la tierra.

Dios le dio al hombre el trabajo no tan solo porque expone todo su potencial y le permite reflejar la naturaleza de Dios, sino también porque le permite proveer para aquellos hacia quienes él tiene responsabilidad en su posición como líder y visionario. La palabra *proveer* viene de una palabra latina que significa "poder ver hacia delante". El hombre debería ser un visionario. Él debería tener una visión de su vida, y debería trabajar para poder ver que esta se cumpla para él mismo, para su familia y para todos aquellos que estén bajo su cuidado. Al hombre le ha sido dado este propósito como proveedor. En general, él está hecho físicamente más fuerte que la mujer, especialmente en la parte superior de su cuerpo, debido al mandamiento de Dios con relación a que él debe trabajar.

PROTECTOR

"Entonces el SEÑOR Dios tomó al hombre y lo puso en el huerto del Edén, para que lo cultivara y lo cuidara" (Génesis 2:15). La siguiente responsabilidad que se le dio al hombre fue *"que cuidara"* el Jardín del Edén. Yo incluiría dentro de esta responsabilidad el hecho de *guardar* y *proteger* el Jardín del Edén y todo lo que se encontraba en él. Esto incluye a las plantas, los animales, y aun a la mujer que iba a ser creada y que iba a vivir en el Jardín del Edén. Dios nunca le dijo a la mujer que ella tenía que proteger algo. ¿Por qué? Porque la mujer era una de las cosas que el hombre estaba supuesto a proteger.

Una vez, yo le pregunté al Señor: "Señor, con todas las responsabilidades que Tú nos diste como hombres, ¿cómo podemos saber que sí podemos cumplirlas?". La respuesta fue muy, pero muy, simple. Él me dijo: "Siempre que Yo ordeno algo, proveo para ello". Y esto es verdad. Hemos sido diseñados como hombres para poder cumplir con estas funciones.

Dios diseñó al hombre para que pudiera proteger todo aquello que está bajo su cuidado y bajo su responsabilidad, de tal manera que el hombre es un protector natural. El hombre está hecho en todos los aspectos para proteger. Su estructura física es prueba de ello, pero de la misma manera lo es su capacidad mental. La manera como él está estructurado psicológicamente indica que está diseñado para proteger. Vamos a discutir esta idea más ampliamente en el capítulo titulado "El hombre como proveedor y como protector". Pero estamos seguros de que, como hombre, Dios te ha capacitado para poder llevar a cabo cada propósito y cada función que has recibido de parte de Él.

Hay un aspecto final del hombre como proveedor y como protector que yo quiero que tú reconozcas. Antes de que viniera la mujer, Dios le dio al hombre una última responsabilidad:

> *Y el SEÑOR Dios formó de la tierra todo animal del campo y toda ave del cielo, y las trajo al hombre para ver cómo los llamaría; y como el hombre llamó a cada ser viviente, ése fue su nombre. Y el hombre puso nombre a todo ganado y a las aves del cielo y a toda bestia del campo, mas para Adán no se encontró una ayuda que fuera idónea para él.*
>
> (Génesis 2:19-20)

¿Sabías tú que el concepto hebreo de nombrar cosas, de hecho significa poseerlas? Esta idea es muy importante en la Biblia. ¿Por qué es que Dios le dijo al hombre-varón que le pusiera nombre a los animales? ¿Por qué es que Dios Mismo no fue Quien les puso sus nombres? Se debe a que cualquier cosa a la que tú le pones nombre, la puedes poseer. Todo aquello a lo que tú le pones nombre, lo puedes controlar. Muy interesante. Por esta razón es que Dios le puso nombre al varón.

Dios nos llamó Sus hijos debido a que Él siempre quiere tener derechos sobre nosotros. Nosotros Le pertenecemos, *"porque en Él vivimos, nos movemos y existimos"* (Hechos 17:28). Nadie más tiene ningún derecho sobre ti debido a que Dios Mismo es Quien te puso nombre. ¿Puedes entender que esta es la razón por la cual Satanás no tiene ningún derecho legal sobre ti? Tú ya has sido nombrado, de tal manera que él ya no puede ponerte otro nombre.

Esta idea es la razón de por qué Dios se aseguró que ni María ni José le pusieran nombre a Jesús. Dios personalmente le puso Su Nombre a Su Hijo. ¿Por qué? Dios no quería que los padres terrenales de Jesús llegaran a poseerlo. Él sabía que iba a llegar el día cuando Jesús iba a cumplir doce años de edad, y que su madre le iba a preguntar: "¿Por qué nos dejaste, Hijo?", y que Él iba a contestar: *"Debo estar en los negocios de Mi Padre"*. "Él Me puso Nombre. Ustedes no fueron los que me pusieron Mi Nombre" (ver Lucas 2:48-49).

¿Te puedo llevar un paso más hacia delante? Esta es la razón por la cual Dios no le puso su nombre a la mujer. Él quería que el hombre fuera totalmente responsable por ella. Esta es la razón de que, en un matrimonio, la mujer, por tradición, toma el apellido de su esposo. Esto significa que él es responsable por ella.

Los verdaderos hombres tienen mucho cuidado al ponerle nombres a las cosas, debido a que ellos conocen la verdad de este principio: todo a lo que tú le pones nombre, lo puedes reclamar; y todo aquello que puedes reclamar, está bajo tu responsabilidad. Hombres jóvenes, no tengan tanta prisa para dar su apellido a cualquier mujer, porque a quien ustedes le den su apellido, ustedes van a tener que amarla y apreciarla; cuidarla y protegerla; proveerle y trabajar para ella. Mujeres jóvenes, la siguiente vez que venga un hombre y quiera darles su apellido, ustedes deben ver si quieren ser reclamadas por este hombre. Revísenlo muy bien. Díganle: "¿Acaso me puedes sostener? ¿Puedes tú proveer lo que yo necesito?". Y no me estoy refiriendo solo al dinero. Estoy hablando de comodidad, de conocimientos, de estímulo intelectual, de protección y de seguridad. Deben preguntarle: "¿Acaso tú puedes proveer todas estas cosas para mí?". Muchos hombres tienen dinero, pero carecen del mínimo sentido común. Tú no quieres a un millonario tan tonto. Lo que tú quieres es un verdadero hombre-varón.

SEIS ASPECTOS DE LAS TAREAS ASIGNADAS AL VARÓN

Las tareas que han sido asignadas al varón revelan seis propósitos específicos para los cuales Dios creó al hombre: *visionario, líder, maestro, cultivador, proveedor y protector*. Si cada hombre pudiera vivir estas seis cosas en su vida, podría comenzar a darse cuenta de su verdadero propósito como varón. Cualquier hombre que no entiende estos elementos va a experimentar una gran frustración, la cual ya algunos de ustedes está experimentando en este momento. Ser un hombre fuerte significa descubrir, entender y cumplir estos aspectos básicos del propósito. Estas áreas son tan cruciales que vamos a verlas con mucho más detalle en capítulos posteriores.

Es muy importante darse cuenta que aunque algunos de los roles tradicionales del hombre reflejan estos propósitos, gran parte de la confusión de géneros, así como muchos otros problemas que estamos teniendo en nuestras sociedades, han venido de nuestra propia interpretación de estos roles o funciones. Por ejemplo, tal y como vimos, el hecho de ser un proveedor significa poder proveer no solo el apoyo financiero, sino también el emocional y el intelectual. Un hombre que tiene una esposa que gana más dinero que él, pero que está haciendo todo su esfuerzo para cumplir con su trabajo y para llenar todas estas necesidades, sigue siendo un buen proveedor. Necesitamos enfocarnos en el propósito de Dios, en lugar de estarnos enfocando en las funciones. Dios va a capacitar a los hombres para que puedan cumplir su verdadero propósito a medida que ellos se vuelven hacia Dios en busca de guía y de ayuda.

Yo también quiero enfatizar que, debido a que estas áreas tienen que ver con el propósito del hombre, la habilidad para cumplirlas ya se encuentra dentro de su naturaleza. Muchas personas no entienden qué tan cercana es la relación que existe entre el propósito y la naturaleza. La naturaleza de un hombre revela quién es él y cómo es que funciona.

UN HOMBRE COMPLETO SIGUE ESTANDO SOLITARIO

Todos estos propósitos para el varón le fueron dados por Dios *antes* de la creación de la mujer. Este es un punto vital que debemos recordar: es el hombre quien ya está viviendo y trabajando para cumplir sus propósitos y a quien Dios le dice: *"No es bueno que el hombre esté solo; le haré una ayuda idónea"* (Génesis 2:18). Tú tal vez no te has puesto a pensar en el hecho de que un hombre que tiene una relación muy íntima con Dios, y que, además, entiende su función como fundamento, a quien se le ha dado la visión y que tiene capacidad para dirigir, para enseñar, para cultivar, para proveer y para proteger, aún necesita a alguien más. Pero de acuerdo con Dios, si un hombre conoce y vive en su propósito, aún así, él no está completo. El hombre necesita una compañera, alguien que sea su ayudante, no como un subordinado ni como alguien a quien humillar, sino como un socio igualitario con un propósito complementario. Esta es una verdad tanto para los hombres solteros como para los hombres casados. Los hombres necesitan a las mujeres como compañeras de trabajo y como colegas en este mundo para que ellos puedan cumplir su propósito en la vida.

LA CREACIÓN DE LA MUJER

Cuando Dios colocó al hombre-espíritu en el varón, tanto Dios como el hombre mantenían una relación de amor a través de sus espíritus. Sin embargo, debido a que ahora el hombre tenía un cuerpo físico, él también necesitaba a alguien con quien él pudiera compartir su vida aquí en la tierra, alguien a quien él le pudiera expresar amor emocional y físico.

Génesis 2:20 nos dice lo siguiente: *"Y el hombre puso nombre a todo ganado y a las aves del cielo y a toda bestia del campo, mas para Adán no se encontró una ayuda que fuera idónea para él"*. Dios presentó todos los animales ante el hombre, pero ninguno era adecuado para él. No había ninguno con que el hombre se pudiera relacionar o que lo pudiera ayudar en su función de ser dueño de la tierra. Así que, de hecho, Dios dijo: "No es bueno que el hombre esté solo en un solo cuerpo". Es imposible para el amor permanecer amando solo. Por lo tanto, Dios creó a la mujer que es el hombre-mujer. El propósito principal de la mujer fue recibir amor del hombre, de la misma manera que el principal propósito de Dios al crear al hombre-espíritu era poder tener una relación de amor con la raza humana. El hecho de tener dominio sobre la tierra era secundario.

1. DE LA MISMA SUSTANCIA Y ESENCIA DEL VARÓN

El método que Dios usó para crear a la mujer es muy importante para que podamos entender la relación entre hombres y mujeres:

> *Entonces el SEÑOR Dios hizo caer un sueño profundo sobre el hombre, y éste se durmió; y Dios tomó una de sus costillas, y cerró la carne en ese lugar. Y de la costilla que el SEÑOR Dios había tomado del hombre, formó una mujer y la trajo al hombre.* (Génesis 2:21-22)

De la misma manera como Dios había sacado al hombre de Sí Mismo y lo creó como un ser espiritual, Él sacó a la mujer del varón, y la hizo un ser físico. Este paralelismo en la creación de ambos ilustra la singularidad y el amor mutuo que estaba diseñado a existir tanto entre Dios y el hombre, como entre el hombre y la mujer.

La palabra *"costilla"* que encontramos en Génesis 2:22 es la palabra hebrea *tsela*. No necesariamente significa una costilla tal y como entendemos esta palabra. Puede significar "costado" o "cámara". La Escritura nos está diciendo que Dios sacó a la mujer de una parte del hombre. ¿Por qué? Esto se debe a que el receptor tiene que ser exactamente igual al donante. De la misma manera que el hombre necesitaba ser espíritu para poder recibir amor de Dios y para poder tener una relación con Dios, la mujer necesitaba ser de la misma esencia del hombre para que pudiera recibir amor de él y tener una relación con él.

Esta es la razón de por qué Dios no regresó a tomar una porción de tierra para formar otra casa cuando Él formó a la mujer. Si Él hubiera hecho esto, ella no hubiera sido el duplicado exacto del varón. Ella no hubiera sido hecha de la esencia del varón, de la misma manera como la humanidad fue hecha de la esencia de Dios. Así que Dios tomó solo lo que era necesario del hombre para poder hacer una réplica exacta, y Él creó a la mujer.

Ahora bien, aunque los hombres y las mujeres son de la misma esencia y aunque la mujer es una réplica del varón, de hecho, Dios los hizo a ambos usando métodos diferentes. La Biblia dice que el hombre fue *"formado"* del polvo de la tierra (Génesis 2:7). La palabra hebrea que está siendo usada como *"formado"* es la palabra *yatsar*, que significa "moldear", tal y como un alfarero moldea el barro. Sin embargo, la Biblia dice que Dios *"hizo"* a la mujer (v. 22). La palabra hebrea que está siendo usada como *"hizo"* es la palabra *banah*, que significa "construir" o "edificar".

Así que se llevó a cabo esta maravillosa estructuración en la creación de la mujer. Cuando Dios había terminado de hacerla, ella era igual al hombre. Se parecía tanto a él que cuando Dios se la presentó al hombre, las primeras palabras del hombre fueron: *"Esta es ahora hueso de mis huesos, y carne de mi carne; ella será llamada mujer, porque del hombre fue tomada"* (v. 23). Y ella se convirtió en su esposa. Las palabras del hombre son hermosas y son instructivas. Algo que es construido tiene que tener los mismos componentes del material de donde fue tomado. Por lo tanto, Dios construyó a la mujer de la parte que Él tomó del varón para que ellos pudieran ser exactamente de la misma sustancia.

2. EL COMPLEMENTO PERFECTO DEL HOMBRE

El hombre-mujer es el complemento perfecto para el hombre-varón. Debido a que la mujer vino del hombre, el hombre esencialmente es el dador, y la mujer esencialmente es la receptora. Dios hizo a la mujer para que ella pudiera ser la receptora. Si tú miras a la manera como está hecho el cuerpo de la mujer, ella es una receptora desde la A hasta la Z. Su habilidad para recibir complementa la habilidad del hombre para dar. La mujer es como el hombre debido a que el receptor tiene que ser de la misma esencia que el dador. Sin embargo, para que la mujer pueda ser la receptora, ella también tiene que ser diferente del hombre.

Aunque la mujer fue hecha para ser como el hombre, ella también es una creación distinta. Este hecho se encuentra enmarcado en su diferencia física, teniendo la capacidad de parir hijos, lo cual la hace diferente del hombre. Tú puedes decir que una mujer es "un hombre con vientre". Ella es un hombre con un vientre. Ella sigue siendo igual que el varón, pero tiene ciertas diferencias. Estas diferencias son complementarias en naturaleza y han sido diseñadas para que tanto el varón como la mujer, puedan llenar las necesidades emocionales y físicas el uno del otro, mientras que ambos son nutridos espiritualmente por

Dios y por el amor de Dios, y para que juntos puedan cumplir su mandato de ejercer dominio sobre el mundo. Por lo tanto, los hombres y las mujeres fueron creados con diseños complementarios que reflejan sus funciones individuales en los propósitos más importantes para los cuales fueron creados.

3. LA COMPAÑERA QUE DIOS LE DIO AL HOMBRE

Cuando Dios dijo, *"No es bueno que Él hombre esté solo. Haré una ayuda idónea para él"* (Génesis 2:18), lo que en esencia Dios estaba diciendo era esto: "Voy a hacer a alguien que va a resolver la soledad del varón".

Ahora, Adán no tuvo que ir por aquí o por allá a buscar una esposa. Ella fue la idea de Dios para él. Adán estaba tan ocupado, haciendo lo que Dios le había dicho que hiciera, que él ni siquiera sabía que necesitaba una mujer. Dios tuvo que decirle: "Hombre, no es bueno que tú estés solo". Debes notar que Dios no dijo que Adán se sentía solo. Hay una gran diferencia entre "estar solo" y "sentirse solo".

Tú puedes sentirte solo estando en medio de una multitud, pero tú puedes estar solo y ser tan feliz como puedas ser. No existe nada malo con estar solo en ciertas ocasiones. La Biblia nos dice que es importante estar solo y en quietud delante del Señor. Frecuentemente, Jesús insistía en que lo dejaran solo para que pudiera orar y descansar. Estar solo puede ser saludable, pero sufrir la soledad es toda una enfermedad.

¿Alguna vez has notado que las personas que sufren soledad nunca pueden ir a su casa y sentarse a gozar de un momento de quietud? Tan pronto como ellos entran en su casa, corren hacia la televisión y la encienden. Tienen que tener algo que mantenga ocupada su mente. Cuando ellos no pueden encontrar algo que les guste en la televisión, corren a prender la grabadora o el aparato de CD. Cuando les aburre la música, buscan otra cosa. Ellos hacen una cosa tras otra, tratando de mantenerse ocupados. ¿Por qué? Porque ellos no se sienten cómodos estando con ellos mismos. No soportan estar solos.

Algunos de ustedes que se encuentran solteros, tanto hombres como mujeres, tienen miedo de estar solos. Cuando ustedes llegan a la edad de veinticinco años de edad, se ponen a pensar que ya está pasando el mejor tiempo de ustedes y se dicen a sí mismos: "Yo nunca me voy a casar. Mejor me lanzo a lo primero que se atraviese en mi camino". Esta es la razón por qué muchas personas se casan con esposos o esposas que no son los adecuados para ellos. ¿Quieres saber cuál es el problema realmente? Ellos no han aprendido lo que

106 ENTENDIENDO EL PROPÓSITO Y EL PODER DEL HOMBRE

significa ser una persona completa. Adán estaba tan completo como hombre que él ni siquiera sabía que estaba solo. Él estaba ocupado, obedeciendo la Palabra de Dios; él estaba tan ocupado dominando, gobernando y sojuzgando; él estaba tan metido en lo que estaba haciendo que ni siquiera sabía que él necesitaba a alguien más. Pero la mayoría de nosotros nos encontramos completamente al revés. No tenemos tiempo para buscar a Dios porque nos encontramos muy ocupados tratando de encontrar una pareja.

Hay personas que van de iglesia en iglesia, buscando una esposa o un esposo. Ellos creen que nosotros como predicadores no nos damos cuenta de lo que ellos están buscando. Ellos no van a la iglesia para adorar a Dios; al contrario. Ellos andan por toda la iglesia, checando a todas las personas del sexo opuesto. Ellos dicen: "Uh, esa persona que está ahí está muy bien. Realmente bien". Al contrario, se supone que ellos tienen que estar poniéndose en orden para que puedan estar listos para recibir a la persona que Dios está preparando para ellos. Debes andar tan entregado y tan dedicado a Dios como para que tú no andes caminando por aquí y por allá, mostrando la pasión que va a dar oportunidad para que ocurra cualquier cosa en tu vida.

Adán estaba tan preparado para recibir a Eva que cuando él la vio, todo lo que dijo fue: "¡Wooooow!" Pero como tú puedes ver, él ni siquiera fue a buscarla a ella. Jesús habla acerca de la actitud correcta que deberíamos tener, cuando Él dice: "No te preocupes acerca de qué vas a comer, o con qué te vas a vestir, o con quién te vas a casar. Busca primero el reino de Dios y Su justicia. Sumérgete en Su justicia. Entonces, tu compañera o compañero te será añadido" (ver Mateo 6:31-33).

Tú debes ser como era Adán; debes perderte en el jardín de la justicia de Dios. Debes perderte en Dios, porque cuando Él te trae a tu pareja, tú ya debes estar entendiendo Sus caminos. Adán estaba tan ocupado siguiendo los mandamientos de Dios, que cuando llegó su pareja, él estaba listo, y, además, era el tiempo correcto para él.

4. LA AYUDA IDÓNEA DEL VARÓN

Por lo tanto, la mujer fue idea de Dios. Él hizo a la mujer específicamente para que el hombre pudiera tener a alguien con quien él pudiera disfrutar de la creación, y con quien él pudiera compartir el dominio de la tierra.

Dios dijo:"*Haré una ayuda idónea para él*" (Génesis 2:18). La *Versión Antigua* usa las palabras *"ayuda idónea"* en lugar de usar las palabras *"ayuda adecuada*" que encontramos en la versión *Dios Habla Hoy*. Las palabras "*ayuda idónea*" no son una expresión hebrea, y no son una frase santa. Sin embargo, debido a que nuestro uso de las palabras ha cambiado, esta expresión no captura completamente el concepto que la Biblia está expresando aquí acerca de la función de la mujer.

La mujer no es solo alguien que ayuda aquí y allá mientras que el hombre es quien hace el verdadero trabajo. "*Ayudar*" realmente significa "quedar a la medida"; algo que te queda a la medida, que es compatible o incluso comparable. Esto significa que las mujeres son un complemento perfecto para que los hombres puedan cumplir los propósitos de Dios.

Dios diseñó a la mujer para que ella pueda cumplir su propósito de ser una ayuda compatible para el hombre. Todo lo que existe en ella fue diseñado para ayudar. Ahora bien, la última cosa que la mayoría de los hombres quieren que las mujeres crean es el hecho de que ellos necesitan la ayuda de ellas. Pero Dios anunció desde el principio que un hombre necesita la ayuda de una mujer. Nuevamente, esta verdad se aplica a todos los hombres, y no tan solo a aquellos que están casados. Los hombres necesitan a las mujeres no solo en la familia, sino en la sociedad y en todo aspecto de la vida.

Una de las razones porque nuestras naciones tienen tantos problemas es el hecho de que los hombres no conocen su propio propósito o el propósito de las mujeres. Muchos hombres no gobiernan sus hogares adecuadamente, debido a que ellos andan por todos lados, diciendo: "Yo soy la autoridad máxima". Ellos no se dan cuenta que la mujer que Dios les dio es una bendición para ellos, y que ella está ahí para ayudarles a que ellos puedan realizar su visión. Si tú como hombre, seas casado o soltero, crees que no necesitas a las mujeres, te estás perdiendo de un aspecto muy importante de tu existencia.

Muchos hombres con los que yo he tenido contacto a través de los años creen que las mujeres fueron puestas en la tierra por Dios solo para destruirlos a ellos. Ellos creen que todo lo que una mujer hace es engañoso y con malas intenciones. Ellos no entienden la verdadera naturaleza ni el verdadero propósito de las mujeres. Si tú no entiendes por qué una cosa es de la manera como es, vas a estar muy sospechoso con relación a su naturaleza.

Por ejemplo, algunas veces el tipo de ayuda que una mujer le brinda a un hombre es interpretado como una amenaza. Él ve esto como si ella estuviera tratando de usurpar la posición de él. Muchos hombres no entienden el valor de la mujer en el propósito que ella tiene como ayudante. Así que, cuando una mujer quiere convertirse en parte de lo que un hombre está haciendo, él piensa que ella está tratando de interferir con él. Pero ella es así debido al motivo y a la razón de por qué fue creada. Ella quiere saber por qué ella no puede ayudar en lo que tú estás haciendo. ¿Qué es eso que estás haciendo que es tan secreto o tan profundo?

Las mujeres a quienes los hombres están tratando de mantener a una buena distancia van a seguir tratando de intervenir, tratando de ayudar, pero los hombres las ven a ellas como una molestia, y dicen: "Métete en tus propios asuntos. Este es un mundo de hombres; busca tu propio lugar". Bueno, su lugar es justo ahí, cerca de ti, ayudándote. Si ella no te puede ayudar a ti, ella va a ayudar a algo más, o a alguien más.

Algunas de estas preciosas mujeres son tan talentosas, y tienen tanta experiencia en todo tipo de cosas. Ellas tienen una preparación excelente. Son muy dedicadas, y están listas para ayudar a sus maridos o a otros hombres en cualquier forma que sea posible, pero los hombres se portan muy mal con ellas debido a que ellos no entienden el plan de Dios.

Una de las razones de esto es que algunos hombres no pueden soportar la presencia de una mujer que está tan completa. Amigo mío, tú nunca vas a ser un hombre fuerte hasta en tanto puedas manejar el peso de una verdadera mujer; estoy hablando acerca de una *verdadera* mujer. Algunas mujeres están completamente fuera de su lugar. Sin embargo, existen verdaderas mujeres en el mundo, y se necesita que haya un verdadero hombre que pueda apoyarlas. Hay muchas mujeres que están cargadas con dones y con una tremenda unción. Y debido a que las mujeres tienen esa asombrosa capacidad para ayudar, muchos hombres se sienten como inútiles cada vez que su ayuda idónea entra en acción. ¿Por qué? Porque a ellos nunca les enseñaron de lo que se trata el hecho de ser un hombre, y ellos no saben cómo cumplir su propio propósito.

¿Alguna vez te has preguntado por qué la iglesia siempre está llena con tantas mujeres? Frecuentemente, esto se debe a que ellas no tienen nada en que poder ayudar en sus hogares. ¿Acaso sabes tú por qué tu mujer te deja en casa para ir a la iglesia? Tú no tienes ninguna visión en el hogar, y por lo tanto, ella tiene que ir a la iglesia para ayudar a este pastor con su visión. Ella ayuda con el ministerio de los niños o en la Escuela Dominical, debido a que ella tiene la necesidad de contribuir.

Algunas mujeres incluso ayudan a los hombres a hacer cosas malas si es que ellas no pueden encontrar hombres que hagan cosas correctas. Un hombre le puede decir a una mujer: "Tú espera aquí en el auto, mientras yo voy a robar esta tienda". Y ella se siente bien de hacer esto, debido a que ella está haciendo algo para ayudarlo a él. Ella se siente digna y valorada. Ella siente que vale algo para este hombre. Algunas mujeres transportan drogas y hacen tratos en representación de sus novios que son traficantes. ¿Alguna vez te has preguntado cómo es que esto puede suceder? En una manera torcida, ellas están buscando su realización. Ellas están buscando suplir sus propias necesidades.

EL ABUSO DEL PROPÓSITO

Quiero que recuerdes unos de nuestros principios: donde no se conoce el propósito, el abuso es inevitable. Cuando los hombres y las mujeres malentienden su propósito, entonces, estos propósitos van a ser abusados de alguna manera. Es el mal entendimiento del propósito lo que ha separado a los hombres y a las mujeres del diseño original de Dios en la creación. Esto ha dado como resultado una idea falsa de dominio y de la relación entre los hombres y las mujeres, lo cual está causando conflicto y confusión entre ellos. A medida que permitamos que esto continúe, no vamos a vivir vidas realizadas ni como hombres ni como mujeres, y la sociedad va a seguir decayendo.

Todo comenzó cuando el hombre y la mujer pensaron que ellos sabían su verdadero propósito mejor que Dios. A continuación, vamos a ver las implicaciones de esta trágica percepción tan equivocada.

PRINCIPIOS

1. El propósito del hombre fue escogido por Dios.

2. El varón fue hecho para servir a los propósitos del hombre (el espíritu) sobre la tierra, capacitándolo para poder cumplir con su propósito.

3. El propósito del varón puede ser resumido como *su prioridad, su posición y su función*.

4. La *prioridad* del hombre significa que él fue formado primero a fin de ser el fundamento para la familia humana.

5. La *posición* del hombre significa que él tiene que permanecer continuamente en la presencia de Dios. Sin esto, él no puede funcionar en los propósitos de Dios.

6. Dios nunca tuvo la intención de remover a Adán del Jardín del Edén. La intención de Dios era que el Jardín de Su presencia se moviera por toda la tierra.

7. Dios quería que el hombre creciera en su habilidad de dominar, por medio de aprender primeramente a gobernar el Jardín del Edén.

8. La *tarea* o *función* del hombre incluye seis propósitos específicos que él tiene que cumplir: visionario, líder, maestro, cultivador, proveedor y protector.

9. Dios ha diseñado y equipado al varón para que pueda llevar a cabo cada propósito y cada función que le ha sido dada.

10. Dios le permitió a Adán nombrar a Eva debido a que Él quería que el hombre fuera completamente responsable por la mujer.

11. Es el hombre quien ya está viviendo y trabajando en sus propósitos, a quien Dios le dice: *"No es bueno que el hombre esté solo. Haré una ayuda idónea para él"* (Génesis 2:18).

12. La mujer fue sacada del varón, y fue hecha de la misma esencia del varón.

13. La mujer es el complemento perfecto del varón, y es socia igualmente con el varón en los propósitos de Dios.

14. La mujer es la compañera que Dios le dio al hombre. Ella es la idea de Dios para el hombre.

15. La mujer es la "ayuda idónea" del hombre. Todo lo que existe en ella fue diseñado para ayudar al hombre.

PREGUNTAS DE ESTUDIO

PREGUNTA PARA REFLEXIÓN

1. ¿Cuál crees que es el propósito de Dios para el hombre?

EXPLORAR LOS PRINCIPIOS Y PROPÓSITOS DE DIOS

2. Dios crea según el _____ de Su _____.

3. ¿Por qué Dios creó al hombre?

4. El propósito del hombre puede resumirse como su _____, su _____ y su _____. ¿A qué se refiere cada uno de estos términos?

LA PRIORIDAD DEL HOMBRE:

5. ¿Por qué Dios creó al hombre antes de que Él hiciera la mujer?

6. El hombre fue hecho del suelo de la tierra porque fue diseñado por Dios para ser el _____ del _____ _____, así como de la sociedad.

7. La mujer salió del hombre en lugar del suelo de la tierra porque fue diseñada para _____ en el hombre, para tener al hombre como su _____.

LA POSICIÓN DEL HOMBRE:

8. ¿Cuál es la razón central por la que Dios colocó al hombre en este ambiente?

9. ¿Qué significó para Adán tener dominio sobre la tierra?

10. ¿Cuál fue la única forma en que Adán pudo cumplir este propósito?

11. Muchos de nosotros hacemos un corto circuito con los planes de Dios para nosotros tratando de comprender todo de una vez. Sin embargo, Dios siempre nos da _____ _____ para _____ por el resto.

12. ¿Qué necesitamos desarrollar para poder manejar más de los propósitos de Dios?

LA ASIGNACIÓN DEL HOMBRE:

13. La asignación del hombre incluye seis propósitos específicos que debe cumplir. En las dos primeras asignaciones, se le dio al varón el cargo de ser el _____ y _____, el que guiaría a los que lo seguirían _____ _____ _____.

14. El tercer propósito específico que el hombre debe cumplir es el de _____.

15. ¿Cuál es el cuarto propósito específico que el hombre debe cumplir? _____

16. El quinto propósito específico que el hombre debe cumplir es el de _____.

17. Dios le dio a los hombres la asignación de _____.

18. ¿Cuál es la razón principal por la que Dios le dio trabajo al hombre?

19. ¿Cuál es el sexto propósito específico que el hombre debe cumplir?

20. ¿Cómo diseñó Dios al hombre para que sea un protector natural?

21. Necesitamos enfocarnos en la _____ de Dios en lugar de en _____.

22. ¿Cuál es el propósito principal de la mujer?

23. ¿Cuál es la forma más significativa en que el hombre-mujer es el complemento perfecto para el hombre-hombre?

24. ¿Cuál es la razón de las diferencias complementarias entre hombres y mujeres?

25. ¿Por qué las palabras en inglés "ayuda" y "compañera" no expresan plenamente el concepto que la Biblia transmite sobre el papel de la mujer?

26. Se necesita un hombre _____ para ser un verdadero apoyo para una mujer _____.

CONCLUSIÓN

Dios creó al hombre primero debido a sus propósitos para el varón como se refleja en la prioridad, posición y asignación del hombre en la vida. También diseñó al hombre y a la mujer para complementarse perfectamente entre sí. De esta manera, pueden satisfacer las necesidades emocionales y físicas de los demás mientras están espiritualmente nutridos por Dios y su amor. El plan de Dios es que, juntos, hombres y mujeres puedan cumplir su mandato de tener dominio sobre el mundo. Sus diseños complementarios reflejan sus roles individuales en los propósitos más grandes para los que fueron creados.

APLICA A TU VIDA LOS PRINCIPIOS DE DIOS

PENSÁNDOLO BIEN

+ Si eres un hombre casado, ¿estás desarrollando las cualidades que Dios quiere que satisfagas dentro de tu familia y la sociedad?

+ Si eres un hombre que desea casarse, ¿te has enfocado en "estar solo" o en convertirte en el hombre sobre el que Dios dice: "No es bueno que él esté solo" (Génesis 2:18)?

+ Si eres un hombre, ¿has estado dispuesto a recibir la ayuda de mujeres, o has dejado de lado el don que Dios les dio a las mujeres de ayudarte a cumplir tu propósito?

+ Si eres una mujer, ¿te has considerado en desacuerdo con los hombres o como teniendo propósitos complementarios con ellos, dados por Dios?

ORAR SOBRE ESO

+ Si eres un hombre que busca cumplir su verdadero propósito, sabe que Dios te capacitará para cumplirlo mientras lo busques a Él para guía y ayuda. Encomienda tu propósito a Dios, pide Su dirección, y luego descansa en Su promesa de cumplir lo que Él te ha encomendado.

+ Si eres una mujer, pídele a Dios que te muestre cómo puedes usar tus perspectivas, destrezas y habilidades para ayudar a tu esposo u otros hombres a cumplir los propósitos de Dios para el mundo.

ACTUAR EN LA VERDAD DE DIOS

+ El Dr. Munroe dijo que si cada hombre pudiera vivir las seis razones principales por las cuales fue creado, comenzaría a darse cuenta de su verdadero propósito como hombre. Enfócate en uno de estos propósitos cada mes durante los próximos seis meses. Ora al respecto, aprende todo lo que puedas de la Palabra de Dios al respecto, repasa las secciones de este libro que se relacionan con eso, y pon en práctica lo que aprendas.

5

DOMINIO VERSUS TIRANÍA

DIOS CREÓ A LOS HOMBRES Y A LAS MUJERES PARA QUE DOMINARAN LA TIERRA, Y NO PARA QUE SE DOMINARAN UNOS A LOS OTROS.

Tanto los hombres como las mujeres fueron creados a la imagen de Dios. La base de su igualdad delante de Dios estriba en que el hombre, que es el espíritu, reside en ambos, tanto en el varón como en la mujer. Como seres físicos, ellos fueron creados de la misma esencia, pero en forma diferente, porque cada uno de ellos ha sido diseñado con propósitos específicos que tienen que cumplir. Las diferentes maneras en que sus tareas de dominio son llevadas a cabo no afecta su igualdad; esto solo refleja sus distintos propósitos, diseños y necesidades.

Vimos en el capítulo anterior que el hombre fue creado para ejercitar dominio sobre la tierra por medio de la prioridad de su posición y de sus funciones. La mujer fue creada para ayudar a que el varón pudiera cumplir los propósitos de dominio que Dios tenía para la raza humana a través de ambos, tanto en la esfera terrenal como en la esfera espiritual. La intención de Dios es que juntos, su fuerza individual pudiera ser combinada para producir resultados exponenciales; resultados mucho más grandes de los que cualquiera pudiera llevar a cabo solo. La mujer le añade al poder del hombre a través de la vida y del trabajo, de tal manera que la suma de ambos es mucho más grande que sus partes individuales.

Si los hombres y las mujeres fueron creados con diseños perfectamente complementarios, ¿por qué es que los hombres y las mujeres experimentan competencia y conflicto, en lugar de experimentar cooperación? ¿Por qué es que el propósito de dominio sobre la tierra se parece más a una búsqueda de dominación de un sexo por encima del otro?

EL PLAN DE DOMINIO FUE ATACADO

El tercer capítulo de Génesis explica la fuente y el origen del conflicto. Algún tiempo después de que Dios le había dado instrucciones a Adán acerca de que sí podía comer de cualquier árbol del Jardín del Edén excepto del Árbol del Conocimiento del Bien y del Mal, y que Adán había pasado esta información a Eva, el diablo, en la forma de una serpiente, tentó a Eva para que esta comiera del árbol.

LA PALABRA DE DIOS FUE CUESTIONADA

Yo no creo que esta fue la primera vez que este animal se acercó a Eva. Primeramente ella no parecía estar sorprendida de verlo o de escucharlo hablar. Yo me imagino que ella le había dicho a la serpiente: "Oh, aquí estás tú otra vez. ¿Qué es lo que quieres ahora?". En segundo lugar, yo creo que ellos ya habían hablado anteriormente acerca de las instrucciones de Dios, debido a la forma en que el diablo parafraseó su engañosa pregunta: *"¿Conque Dios os ha dicho: 'No comeréis de ningún árbol del huerto'?"* (Génesis 3:1). Su primera táctica fue tratar de poner duda en la memoria y en el entendimiento de Eva con relación a lo que Dios había dicho.

LA INTEGRIDAD DE DIOS FUE ATACADA

Eva contestó: *"Del fruto de los árboles del huerto podemos comer; pero del fruto del árbol que está en medio del huerto, ha dicho Dios: No comeréis de él, ni lo tocaréis, para que no muráis"* (v. 2-3). Ella tenía la mayor parte de su información correcta, así que el siguiente plan del diablo fue tratar de despreciar la integridad de Dios ante los ojos de ella. *"La serpiente dijo a la mujer: Ciertamente no moriréis. Pues Dios sabe que el día que de él comáis, serán abiertos vuestros ojos y seréis como Dios, conociendo el bien y el mal"* (v. 4-5). Eva sucumbió ante la tentación, y Adán se unió a ella a través de su propia voluntad, y ambos comieron el fruto del árbol (ver v. 6).

EL HOMBRE-ESPÍRITU RECHAZÓ LOS PROPÓSITOS DE DIOS

Esta decisión dio como resultado la muerte espiritual del hombre y de la mujer y su expulsión del Jardín del Edén por manos de Dios (ver vs. 7-24). Debes darte cuenta que era el hombre-espíritu, quien era el ser espiritual responsable y que estaba dentro tanto del hombre como de la mujer, quien hizo esta elección fatal de comer el fruto, desobedeciendo el mandamiento de Dios. Esta es la razón por la cual el dilema de la raza humana es un dilema espiritual.

Cuando Adán y Eva se rebelaron, ellos de inmediato sufrieron una muerte espiritual, tal y como Dios les había advertido, y eventualmente las casas físicas que Dios les había dado a ellos para que vivieran sobre la tierra, también murieron. Sin embargo, la muerte espiritual fue el peor predicamento de los dos, debido a que los separó de su comunión anteriormente perfecta con Dios.

Dios todavía los amaba, pero ellos ya no tenían el mismo canal abierto hacia Él a través del cual pudieran recibir Su amor. Mientras que ellos todavía retenían elementos de su creación a la imagen de Dios, ellos ya no reflejaban perfectamente ni la naturaleza ni el carácter de su Creador.

El diablo había presentado delante de Adán y Eva una gran mentira, y ellos cayeron por su causa, para su propio sufrimiento. Sin embargo, había una razón subyacente de por qué cayó la raza humana. Para poder entender esto, necesitamos mirar a nuestros principios fundamentales del propósito:

- Para poder descubrir el propósito de algo, nunca le preguntes a la creación; pregúntale al creador.

- Encontramos nuestro propósito tan solo en la mente de nuestro Creador.

En su tentación, el diablo les sugirió a Adán y a Eva un propósito alterno para sus vidas, en lugar del propósito que Dios ya les había dado; ellos podrían conocer el bien y el mal, y supuestamente llegar a ser iguales a Dios. Su elección equivocada estuvo basada en sus propias ideas con relación a su propósito, las cuales eran limitadas. De hecho, ellos ya eran "como Dios" en su naturaleza; ellos habían sido creados a Su imagen y reflejaban Su gloria. Con relación a conocer el bien y el mal, había ciertas cosas de las cuales Dios sabía que era mejor para ellos que no las conocieran. De otra manera, Él se las hubiera dicho. Si eventualmente ellos iban a recibir esta información, Dios quería que ellos estuvieran listos, de tal manera que esto no los dañara. De la misma manera que el entrenamiento para gobernar y dominar que estaban recibiendo en el Jardín del Edén hubiera sido lo mejor, así ellos habrían estado preparados para recibir esto, y lo hubieran podido manejar.

Adán y Eva cayeron porque se sintieron insatisfechos con sus posiciones y con sus funciones. Ellos dejaron de ver a su Creador para buscar su propósito, y en lugar de hacer esto, solo se miraron a ellos mismos. Ellos pensaron que podrían conocer su verdadero propósito mejor de lo que Dios lo conocía. Pero su rechazo del plan de Dios tan solo les trajo dolores de cabeza, porque ellos no habían sido hechos para vivir independientemente de Dios y del propósito para el cual Él los había creado.

CONSECUENCIAS DE HABER PERDIDO EL PROPÓSITO

La decisión trágica de Adán y Eva inevitablemente los guió al cumplimiento de otro principio del propósito:

+ Donde no se conoce el propósito (o donde se rechaza), el abuso es inevitable.

El predicamento de la raza humana puede ser resumido a través de una frase que se encuentra en el libro de Romanos: *"Profesando ser sabios, se volvieron necios"* (Romanos 1:22). Debido a que el hombre y la mujer pensaron que sabían lo que era mejor para ellos, ellos rechazaron su verdadera razón para existir, y sufrieron la pérdida de muchos de los beneficios y bendiciones que Dios les había dado. Inevitablemente, ellos también comenzaron a abusar de los propósitos del uno y del otro. Los hombres y las mujeres no pueden funcionar en verdadera armonía, ni en verdadera efectividad, si se encuentran fuera del plan de Dios.

LA RELACIÓN ENTRE HOMBRES Y MUJERES SE ROMPIÓ

Primeramente, ellos perdieron su relación que se encontraba perfectamente balanceada. De inmediato, podemos ver que surgió el conflicto entre ellos. Cuando Dios le preguntó a Adán: *"¿Acaso ustedes comieron del árbol que Yo les mandé que no comieran?"* Adán acusó a Eva, diciendo: *"La mujer que Tú me diste—ella me dio del fruto del árbol y yo lo comí"* (Génesis 3:11-12). Sintiéndose atrapada, Eva trató de poner toda la culpa en el diablo (v. 13). Pero Dios ya había hecho a cada uno de ellos responsable debido a que ambos eran seres espirituales responsables ante Dios.

Podemos ver la forma como la decisión de Adán y Eva de desobedecer a Dios alteró la relación entre ellos. Dios dijo que una de las consecuencias de que ellos rechazaran Su propósito sería que iban a tener conflicto uno con el otro. *"Tu deseo será para tu marido, y él tendrá dominio sobre ti"* (Génesis 3:16). Esta declaración enfatiza el hecho de que el hombre y la mujer fueron creados originalmente para gobernar juntos. Ellos fueron diseñados para funcionar juntos en igualdad. Dios les había dicho a ellos: *"Llenad la tierra y sojuzgadla"* (Génesis 1:28). Ambos estaban supuestos a ser gobernantes, y ese todavía es el plan de Dios.

Después de la Caída, tanto el hombre como la mujer todavía gobernaron, pero la relación entre ellos fue distorsionada. En lugar de igualdad, existió un desequilibrio. La mujer ahora tenía un deseo por su marido, el cual se convirtió en un ser controlador porque parecía que jamás podía estar satisfecho. Dios también dijo que el hombre iba a desarrollar una actitud de gobierno por encima de la mujer. Esto no era parte del plan de Dios. Sin embargo, debido al pecado, la percepción torcida que el hombre tenía de la vida le iba a causar el deseo de dominar a la mujer, y debido al pecado, la mujer iba a desear continuamente hacer cualquier cosa a fin de mantenerlo con ella.

SE ROMPIÓ LA RELACIÓN CON LA TIERRA

Adán y Eva también perdieron la relación armoniosa que tenían con la tierra. Ellos perdieron el derecho que tenían para vivir en el medio ambiente controlado del Jardín del Edén, en el cual ellos estaban aprendiendo a tener dominio sobre la tierra, y por lo tanto, ahora, ellos tenían que vivir bajo condiciones muy hostiles. Dios le dijo a Adán: *"Por cuanto has escuchado la voz de tu mujer y has comido del árbol del cual te ordené, diciendo: "No comerás de él", maldita será la tierra por tu causa; con trabajo comerás de ella todos los días de tu vida. Espinos y abrojos te producirá, y comerás de las plantas del campo"* (Génesis 3:17-18). En otras palabras, Dios estaba diciendo: "Es la tierra la que realmente va a sentir el impacto de su desobediencia. Y por causa de esto, ustedes van a tener que luchar para sobrevivir en ella".

En estas consecuencias del pecado, la relación rota entre Adán y Eva, y de ellos con la tierra que ahora está bajo maldición, podemos ver el plan de Satanás para tratar de despreciar los propósitos del dominio de Dios. Él tenía miedo del poder que iba a salir a través del hombre y de la mujer, unidos en los propósitos de Dios. El diablo tampoco quería que se esparciera el Jardín de Dios por todo el mundo; el diablo quería que su propio reino caído fuera el que se propagara y prevaleciera. Por lo tanto, él buscó distorsionar la relación entre los hombres y las mujeres, y buscó limitar al Jardín del Edén por medio de traer una atmósfera de espinos y cardos al resto de toda la tierra. Jesús se refirió al diablo como *"el príncipe de este mundo"* (Juan 12:31), debido a que, a través de la Caída, la raza humana vino a quedar controlada por el *"espíritu de este mundo"* (1a. Corintios 2:12), en lugar de ser controlada por el Espíritu de Dios.

Pero a pesar de la Caída, el propósito de Dios nunca cambió. Su diseño original todavía permanece. En el mismo momento en que la humanidad rechazó el propósito de Dios, Dios prometió un Redentor que iba a salvar a los hombres y a las mujeres de su estado caído, así como de todas las ramificaciones de esto (Génesis 3:15). El Redentor iba a restaurar la relación y el compañerismo entre los hombres y las mujeres. Cristo Jesús es ese Redentor, y es debido a Él que los hombres y las mujeres pueden regresar al diseño original que Dios tenía para ellos. Cristo Jesús vino a redimirnos del espíritu de este mundo para que nuevamente podamos cumplir con los propósitos de Dios. Podemos decir que Él es el Representante Legal del Fabricante. Él vino como un Distribuidor Autorizado para restaurar las especificaciones del Fabricante a Sus productos. El propósito, la paz y todo el potencial pueden ser devueltos a la raza humana. Nuevamente podemos tener un verdadero dominio sobre la tierra, pero solo a través de Cristo Jesús.

Vamos a ver los problemas de dominio y de relaciones que ocurrieron cuando tratamos de funcionar sin el plan de Dios y sin tener la redención ni la restauración de Cristo Jesús.

SE PERDIÓ EL ENTENDIMIENTO DEL DOMINIO

Dios creó al hombre y a la mujer para que dominaran la tierra, y no para que se dominaran el uno al otro. Sin embargo, la Caída ha causado que perdamos el concepto de lo que significa compartir las responsabilidades y de lo que significa el respeto. Aunque ambos, tanto el hombre como la mujer, reflejan una tendencia controladora en sus propios caminos, yo quiero enfocarme aquí en cómo todo esto afecta al hombre en general. A través de toda la historia, esta tendencia ha menospreciado el verdadero propósito del varón, y ha dado como resultado el esparcimiento de la devaluación de las mujeres, impidiendo que tanto los hombres como las mujeres puedan llegar a cumplir sus propósitos en Dios.

EL TEMOR A MOSTRARSE COMO UNA PERSONA DÉBIL

La mayor parte de la tendencia que tienen los hombres a controlar viene de un falso entendimiento acerca de cómo es que su propia naturaleza debe funcionar con relación al dominio. Los hombres han perdido el conocimiento del motivo para el cual los creó Dios. Ellos han confundido el poder con la fuerza. Déjame explicarte lo que quiero decir.

Los hombres tienen un profundo deseo de probarse a sí mismos como fuertes. Esto es una de esas cosas subyacentes que todo varón tiene que enfrentar, ya sea que se trate de un joven de solo diez años o de un hombre de noventa y nueve años de edad. La pasión interna del hombre para probar su fuerza está inherente en su propia naturaleza. Algunos le llaman a esto "el ego" o "la hombría". Otros lo llaman "el orgullo del hombre" o "el machismo". Pero todos los hombres lo poseen de una manera o de otra, debido al propósito por el cual fueron creados. Esto fue creado dentro de ellos por Dios Mismo para poder darles la habilidad de cumplir con su propósito de ser líderes, de ser protectores y de ser proveedores.

En su forma verdadera, el ego del hombre no es negativo, sino positivo. No es malo, sino que es de esencia divina. El problema está en que la pasión del hombre por probar su fuerza ha sido pervertida, y ha sido abusada por Satanás y por la naturaleza pecaminosa.

Debido a esta tendencia de querer probar su propia fuerza, no existe nada más temible para la mayoría de los hombres que el hecho de verse o de ser percibidos como personas débiles. Nuevamente, esto es resultado de la Caída. Ahora que la verdadera relación con la mujer ha sido distorsionada, él se siente vulnerable en esta área de fuerza. Él no quiere ser percibido o visto como alguien inútil o fuera de control, ni por las mujeres ni por los hombres. Este miedo provoca que el hombre sienta que continuamente se tiene que probar a sí mismo. Esta es la fuente de su espíritu agresivo. Esta es la fuente de su alta competitividad. Y también es la fuente de la tendencia de algunos hombres hacia la violencia.

Muchos hombres tienen músculos, pero son débiles en su mente, en su corazón, en su disciplina, en su responsabilidad y en su espíritu. Y por esto sienten la necesidad de tener más y más músculos para esconder sus debilidades detrás de estas áreas. Muchos hombres no entienden por qué tienen este deseo por la fuerza, así que ellos compiten con otros, pelean, o aun matan a otros hombres. Ellos esclavizan a sus esposas y las engañan porque ellos necesitan sentir que están controlándolo todo.

Tú puedes observar a los hombres en un baño, tratando de levantar el ego los unos de los otros. "Yo le enseñé a mi mujer quién es el jefe en la casa". "¿Oh, sí? Yo también le dije a la mía lo que sí puede hacer y lo que no puede hacer". Lo que realmente están haciendo es mentirse los unos a los otros acerca de su fuerza. Se están haciendo tontos a sí mismos. Si tú estás mal y yo estoy mal, los dos nos sentimos mejor si decimos que estamos bien. Pero los dos de nosotros estamos mal, y por lo tanto, nos sentimos cómodos estando juntos. Nos podemos llevar muy bien el uno con el otro con todas nuestras tonterías y con todas nuestras fallas, y nos animamos el uno al otro para darle un poco de dignidad a nuestros errores.

Ahora bien, tú puedes estar pensando que eres diferente de los otros hombres. Tú tal vez no peleas abiertamente con otros hombres, ni tratas de controlar a las mujeres, pero aun así, tú estás luchando con el hecho de probarte a ti mismo que eres fuerte: en tus relaciones, en el trabajo, en los deportes y en los diversos aspectos de la vida. Si tú le preguntas a las mujeres, ellas te van a decir que todos los hombres son iguales en el hecho de que quieren probarse a sí mismos que son muy fuertes, ya sea en maneras positivas o en formas muy negativas. Y es la verdad. Tenemos personalidades diferentes. Tenemos visiones muy diferentes. Somos de diferentes tamaños y de color de piel diferente. Tenemos diferentes tipos de trabajo y de vocaciones. Pero todos los hombres somos iguales con relación a esta tendencia. Yo puedo asegurar este hecho debido a que yo he viajado por todo el mundo, y puedo ver el mismo patrón por todos lados.

Cuando estaba en Sudáfrica, pude ver que los hombres de allá, ya sean blancos o negros, tienen la misma tendencia. En el país de Ghana o de Nigeria son iguales. Puedes encontrar la misma tendencia en Alemania o en Italia. Cuando yo estaba en Canadá, las mujeres ahí tenían las mismas quejas acerca de los hombres que las mujeres en las Bahamas. Por todo el mundo, las mujeres tienen las mismas quejas, no importa qué tipo de idioma hablen o de qué nacionalidad ellas sean.

EL PODER EN CONTRA DE LA FUERZA

Lo que los hombres necesitan es una imagen de lo que verdaderamente es un hombre fuerte, y de cómo se ve un verdadero hombre fuerte. Un hombre fuerte es un hombre que entiende la fuerza que le ha sido dada por Dios. Un hombre fuerte es un hombre que ha alcanzado el máximo de su potencial. Fuerza es habilidad, es autoridad, capacidad y es potencial. Para que llegues a ser un hombre fuerte, tienes que alcanzar todo tu potencial hasta el máximo, aplicándolo en el propósito para el cual fuiste creado. Jesús fue el hombre más fuerte que ha vivido en esta tierra, pero a él también se le describe como alguien humilde. Alguien dijo una vez que la humildad es el poder mismo bajo control. Esto es de lo que se trata la verdadera fuerza. Es poder que está listo para ser canalizado a través de propósitos buenos y constructivos, en lugar de usarlo en cosas egoístas o irresponsables.

Debes recordar que el propósito de cualquier cosa es la razón de por qué fue hecha, y su diseño está determinado por ese propósito. Al hombre le fue dada la fuerza para capacitarlo a que pudiera ser un líder eficazmente. Si tú como hombre entendiste tu propósito, tú te pudiste dar cuenta que no fuiste puesto en una posición de liderazgo debido a que seas muy grande, muy fuerte o que seas aplastante. Tú estás en esta posición de liderazgo, debido a tu propósito. Tu fuerza fue hecha para apoyar este propósito.

Una vez oí a un hombre decir en el programa de televisión de Oprah Winfrey: "Yo soy la cabeza de mi hogar, y si a mi esposa no le gusta, ella tiene que aguantarse o callarse la boca". Yo estaba ahí sentado pensando: "Él necesita una buena sesión conmigo". Oprah le preguntó: "¿Qué es lo que te hace ser la cabeza del hogar?". Y él respondió: "Yo soy la cabeza del hogar porque así lo digo yo. Yo soy el que llevo los pantalones en la familia". Escúchenme, si tú eres el hombre tan solo porque llevas los pantalones, tú tienes un serio problema, debido a que las mujeres también usan pantalones.

Los varones no escogieron su posición. Dios les dio esta posición. Sin embargo, el problema es que muchos hombres han tomado otra posición que nunca les fue dada. Si votamos para que un hombre se convierta en el presidente o en el primer ministro de un país, pero en lugar de hacer esto, él toma la posición mediante el uso de la fuerza y se convierte en un dictador, él estaría tomando una posición que nunca le fue dada. La primera posición le fue otorgada por medio de la autoridad legal; la otra fue usurpada.

Cada vez que tú tomas tu posición mediante el uso de la fuerza, te estás saliendo de tu base legal. La diferencia entre la cabeza de estado que ha sido elegida y un dictador es muy simple, la primera tiene autoridad y la segunda solo tiene poder. Tener autoridad significa tener el derecho de gobernar. Por lo tanto, si un hombre le da de cachetadas a su esposa, patea a sus hijos, y entonces dice: "Yo soy el hombre de la casa; yo hago lo que yo quiero", esto es un abuso de autoridad; esto solo es mostrarle el poder a otros. Cada vez que abusas de tu poder, no tienes autoridad legítima.

Esta es la razón por la que cada vez que un hombre comienza a dominar a otro ser humano, él se encuentra fuera de la voluntad de Dios. Este principio se aplica también a los predicadores. Cualquier ministro que te dice: "Tú no puedes ir y visitar otra iglesia", es alguien de quien tú tienes que preocuparte. Él está comenzando a dominar. Y Dios dice que los hombres fueron creados para dominar la tierra, y no los unos a los otros. Cuando esto ocurre, y cuando se abusa del poder, entonces, la autoridad ha sido perdida.

UNA VISIÓN DISTORSIONADA ACERCA DE LA SUMISIÓN

El entendimiento distorsionado que muchos hombres tienen acerca de la fuerza se puede ver en la manera en que ellos perciben el concepto de sumisión.

Pero el pasaje en el que este concepto es basado, que es Efesios 5:22-23, contiene algo que la mayoría de las personas no han visto. Dice: *"Las mujeres estén sometidas a sus propios maridos como al Señor. Porque el marido es cabeza de la mujer, así como Cristo es cabeza de la iglesia, siendo Él mismo el Salvador del cuerpo".*

Primeramente, vamos a hablar acerca de la palabra *sumisión*. La definición de la palabra *someter*, significa "voluntariamente ceder tu voluntad o tu decisión a otra persona". La sumisión no tiene nada que ver con la fuerza o con la presión. Es un acto de la voluntad. El hecho de someterse es la *decisión* de la persona que se está sometiendo, y no el mandamiento de aquél que quiere que se sometan a él. Para ponerlo de otra manera, tú no puedes someterte a menos que quieras hacerlo, y nadie puede someterte si tú no quieres hacerlo.

Cualquier hombre que tiene que forzar a una mujer a que se someta, no merece que nadie se someta a él. Él no es digno de ninguna sumisión; él se ha convertido en un tratante de esclavos. ¿Sabes tú qué se necesita para que un esclavo sea esclavo? Fuerza y miedo. Estos son los elementos que están dominando en muchos hogares. La Biblia dice: *"El perfecto amor echa fuera el temor"* (1a. Juan 4:18). Esto significa que si un hombre tiene que llenar de miedo a una mujer, a fin de forzarla a que haga algo que él quiere, entonces, él no sabe lo que es el amor.

La Escritura dice: *"Mujeres, sométanse a sus maridos **como al Señor**"* (Efesios 5:22, énfasis añadido). Hasta en tanto un hombre está actuando como el Señor, la mujer debe estar en sumisión a él. Yo nunca he visto a Jesucristo cacheteando a ninguno de Sus hijos. Yo nunca he visto a Jesucristo maldiciendo o gritándole a Su pueblo. No importa lo que le hacemos a Jesús, Él siempre está listo para perdonarnos. Esta es la manera como los maridos necesitan tratar a sus esposas.

Sin embargo, es muy probable que la mitad de todos nosotros como hombres no merecemos la sumisión de nuestras esposas. Jesús le dijo a Su Iglesia, que es Su novia: *"Nunca te dejaré; ni te desampararé"* (Hebreos 13:5). Pero, algunos hombres se pasan toda la noche fuera de su casa, y cuando regresan, quieren que sus esposas cocinen para ellos. Ellos han abandonado a su esposa y a sus hijos espiritualmente y emocionalmente, y en ocasiones, aun económicamente, pero ellos todavía quieren la sumisión. Esto es un pecado, hombres. Ustedes no merecen esta sumisión. La sumisión no depende de lo que ustedes dicen. Depende de la forma como ustedes viven.

¿Acaso tú has creído en el Señor Jesucristo como tu Salvador personal? Muy bien. Antes que tú fueras salvo, ¿acaso alguna vez Jesucristo se te acercó y te empujó contra la pared, apretándote del cuello, y diciendo: "Si tú no crees en Mí, te voy a mandar directo al infierno?". Él no hizo esto. De hecho, lo más probable es que Él te esperó durante mucho tiempo. Cuando tú estabas involucrado en tu absurda manera de vivir, Él nunca te forzó para que Lo aceptaras. Él nunca tuvo que romper tu puerta para entrar. Él es muy amable. Él convence a las personas en una forma muy calmada. Él no nos presiona. Él solo nos muestra Su amor.

Así que, un día tú te das cuenta, y dices: "Este amor es sobrecogedor", y tú aceptas Su amor. Tú deseaste seguir a Jesús. Una de las cosas que yo amo acerca de Jesús es que Él nos llama para que Lo sigamos. Él no solo pone una cuerda alrededor de nuestro cuello, y nos hala con ella. Él guía, y nosotros Lo seguimos. Si estamos siguiendo a alguien voluntariamente, entonces, no estamos siendo forzados en contra de nuestra voluntad.

¿Alguna vez has estado siendo guiado por un guía de turistas dentro de una caverna? El guía te lleva hacia abajo a través de esos túneles, y todo lo que tú haces es seguirlo. Tú te sometes a su autoridad porque él conoce el camino a través de esos túneles obscuros. Por supuesto, tú puedes regresar en cualquier momento, aunque probablemente tú vas a tropezar con algunas paredes, y vas a lastimar tus pies y a raspar tus rodillas, debido a que tú no estás familiarizado con la caverna. Sin embargo, el punto es que tú puedes regresar cuando tú quieras. Y esto es lo que Dios está tratando de decirnos.

Jesús nunca nos fuerza a someternos a Él. Todo lo que Él siempre les dijo a Sus discípulos es "Síganme". Esto es exactamente lo que los esposos están supuestos a decirle a sus esposas: "Cariño, sígueme". Esto es lo que es realmente la sumisión. Ahora bien, una mujer podrá decir: "Yo no quiero ir hacia dónde tú te diriges, amigo". Tú tal vez vas en la dirección de hacer dinero y de adquirir prestigio mientras que, al mismo tiempo, estás ignorando a Dios y a tu familia. Tú tal vez te estás dirigiendo hacia el punto de destruir tu salud con las drogas y con el alcohol. Tú tal vez te estás matando a ti mismo por medio de vivir tan solo para las fiestas y para desperdiciar tu tiempo tontamente. Tu esposa no quiere seguirte bajo estas condiciones, y tú no puedes esperar que ella lo haga.

¿Sabes tú por qué nos mantenemos siguiendo a Jesús? Se debe a que Él sabe adónde se dirige. Él sabe cómo llegar ahí, y Él es el único Camino, y, además, nos gusta adónde Él se dirige. Aún más, Su amor nos atrae hacia Él. Amamos tanto a Jesús que haríamos cualquier cosa que Él nos pidiera. ¿Por qué lo amamos? No es porque Él nos amenace con un gran martillo, diciendo: "Si tú pecas, te mato". Él nunca dice esto. Él dice: "Si tú pecas, Yo soy fiel y justo para perdonarte" (ver 1a. Juan 1:9). ¿Acaso no es maravilloso poder seguir a alguien como Él? Cada vez que tú resbalas, Él te levanta y te limpia. Él no habla acerca de tu pasado. Nos sometemos a Él tan solo porque Lo amamos.

Así que la Escritura dice en esencia: "Mujeres, sométanse a sus maridos cuando ellos actúen como el Señor". Muchas esposas, de la misma manera que los esposos, no entienden esta verdad. Por ejemplo, supongamos que un esposo llega a su casa muy ebrio, y va a su esposa, y le dice: "¡Yo quiero otro trago! Ve a comprarme otro trago". Ahora bien, ella es una preciosa dama cristiana, así que ella le dice: "Yo no creo que tú deberías estar toman—". Él la interrumpe a ella, y le dice: "¡Cállate la boca, mujer! Yo soy la cabeza de este hogar. La Biblia dice..." ¡Y él le refiere la Biblia también! "La Biblia dice que tú debes someterte. Ahora, ve y cómprame un trago". Ella no entiende la verdadera naturaleza de la sumisión, así que le da miedo, toma algo de dinero, compra una botella de algo, y se la trae a su marido, la cual él usa para abusar de su salud.

Lo que ella debería haber hecho es verlo a la cara y decirle: "Cariño, la Biblia dice que yo debo someterme a ti cuando tú actúes como el Señor Jesús. El Señor nunca me ha pedido que le compre algo que lo va a destruir. Y, debido a que yo te amo tanto, cariño, no voy a ir. Yo quiero que tú vivas". Entonces, por supuesto, ¡ella tiene que echarse a correr una vez que le dice esto! Pero eso es exactamente lo que el hombre necesita oír.

Las situaciones donde las personas tienen esposos o esposas que no son creyentes, suelen ser muy difíciles, pero la Biblia nos dice lo que debemos hacer bajo estas circunstancias. En 1a. Corintios 7 dice que si una mujer vive bajo la Palabra de Dios y su marido incrédulo quiere seguir viviendo con ella, *"no lo abandone"* (v.13). Sin embargo, si él no puede convivir con las convicciones de ella, la Biblia dice, *"que se separe"* (v. 15). En otras palabras, si él no puede convivir con las convicciones de ella hacia el Señor, la Biblia le dice a ella, "que se separe". Tú no vas a comprometer tu fe ni siquiera por tu marido.

Algunas mujeres les permiten a sus maridos que las golpeen y que las dejen medio muertas porque ellas creen que esto es lo que significa ser sumisas. Yo he tenido que aconsejar a muchas mujeres que piensan de esta manera. Ellas vienen a mi oficina todas golpeadas, y me preguntan: "¿Qué es lo que estoy supuesta a hacer?". Yo les contesto,:"Salte de ese lugar". "Pero la Biblia dice que me debo someter.". "Sí, pero no dice que te debas someter a una paliza. Tú tienes que someterte al Señor. Y hasta en tanto no veas al Señor en tu casa, no regreses. Tú no tienes que ser tan tonta como para solo sentarte ahí y permitir que tu vida esté en peligro".

"Bueno, la Biblia dice que tenemos que sufrir por causa de Jesús." "Mi querida hermana en Cristo, tu marido llega a la casa totalmente ebrio y te pega, ¿y tú estás hablando acerca de sufrir por Cristo Jesús? En ningún lado en la Biblia dice que tú debas quedarte ahí y que debas de sufrir todo ese abuso. En primera de Pedro 2:19-20 dice que si tú sufres por causa del evangelio, ese es un sufrimiento verdadero. Pero si tú sufres por causa de tu propio pecado y por tu propio gusto, eso no se te cuenta como sufrimiento por el evangelio. Es muy tonto de tu parte que estés permitiendo que alguien te pegue y te deje con todas estas marcas y moretones, y entonces, te volteas y dices: 'Todo esto es por causa de Jesucristo'. Esto no es sumisión."

El punto que estoy tratando de mostrar a los hombres es este: no le pongas versículos como referencia a una mujer a menos que te estés comportando como Jesucristo lo haría. Cuando tú comiences a actuar como Jesucristo, tú no vas a tener que exigirle a tu esposa que se someta. Cuando tú empieces a amarla tal y como la ama Jesús, cuando tú empieces a perdonarla tal y como la perdona Jesús, cuando tú empieces a bendecirla tal y como Jesús la bendice, cuando tú empieces a cuidarla y a escucharla tal y como Jesús lo hace, ella va a hacer todo por ti, porque ella quiere que haya un hombre como Jesucristo en la casa.

Dios les está diciendo a los hombres: "No se te ocurra demandar respeto. No se te ocurra demandar sumisión. Tienes que ganártela". Recuerda que Jesús nunca le ordenó a nadie que Lo siguiera. Nunca. Él siempre pedía, porque Él sabía quién era Él y adónde iba. Él nunca necesitó demandar sumisión tan solo para darse a Sí Mismo un poco de importancia. Y Jesús dijo: "Si ustedes me aman, van a guardar Mis mandamientos". El hecho de mantener Sus mandamientos está basado en nuestro verdadero amor hacia Él. Este es el modelo que debemos seguir en las relaciones dentro del matrimonio y en todas nuestras relaciones que existen entre los hombres y las mujeres. Si un hombre quiere ser un verdadero líder, él debe aprender quién es él en Dios, y debe convertirse en alguien que se gane el respeto; en alguien que verdaderamente ama, guía y que inspira, en lugar de ser alguien que solo fuerza a los demás siempre a hacer lo que él quiere.

IGUALES Y DIFERENTES

Una vez que el hombre entiende la verdadera naturaleza de su fuerza, lo que va a necesitar recordar es que los hombres y las mujeres fueron creados iguales y diferentes. Ambos tienen dominio, y por lo tanto, su tarea es la misma. Sin embargo, debido a que los hombres y las mujeres tienen propósitos diferentes, diseños diferentes y cuerpos físicos diferentes, su autoridad se manifiesta y se lleva a cabo de maneras diferentes.

El hombre fue creado primero porque él debía ser responsable de todo y de todos los que vinieran detrás de él. Dios no ha cambiado Su programa. Dios no va a quitar esa responsabilidad del varón jamás. La mujer que Dios creó necesita entender su propósito como ayudadora o asistente.

No debemos andar por todos lados, diciendo: "Bueno, la cultura ha cambiado hoy en día. La mujer no necesita respetar al hombre como el líder de la familia". No importa si el esposo es menos educado o si gana menos dinero que su esposa. Esto no cambia el propósito de Dios. La única manera para poder cambiar a nuestra confundida sociedad es regresando al plan de Dios. El propósito es lo que determina la posición, y no el cambio social.

Una mujer le puede decir a su marido: "Déjame decirte algo. Yo tengo una carrera universitaria, y tú solo acabaste la preparatoria. Yo gano más dinero que tú. Yo podría pagar esta casa sola y sin tu ayuda. Yo no te necesito". ¿Qué clase de espíritu es este? Yo sé que algunas mujeres tuvieron este tipo de actitud antes de ser salvas y conocieron los caminos de Dios. Sin embargo, esta no es la perspectiva que tenemos que mantener.

Yo puedo escuchar que algunas personas dicen: "Ustedes los cristianos siempre están regresando a los días de la antigüedad y a los tiempos cuando los hombres pisaban a las mujeres y las trataban como trapos para limpiar". Tú no entiendes de lo que yo estoy hablando. Este es un asunto de propósito y de posición.

La mayoría de nosotros tenemos problemas con este concepto, debido a que creemos que el hecho de ser "diferentes" implica el ser inferior o superior a los demás, especialmente inferior. No confundas el hecho de ser diferente con ser inferior. Diferente no implica inferioridad, ni superioridad; diferente solo significa que es diferente. Una mujer no es inferior a un hombre debido a que ella es una mujer, y un hombre no es inferior a una mujer debido a que él es un hombre. Sus diferencias son necesarias debido al propósito de ambos.

Me gusta la forma como Pablo describe esto en 1a. Corintios 11:7-8, diciendo: *"Pues el hombre...es la imagen y gloria de Dios; pero la mujer es la gloria del hombre. Porque el hombre no procede de la mujer, sino la mujer del hombre"*. ¿Acaso esto es cierto? Seguro que sí. Dios hizo que el hombre entrara en un sueño profundo, y sacó a la mujer de una parte de él. *"Pues en verdad el hombre no fue creado a causa de la mujer, sino la mujer a causa del hombre"* (1a. Corintios 11:9). *"Por esta razón (propósito), la mujer debe tener un símbolo de autoridad sobre la cabeza* (1a. Corintios 11:10). La Escritura dice: *"por tanto, o por esta razón"*. En otras palabras, este es el orden de Dios en la creación, y por lo tanto, el hombre y la mujer deben vivir dentro de este orden.

Pero aquí está lo que la mayoría de las personas olvidan: *"Sin embargo, en el Señor, ni la mujer es independiente del hombre, ni el hombre independiente de la mujer"* (v. 11). De hecho, Dios está diciendo: "Los hombres y las mujeres se necesitan los unos a los otros. Necesitan la posición los unos de los otros". *"Porque así como la mujer procede del hombre, también Él hombre nace de la mujer; y todas las cosas proceden de Dios"* (v. 12). Me gusta esto. El ejemplo que usó Pablo nos dice que los hombres necesitan a las mujeres para que puedan nacer, pero las mujeres también necesitan a los hombres para que ellas puedan concebir. Esto, definitivamente, no es una situación de superioridad—inferioridad. Solo tiene que ver con el propósito. En Efesios 5, donde habla acerca de que las esposas se deben sujetar a sus esposos, también dice: *"**Sometiéndoos unos a otros** en el temor de Cristo"* (v. 21). Tiene que haber un sometimiento mutuo de los unos para con los otros para poder llevar a cabo los propósitos de Dios.

LA RESTAURACIÓN DEL PROPÓSITO DE DIOS

Si los hombres se pudieran dar cuenta de que:

+ el dominio no es lo mismo que la tiranía,

+ el dominio fue hecho para ser ejercitado sobre el mundo y no sobre las personas,

+ la sumisión es algo que se gana y no algo que se demanda,

+ que los hombres y las mujeres son iguales, pero diferentes,

+ que los hombres y las mujeres se necesitan los unos a los otros, entonces, podríamos avanzar bastante con relación a restaurar relaciones armoniosas entre los hombres y las mujeres y para poder cumplir con el plan de Dios para la humanidad.

Yo estoy convencido de que no puede existir un verdadero dominio sobre la tierra a menos que el diseño original de Dios esté intacto. Es crucial que nosotros entendamos el principio que dice que estamos diseñados en la forma como somos debido al propósito de nuestra existencia. La forma como es un hombre y una mujer está directamente relacionada a la razón de su existencia. Cada uno de ambos ha sido llamado a tener responsabilidades específicas y especiales dentro de los propósitos del reino de Dios.

En los siguientes tres capítulos, vamos a ver de forma más cercana las tareas de dominio que Dios le dio al hombre.

PRINCIPIOS

1. Dios creó al hombre y a la mujer para que dominaran la tierra, y no para que se dominaran el uno al otro.

2. El plan de Dios consiste en combinar las cualidades y las fuerzas individuales de cada uno para producir resultados exponenciales; resultados mucho más grandes de lo que hubieran podido producir cada uno por su lado.

3. Adán y Eva cayeron en pecado porque dejaron de ver hacia su Creador en la búsqueda de su propósito, y al contrario, comenzaron a verse a sí mismos. Ellos creyeron que sabían su verdadero propósito mejor que Dios.

4. Los resultados de la Caída fueron el hecho de que la humanidad rompió sus relaciones con Dios, y de la misma manera, la humanidad recibió la muerte espiritual, la pérdida de todo tipo de equilibrio entre el hombre y la mujer y la pérdida del verdadero dominio que tenía la humanidad sobre el mundo.

5. A pesar de la Caída, los propósitos de Dios nunca han cambiado. A través del Redentor, que es Cristo Jesús, estas relaciones rotas con Dios y estos propósitos de dominio pueden ser restaurados.

6. El hombre tiene un deseo innato de probarse a sí mismo como alguien muy fuerte, pero esto ha sido distorsionado a través del pecado, de tal manera que acaban haciendo abuso de su poder y de su autoridad.

7. Cada vez que haces abuso de tu poder, vas a perder tu legítima autoridad.

8. La sumisión es un acto de la voluntad por parte de la persona que se está sometiendo. No puede ser algo forzado.

9. El hombre necesita ser un líder por medio de seguir el ejemplo de Jesús; por medio de amar, guiar y por medio de inspirar a todos aquellos que están bajo su autoridad, y no por medio de exigir que ellos hagan solo lo que él diga.

10. Los hombres y las mujeres fueron creados iguales, pero diferentes.

11. Ambos, tanto los hombres como las mujeres, tienen dominio. Sin embargo, debido a que tienen propósitos diferentes y diseños diferentes, su autoridad se manifiesta y se lleva a cabo en formas distintas.

12. Una mujer no es inferior a un hombre tan solo debido a que ella es una mujer, y un hombre no es superior a una mujer solo porque él es un hombre. Sus diferencias son necesarias debido a sus propósitos.

PREGUNTAS DE ESTUDIO

PREGUNTAS PARA REFLEXIÓN

1. ¿De qué manera has visto a hombres y mujeres dominarse el uno al otro?

2. ¿De qué manera has tratado de dominar a alguien del sexo opuesto? ¿Cuál fue tu motivación para hacerlo?

EXPLORAR LOS PRINCIPIOS Y PROPÓSITOS DE DIOS

3. ¿Cuáles fueron los resultados inmediatos de la decisión de la humanidad de rechazar las instrucciones de Dios?

4. Aunque la humanidad experimenta la muerte física debido al pecado, ¿por qué el dilema de la humanidad es, en última instancia, espiritual?

5. La desobediencia a Dios causó la caída de la humanidad, pero ¿cuál fue la razón subyacente por la cual cayó la humanidad?

6. ¿El rechazo de la humanidad al mandato de Dios eventualmente llevó al cumplimiento de cuál principio de propósito?

7. La humanidad sufrió dos consecuencias principales como resultado de su pérdida de propósito. ¿Cuál es la primera?

8. ¿Cuál es la segunda consecuencia más importante que experimenta la humanidad como resultado de su pérdida de propósito?

9. ¿Por qué el diablo buscó socavar el propósito de dominio de Dios para la humanidad?

10. ¿Cuál es la razón por la cual los hombres y las mujeres pueden regresar al diseño original de Dios para ellos?

11. Dios creó hombres y mujeres para _____ la tierra, no
_____ _____.

12. A su manera, tanto hombres como mujeres reflejan un _____
_____.

13. Todos los hombres tienen un deseo inherente dado por Dios probar su
_____.

14. ¿Por qué Dios construyó este deseo en los hombres?

15. En su malentendido de dominio, los hombres han confundido
_____ para _____.

16. ¿Cuál es a menudo el resultado del temor de los hombres a ser vulnerables en el área de la fuerza?

17. ¿Qué significa ser un hombre verdaderamente fuerte?

18. Cada vez que un hombre comienza a dominar a otro ser humano, él está fuera de _____ _____.

19. Someter es el _____ de la persona que está sometiendo, no el _____ de alguien que desea ser sometido.

20. ¿Qué tipo de esposo no se merece estar sometida a él?

21. Si un hombre tiene que hacer que una mujer le tenga miedo para obligarla a hacer algo, entonces él no sabe qué es _____.

22. Haz una lista de formas específicas en que un hombre debe tratar a su esposa como Jesús trata a los que le pertenecen a Él.

23. ¿Qué debe hacer un hombre si quiere ser un verdadero líder?

24. Ambos hombres y mujeres fueron creados _____ y _____.

25. Las diferencias entre hombres y mujeres son necesarias debido a su _____.

26. Tiene que haber un _____ _____ el uno para el otro si los propósitos de Dios deben llevarse a cabo.

CONCLUSIÓN

Si los hombres se dieran cuenta de que:

+ dominio no es lo mismo que tiranía,
+ el dominio debe ser ejercido sobre el mundo y no sobre otras personas,
+ la sumisión es ganada en lugar de exigida,
+ hombres y mujeres son iguales, pero diferentes, y
+ hombres y mujeres se necesitan mutuamente,

avanzaríamos mucho hacia la restauración de las relaciones armoniosas entre hombres y mujeres y el plan de Dios para la humanidad. No puede haber un verdadero dominio sobre la tierra a menos que el diseño original de Dios esté intacto.

APLICA A TU VIDA LOS PRINCIPIOS DE DIOS

PENSÁNDOLO BIEN

+ ¿De qué maneras tienes una tendencia a controlar a otras personas? ¿A quién te encuentras queriendo controlar más? ¿Por qué cree que es así? ¿Qué has aprendido de este capítulo sobre la fuente de esta tendencia?

+ Si eres un hombre, ¿cómo reaccionas cuando te sientes vulnerable en el área de la fuerza? Recuerda uno o dos ejemplos específicos en los que reaccionaste con fuerza bruta en lugar de la fuerza que Dios le dio, y piensa en cómo podrías haber reaccionado de manera diferente a base de lo que aprendiste en este capítulo.

ORAR SOBRE ESO

+ ¿Tu vida está más controlada por el "espíritu del mundo" (1 Corintios 2:12) o por el Espíritu de Dios? Pídele a Dios que te ayude a someterte al Espíritu de Cristo dentro de ti para que puedas vivir en Sus propósitos. Cuando David le pidió a Dios que lo perdonara por su pecado, él también dijo: "Concédeme un espíritu dispuesto a sostenerme" (Salmo 51:12). Haz de esto tu oración para pedirle a Dios que te dé un espíritu dispuesto hacia Él y Sus propósitos.

+ Pídele a Dios que cambie tu corazón para que no desees controlar a los demás, sino que trabajes con ellos para cumplir los propósitos de Dios.

ACTUAR EN LA VERDAD DE DIOS

+ Los hombres y las mujeres no son independientes entre sí. Son diferentes, pero iguales. Piensa en lo que has aprendido en este capítulo sobre la sumisión y la práctica de la sumisión mutua en las relaciones entre hombres y mujeres. ¿Cómo puedes comenzar a poner estas verdades en práctica en tu vida hoy? ¿Cómo pueden tus relaciones reflejar mejor la responsabilidad compartida y el respeto?

+ El Dr. Munroe dijo que muchos hombres tienen músculos, pero que son débiles en sus mentes, sus corazones, su disciplina, su responsabilidad y sus espíritus. Escribe formas específicas en que puedes fortalecer tu corazón, tu disciplina, tu responsabilidad y tu espíritu en los caminos de Dios. Él también dijo que la verdadera fuerza es el poder que está listo para ser canalizado hacia propósitos buenos y constructivos, en lugar de propósitos egoístas y negligentes. ¿Cómo puedes canalizar tu fuerza en propósitos positivos en tu vida y en las vidas de tus seres amados?

6

EL HOMBRE COMO VISIONARIO Y COMO LÍDER

DIOS SIEMPRE VA A PROVEER PARA LA VISIÓN QUE ÉL TE DA.

Dios quiere que los hombres entiendan sus tareas o funciones de dominio, y que, entonces, desarrollen las cualidades que se necesitan para poderlas llevar a cabo. Esta es la manera como los hombres pueden buscar el propósito de Dios para su vida y la manera como pueden crecer en la verdadera masculinidad, porque el propósito de Dios es la clave para nuestra total realización.

EL HOMBRE COMO VISIONARIO

La primera responsabilidad que trae satisfacción y recompensas espirituales al hombre es la de ser visionario. Esta es una responsabilidad fundamental porque sin ella, él no puede cumplir las otras tareas asignadas a él como líder, maestro, cultivador, protector y proveedor.

El hecho de ser un verdadero visionario es un arte que se ha perdido en nuestros tiempos. El hombre promedio no puede decir quién es él porque no tiene una visión real para su vida. Se encuentra vagando, sin ningún propósito, o se encuentra buscando diligentemente una visión falsa, la cual está basada en los valores de la sociedad contemporánea, los cuales, muy a menudo, son exactamente lo opuesto a lo que Dios valora. Dios quiere que los hombres tengan una visión para sus vidas que venga directamente de Él y que les pertenezca a ellos en forma personal, y no algo que es dictado por el medio ambiente cultural, o por la moda actual, o por la religión hecha por el hombre, o por la imagen de alguien más que les esté dictando cómo deberían ser sus vidas.

¿QUÉ SIGNIFICA TENER VISIÓN?

En el capítulo dos, titulado "Siete principios de propósito", yo te pedí que consideraras varias preguntas, incluyendo esta: "¿Acaso sabes tú hacia dónde te diriges? ¿Todavía sigues preguntando para qué sirves?". Estos son temas que tienen que ver con la visión.

Proverbios 29:18 dice: *"Donde no hay visión, el pueblo se desenfrena"*. Se necesita visión para poder vivir. La palabra *"visión"* en el original hebreo significa "un sueño, una revelación o un oráculo". Obviamente, tiene que ser una visión que está conectada a los propósitos de Dios, y esto es algo que necesita ser revelado por Dios mismo. Tú necesitas la revelación de Dios acerca de la visión de tu vida. La única manera como tú puedes descubrir esta visión es escuchando aquello que Dios te está diciendo. Este es un punto crítico al cual vamos a regresar en breve.

Tener visión significa ser capaz de concebir y de moverse hacia tu propósito en la vida. Un hombre no debería casarse, y entonces, decirle a su esposa: "¿Qué es lo que vamos a hacer? Bueno, tú sabes, solo vamos a esperar en el Señor. Vamos a ver hacia dónde nos dirigimos una vez que lleguemos ahí". Esto es ridículo.

Ahora bien, es cierto que tal vez no siempre podemos ver toda la perspectiva de inmediato, de la misma manera como Abraham tuvo que confiar en Dios para que lo guiara a una tierra desconocida en donde él se iba a convertir en una gran nación (Génesis 12:1-2). Sin embargo, Abraham tenía una clara visión en cuanto a que él iba hacia el lugar que Dios le había prometido, y en cuanto a que él se movía firmemente hacia ese objetivo. El hecho de tener visión significa que tú ya puedes ver el fin de tu propósito. Significa que tienes fe en Dios y en aquello que Dios te ha dicho, de tal manera que te estás moviendo continuamente hacia tu visión, a medida que esta se está moviendo hacia ti. Tu responsabilidad es apoyar y sostener la visión hasta que esta se hace realidad.

CREADOS Y DISEÑADOS PARA TENER VISIÓN

Podemos saber que Dios tiene una visión para cada varón debido a que el hombre *fue creado* para ser un visionario. Recuerda que una de las razones por la que el hombre fue formado primero es para que él pudiera ser el recipiente inicial de toda la información, de toda la revelación y de toda la comunicación que Dios deseaba compartir referente a la relación de la humanidad con él, y referente al propósito de su existencia. Entonces, Él creó a la mujer para que ayudara al hombre a cumplir esta visión. La prioridad de Dios no ha cambiado.

Cuando Joel profetizó acerca del derramamiento del Espíritu Santo en los últimos tiempos, él habló estas palabras de parte de Dios: *"Y sucederá que después de esto, derramaré mi Espíritu sobre toda carne; y vuestros hijos y vuestras hijas profetizarán, vuestros ancianos soñarán sueños, vuestros jóvenes verán visiones"* (Joel 2:28). Debes notar lo que dice este versículo con relación a los hombres.

Los hombres ancianos o de avanzada edad recibirán sueños, y los hombres jóvenes verán visiones de parte de Dios. No dice que las mujeres verán visiones. Lo que dice es que las mujeres profetizarán. Esto significa que ellas van a hablar acerca de las cosas que los hombres vieron en las visiones. Si tú ves el modelo de Dios en la Biblia, es al hombre a quien se le da la visión, pero la mujer está ahí para asegurar que él cumpla con esta visión. Los hombres y las mujeres tienen sus funciones específicas.

El hombre también fue *diseñado* para ser un visionario. Dios creó al hombre para que pudiera ser capaz de ver la perspectiva total en la vida, para planear para el futuro desde un punto de vista lógico y práctico. A los hombres les gusta determinar los pasos que son necesarios para llegar de A hasta B, y todo el camino hasta la Z. Los hombres tienen cualidades innatas que los capacitan para recibir la visión y trabajar en ella para que se lleve a cabo.

REQUISITOS PARA DESCUBRIR LA VISIÓN

Muchos hombres no tienen visión para su vida, debido a que no están entregados a Dios, ni están dedicados a buscar la voluntad de Dios en esta área de su vida. Si un hombre no tiene ninguna relación con Dios, él no puede funcionar en su propósito.

1. SIGUE EL EJEMPLO DE CRISTO JESÚS

El mejor ejemplo de alguien que sí tenía una visión para Su vida es Jesucristo. Él afirmó y repitió constantemente Quién es Él. Jesús fue capaz de vivir en la confianza de Su propósito desde Su temprana edad. ¿Recuerdas lo que Él les dijo a Sus padres cuando solo tenía doce años de edad? *"En los negocios de mi padre debo estar"* (Lucas 2:49). Jesús conocía Su identidad como el Hijo de Dios y como Dios el Hijo. Él dijo: *"En verdad, en verdad os digo: antes que Abraham naciera, Yo Soy"* (Juan 8:58). Él conocía Su razón de existir y Su propósito en la vida: *"El Hijo del Hombre vino a buscar y a salvar lo que se había perdido"* (Lucas 19:10).

El ejemplo que Jesús nos dio a través de Su vida nos muestra la necesidad que tenemos de estos dos elementos tan importantes relacionados con el propósito: (1) tener una clara imagen de uno mismo; (2) tener una vida consistente con el propósito y con el llamamiento de uno mismo. Jesús vivió una vida que era totalmente consistente con relación a Quién Le dijo que era. Él tuvo una integridad total; Él siempre mantuvo y cumplió Sus propias palabras.

Juan El Bautista es otro ejemplo de un hombre que conocía su identidad. Él tenía un sentido de confianza con relación a quién era él y con relación a lo que había sido llamado a hacer, de tal manera que él pudo afirmar, *"Yo soy la voz del que clama en el desierto: 'Enderezad el camino del Señor', como dijo el profeta Isaías"* (Juan 1:23).

El apóstol Pablo también tenía una clara visión de su vida. Él tenía una imagen muy fuerte de sí mismo, y mostraba una completa claridad de propósito. Frecuentemente, él comenzó sus cartas con declaraciones tales como: *"Pablo, siervo de Cristo Jesús, llamado a ser apóstol"*, o *"Pablo, apóstol de Cristo Jesús por la voluntad de Dios"* (ver ejemplos en Romanos 1:1, Efesios 1:1). Él también hizo declaraciones que estaban llenas de propósito: *"Y para esto yo fui constituido predicador y apóstol (digo la verdad en Cristo, no miento) como maestro de los gentiles en fe y verdad"* (1a. Timoteo 2:7); *"para el cual yo fui constituido predicador, apóstol y maestro"* (2a. Timoteo 1:11).

Juan el Bautista y Pablo recibieron la visión de Dios para sus vidas a través de sus encuentros con Dios. La verdadera visión solo puede ser hallada en la presencia de Dios. Jesús mismo estaba entregado a la oración y a la reflexión durante toda Su vida en esta tierra. Él estaba en contacto continuamente con el Padre para poder saber cómo cumplir Su propósito en esta vida. Después de un día de abundante ministración en el cual Él había tenido que sanar a los enfermos y liberar a los endemoniados, Él se levantó muy temprano al día siguiente, y se fue a orar a un lugar de quietud. Cuando Pedro y los otros discípulos Lo encontraron ahí, ellos exclamaron: *"¡Todos Te están buscando!"* (Marcos 1:37). Jesús podía haber buscado el éxito en medio de las alabanzas de toda la personas, sin embargo, Él solo siguió buscando cumplir con Su propósito para esta vida. Dios ya le había mostrado cuál era el siguiente paso a seguir cuando Él había estado en oración. Él dijo: *"Vamos a otro lugar—a los pueblos vecinos—para que predique también allí, porque para eso he salido"* (Marcos 1:38).

2. RECONOCE EL LIDERAZGO DE CRISTO JESÚS

La Biblia dice: *"La cabeza de todo hombre es Cristo"* (1a. Corintios 11:3). La cosa más importante que cualquier hombre puede hacer es reconocer la autoridad y el liderazgo de Cristo Jesús y dedicarse a seguirlo cada día para poder recibir Su dirección. *"Yo soy el camino, la verdad y la vida"* fue lo que dijo Jesús en Juan 14:6. Definitivamente, Jesucristo no solo da una visión, sino que Él Mismo es la visión, debido a que hemos sido llamados para ser conformados a Su imagen.

3. ESCUCHA LA DIRECCIÓN DE DIOS

Tú no estás cumpliendo tu propósito como hombre a menos que puedas escuchar la voz de Dios. Tú no vas a estar cumpliendo tu propósito como hombre a menos que comiences a declarar y a afirmar la Palabra de Dios en tu vida. Para poder hacer esto, tú necesitas estar en el mismo medio ambiente del jardín donde se encontraban Adán y Eva en un principio. Necesitamos regresar al lugar donde la gloria puede fluir entre Dios y el hombre, donde podemos escuchar la voz de Dios y donde Dios puede darnos dirección. Debido a que el Espíritu Santo ha sido derramado en el corazón de los creyentes, el jardín ya no es solamente una ubicación geográfica en la tierra, sino que se encuentra dentro del corazón de cada hombre que le pertenece a Cristo Jesús. Esta es la razón de que Cristo Jesús dijera: *"El reino de Dios está dentro de ustedes"* (Lucas 17:21). No está dentro de ti tan solo debido a tu propia voluntad; el reino de Dios está dentro de ti debido a que el Espíritu Santo de Dios vive dentro de ti.

El reino de Dios, el Espíritu de Dios y la voluntad de Dios gobernando en nuestro corazón, han venido hasta nosotros a través de Cristo Jesús, y es solo a través de Él que podemos llegar a cumplir el mandato de dominar la tierra. Somos llamados a esparcir el mensaje del Evangelio de reconciliación con Dios por medio de Cristo Jesús y del don del Espíritu Santo, Quien nos da el poder para vivir, para trabajar y para ser creativos para la gloria de Dios. Si queremos llegar a cumplir nuestras responsabilidades y nuestras tareas de dominio, tenemos que hacerlo a través del Espíritu de Cristo, a medida que seguimos la voluntad de Dios.

Yo creo que muchos hombres piensan: "Es el trabajo del predicador solamente, el hecho de permanecer en la presencia de Dios". Pero los hombres tienen que funcionar como sacerdotes en sus casas. Una de las cosas que me bendice acerca de Abraham es el hecho de que él iba a su esposa, y le decía: "El Señor dice esto y esto". Los hombres necesitan estar cerca de Dios para que puedan decirle a su familia lo que Dios les está diciendo a ellos. Muchos hombres le pueden decir a su familia los resultados de la bolsa de valores o cuál es el estado de la economía local. Pero ellos necesitan ser capaces de decirles:

"Esto es lo que dice Dios, y es muy importante". Las mujeres necesitan alguien que les pueda decir lo que Dios está diciendo. Muchas mujeres andan de una reunión de oración a la siguiente reunión de oración, y van de esta profetisa a la otra profetisa porque no hay un hombre en la casa que les pueda proveer con la visión de Dios.

En otras palabras, tú no deberías depender del predicador para guiar a tu familia. No vayas a la iglesia y luego digas: "Bueno, predicador, quiero que me diga lo que debo hacer". Tú tienes que encontrar directamente de parte de Dios lo que tienes que hacer con tu propia familia. La presencia de Dios es la clave.

4. DEBES ESTAR ABIERTO PARA LA COMUNICACIÓN DE DIOS

Dios puede comunicar la visión en una variedad de formas. Primeramente, Él habla a medida que nosotros oramos y leemos Su Palabra. Estos son los hábitos más importantes que debemos desarrollar. Dios también puede hablar a través del consejo de cristianos confiables, o también cuando hacemos un análisis de nuestros dones y de nuestros talentos. ¿Acaso existe alguna idea o vocación que viene a tu mente una y otra vez, especialmente después de que te has puesto a orar? Esa puede ser la visión de Dios para tu vida. Tú también debes permitir que Dios amplíe y engrandezca alguna visión que Él ya te haya dado. Recuerda que cuando hemos sido fieles en las cosas pequeñas, frecuentemente, Él nos promueve hacia cosas más grandes. Una visión también puede ser heredada, pero el hombre que la hereda necesita haberse apropiado de ella, y necesita ejercer un verdadero liderazgo para poder llevar a cabo esa visión.

"DONDE NO EXISTE VISIÓN ALGUNA"

Un hombre necesita una visión muy clara de estas tres cosas: (1) Quién es él en Dios, (2) cuál es su propósito en general como hombre, y (3) cuál es su propósito en lo individual como hombre. De esta manera, él puede saber hacia dónde se dirige en la vida, y él puede guiar a todos aquellos que estén bajo su cuidado y bajo su responsabilidad.

Las primeras cosas tienen que venir primero. Antes de que Dios le diera una ayudante al hombre, Él le dio una visión con relación a lo que él debería estar haciendo. Este es el mismo orden de prioridades que debemos seguir hoy en día.

Si un hombre no tiene visión alguna, o si su esposa es la única que tiene algún tipo de visión, el hombre y toda su familia van a pasar por tiempos muy difíciles. Esto se debe a que Dios diseñó al hombre para que lleve a otros con él en su visión. Nuestra sociedad se encuentra en problemas porque, dondequiera que va el hombre, él siempre lleva alguien consigo. Ahora mismo, la mayoría de los hombres no saben adónde van, y las mujeres y los niños que los van siguiendo no tienen dirección alguna.

Es muy peligroso que una mujer se case con un hombre que no conoce a Dios, porque ella nunca va a poder saber hacia dónde él la está llevando. Aun si él conoce a Dios, él necesita aprender a vivir en la presencia de Dios, porque algunos hombres que conocen a Dios, no hablan con Dios el tiempo necesario. Ningún hombre tiene el derecho de guiar a una mujer si él no tiene la habilidad para verdaderamente escuchar a Dios. *"Donde no hay visión, el pueblo perece"* (Proverbios 29:18).

Este es un asunto muy serio. Significa que un hombre-varón no puede pedirle a un hombre-mujer que lo siga y que lo ayude si él no está haciendo nada en realidad. ¿Adónde se supone que ella va a ir? ¿Con qué es con lo que ella lo va a ayudar? La mujer está buscando a alguien que sí esté haciendo algo en lo que ella pueda contribuir. Todo el potencial, toda la energía, toda la motivación y toda la creatividad que hay dentro de ella tienen que ser aplicadas en algo. Hay muchas mujeres que tienen aptitudes y habilidades, pero los hombres no están haciendo nada en lo que ellas puedan ayudar. Algunas mujeres esperan por semanas, por meses y aun, por años, con sus habilidades latentes, dispuestas a ayudar a los padres, a los maridos, a los amigos, a sus compañeros de trabajo—sin llegar a hacer nada. La falta de dirección resultante de todo esto puede hacer que las mujeres sean vulnerables a cometer errores. Una mujer necesita tener una dirección y estar involucrada en una actividad significante e importante para poder cumplir con su propósito.

Recuerda que el hombre no fue creado para realizar toda la visión por sí mismo. Dios creó a la mujer para ayudar al hombre a que llevara a cabo el propósito para el cual ambos fueron creados. Todo lo que tiene una mujer fue hecho para ayudar al hombre. Todas las habilidades de ella fueron diseñadas para esta visión. Por lo tanto, el propósito de la mujer no puede ser realizado aparte del propósito del hombre, y viceversa. Dios tiene planes especiales para las cualidades y para los talentos de cada mujer. Pero, debido a la forma como Él diseñó a la humanidad, la mujer necesita a un hombre que tenga una visión para que todos los propósitos de ella puedan ser realizados. Esto se aplica no solo en el matrimonio, sino también en la iglesia y en el trabajo. Los ministros, los jefes en el trabajo y todos aquellos que están en algún tipo de liderazgo, necesitan proveer una visión para todos aquellos a quienes estén dirigiendo y guiando. De otra manera, todas las cosas en que ellos y sus seguidores se están involucrando van a ser completamente faltas de significado y con un profundo sentido de insatisfacción.

Cuando un hombre no tiene visión, él hace que la mujer se sienta insegura. Una de las cosas más tristes que un marido puede hacer es sentarse con su esposa y decir: "¿Qué es lo que vamos a hacer?". Esto suena muy amable y muy democrático. Sin embargo, debido a que es la responsabilidad del hombre proveer la visión, el hecho de que él tenga una dirección y un objetivo en la vida le da a ella un muy necesitado sentido de seguridad.

Por lo tanto, la visión es más importante aún que el dinero. Un hombre puede tener una gran cantidad de dinero, pero sin tener una visión, sino solo el hecho de acumular dinero o de estar vagando en diversas especulaciones. Tal vez llegue a tener suerte en alguna cosa, pero esto no significa que él tiene una visión. Muchas personas ricas no tienen ningún propósito para esta vida.

El hombre necesita tener visión aun antes de la disciplina, porque la disciplina viene de la visión. La disciplina viene a medida que tú planeas hacia el futuro y haces sacrificios para poder realizar tu visión.

DIOS SIEMPRE DA LA PROVISIÓN PARA LA VISIÓN

¿Cómo puedes saber si tu visión va a llegar a realizarse? Descansa seguro pensando que Dios siempre provee para la visión que Él te ha dado. El Jardín del Edén era la provisión que le permitía a Adán llevar a cabo el propósito de dominio que Dios le había dado. Dios siempre va a apoyar y a sostener Su propia visión. Esa es Su responsabilidad. Pero el hombre tiene que buscar y tiene que recibir la visión para poder asegurar esta provisión.

EL HOMBRE COMO LÍDER

Después de que el hombre ha asegurado una visión, él está listo para el liderazgo. La mayoría de nosotros hemos formado nuestra propia imagen de lo que significa ser un líder, y la hemos formado basados en fuentes equivocadas de información, de tal manera que necesitamos volver a meditar en este concepto. Hemos volteado a ver a las estrellas de cine, a las figuras famosas del deporte, a los cantantes y a los políticos como nuestra fuente de información y como nuestros modelos a seguir. Pero la mayoría de los hombres famosos no saben lo que significa ser un verdadero hombre. Si tú no me crees, pregúntales dónde están sus hijos. Pregúntales dónde están sus esposas. Pregúntales cómo es su vida en el hogar. La mayoría de los más ricos, de los más famosos, de los más prestigiosos hombres del mundo no pueden mantener su hogar en orden. Nuestro problema consiste en que hemos volteado a ver los logros personales y el estado social como la medida de la masculinidad, en lugar de ver los estándares que Dios ha puesto. A Dios le preocupan los hombres que tienen una visión de Él, y quienes pueden sostener, apoyar y nutrir a su familia y a otros, a medida que ellos se mueven en esta visión en busca de Dios y de los propósitos de Dios.

CREADOS Y DISEÑADOS PARA DIRIGIR

Yo he encontrado que hay algunos hombres que quieren huir de la responsabilidad de liderazgo que tienen. La consideran como una carga muy pesada. Ellos permiten que sus esposas manejen y dirijan todas las cosas. Otros quieren ir egoístamente en busca de sus propios intereses personales, sin importarles las necesidades de los demás. Ciertos hombres piensan que ellos no merecen ser líderes. Ellos piensan que se necesita ser muy rico o tener una educación muy alta para poder ser un líder.

Una vez, cuando me encontraba hablando en Pittsburgh, pude platicar con una mujer joven que era la vicepresidenta de un banco, solo tenía veinticinco años de edad, y era soltera. Ella me dijo: "Yo solo le pido a Dios que me bendiga, dándome un hombre que sea como usted. Como usted sabe, yo tengo todo lo que yo necesito: tengo mi propio apartamento, gano más de $50,000 dólares al año, y hasta me puedo dar el lujo de comprarme un auto marca Porsche. Pero yo he decidido que no me voy a comprar un auto Porsche porque esto podría intimidar a los hombres. Estaría dando una impresión equivocada. Yo compré un automóvil más barato, para que los hombres no se vayan a espantar".

Yo le dije a ella: "Tú tienes una idea que está equivocada. Tú no deberías casarte con un hombre que se deje intimidar por el hecho de que tú estás manejando un auto marca Porsche, porque esto significaría que ese hombre es muy inseguro. Esto también significaría que ese hombre mide su posición de acuerdo a lo que él posee. Cuando la inseguridad se casa con inseguridad, vas a tener problemas por el resto de tu vida".

Si tú eres la presidenta de una compañía, no importa si tu secretaria maneja un automóvil Jaguar. Tú sigues siendo la presidenta. Como hombre, tú no puedes permitir que tu imagen de ti mismo dependa de lo que otra persona posee. Dios te hizo como la cabeza, y si tú llegas a conocer a una mujer que maneja un Porsche, y que es la vicepresidenta de un banco y que es dueña de su propia casa, todo esto no tiene nada de malo. ¿De qué tienes miedo? Tú necesitas entender que ese tipo de mujer es toda una bendición. Y si tú le das tu liderazgo, ella va a ser muy feliz compartiendo lo que posee. Ella solo quiere saber que tú eres capaz de manejar bien todo lo que ella tiene.

Déjenme poner algo muy claro: si tú eres un hombre, tú naciste para ser un líder. Dios hizo primero al hombre porque Él quería que el hombre fuera responsable. Un hombre no decide dirigir o no dirigir. Él tiene su posición debido a la virtud o al don de su propósito. El hombre es la cabeza del hogar no porque él tenga que dirigir. Él dirige porque él es la cabeza del hogar. Su posición es inherente. Ningún hombre se puede sentar a debatir el hecho de si va a dirigir o no va a dirigir su hogar, o si él va a tener que ir a trabajar para sostener a su familia. Esto no es punto que se tenga que poner a discusión.

El hombre fue diseñado para tener un liderazgo responsable. Él fue hecho para dirigir y para ser responsable de todo aquello que esté bajo su jurisdicción (Dios también puede usar mujeres para el liderazgo, pero esto es uno de los principales propósitos del hombre. Para mayor información acerca del tema de la mujer en el liderazgo, favor de referirse a mi libro titulado *Entendiendo el propósito y el poder de la mujer*).

Dios creó y diseñó al hombre para que sea un líder. ¿Recuerdas el principio? Tú eres tal y como eres debido a tu razón de ser. Por lo tanto, el hombre ya posee cualidades de liderazgo dentro de él. Sin embargo, él necesita redescubrir las características del liderazgo para que pueda dedicarse a desarrollar las cualidades que Dios le ha dado y se pueda convertir en un líder efectivo.

CARACTERÍSTICAS DE UN LÍDER

1. FUERTE Y VALIENTE

El hombre ha sido diseñado para tomar riesgos y para enfrentar retos. Frecuentemente, Dios les da a los hombres tareas que parecen ser muy grandes para ellos, y que lo son. Solo pueden ser realizadas con la ayuda de Dios. Pero las características del valor, de la fuerza y de la osadía hacen posible que los hombres puedan dar los pasos necesarios de fe para traer la intervención de Dios.

El Señor le dijo a Josué: *"Sé fuerte y valiente, porque tú darás a este pueblo posesión de la tierra que juré a sus padres que les daría"* (Josué 1:6). Es imposible ser el líder de la familia y de la sociedad si no eres suficientemente fuerte y valiente. ¡Y Josué tenía una familia formada por tres millones de personas! Dios le dio a este hombre una tarea diseñada para todo un hombre.

2. OBEDIENTE A LOS MANDAMIENTOS DE DIOS

Dios le añadió algo al mandamiento que le dio a Josué. Él dijo: "Ten mucho cuidado de obedecer todos los mandamientos" (ver versículo 7). Un hombre fuerte tiene que estar sometido a la autoridad de Dios. Ningún hombre puede ser fuerte si no le está rindiendo cuentas a alguien. Un verdadero hombre no ignora la autoridad. Él se mantiene en el jardín de la presencia de Dios, orando y leyendo la Palabra de Dios, para que pueda entender y obedecer Sus mandamientos.

Algunos hombres toman su valor y su fuerza y los usan descuidadamente. Cuando un hombre se aleja de Dios, y toma su vida en sus propias manos, y no combina el valor con el sentido común, él puede causarse a sí mismo y a su familia muchos problemas. El verdadero valor y fuerza vienen solamente a través de la confianza en la fidelidad de Dios y en creer a Su Palabra.

3. UN PENSADOR LÓGICO

Para ser un líder, tú tienes que ser un pensador lógico y mantener la mente muy clara. Tú tienes que poder identificar cómo es cada uno de los problemas específicos, analizarlos, calcular lo que se necesita hacer para resolverlos, tomar una decisión (a veces muy rápidamente) y actuar basado en ello. Tú no puedes ser afectado por el medio ambiente que te rodea hasta el punto de que te inmovilices y dejes que tus sentimientos te gobiernen. Tú no puedes ser gobernado por tus emociones.

Ahora bien, aunque un hombre tiene emociones, no es guiado por ellas de la misma manera en que una mujer frecuentemente se deja llevar por ellas. La mujer fue hecha por Dios para integrar sus emociones a todo aquello que ella ve y piensa. Esto no es algo negativo, sino que es un don que Dios puso dentro de la mujer, el cual la capacita para simpatizar con otros y para poder compartir la compasión de Dios y la misericordia de Dios en muchas situaciones.

Un líder muy frecuentemente no puede ser gobernado por sus emociones o por sus sentimientos, especialmente cuando tiene que tomar decisiones muy difíciles. Por esta razón es que Dios diseñó a los hombres diferentes a las mujeres. El hombre no es emocional, aunque sí tiene emociones. Él siente bastante, pero debido a su propósito, sus sentimientos en general no son su principal consideración. Él es guiado por su pensamiento. Debido a esto, las mujeres pueden tener la impresión de que los hombres son fríos. Ellos no son fríos; ellos solo no están influenciados tanto por sus emociones.

Piensen acerca de Moisés y de los israelitas cuando se encontraban parados a las orillas del Mar Rojo, teniendo a Faraón y a su ejército casi encima de sus espaldas para destruirlos. Yo puedo imaginar a la hermana de Moisés que se llamaba María, teniendo una reacción emocional, y diciendo: "¡Ahhh, Dios! ¡Haz algo!" Pero Moisés tiene su cabeza completamente fría. La Biblia dice que Moisés se levantó, y dijo: *"El Señor peleará por vosotros mientras vosotros os quedáis callados"* (Éxodo 14:14). Él básicamente estaba diciendo: "Tengan paz; les prometo que todo va a salir bien", mientras que al mismo tiempo Faraón se aproximaba con miles de sus soldados.

Los israelitas no tenían manera de escapar: el mar estaba frente a ellos; los egipcios estaban detrás de ellos. Pero en medio de esta situación, podemos ver a este hombre frío, sereno y calmado. Su calma hizo que todos los israelitas se calmaran también. Ellos sabían que Moisés nunca había mentido antes. Cuando él decía algo, eso sucedía.

Yo puedo ver a Moisés, después de que terminó de hablar, parado detrás de un arbusto, clamando a Dios: "¿Acaso pudiste escuchar lo que yo les dije? Oh Dios, ayúdanos por favor". Dios le dijo a Moisés: *"¿Por qué clamas a mí? Di a los hijos de Israel que se pongan en marcha"* (v. 15). Yo creo que lo que la Palabra de Dios nos está tratando de enseñar es que un líder es alguien que nunca transmite su miedo a aquellos que están bajo su responsabilidad. Yo no dije que nunca tuviera miedo, pero que él no permite que su miedo infecte a otros.

4. EL CORAZÓN DE UN SIERVO

Un verdadero hombre, un verdadero líder, es un siervo. No va a ser un dictador. Él cuida a los demás antes de pensar en sí mismo. Jesús dijo lo siguiente:

Sabéis que los gobernantes de los gentiles se enseñorean de ellos, y que los grandes ejercen autoridad sobre ellos. No ha de ser así entre vosotros, sino que el que quiera entre vosotros llegar a ser grande, será vuestro servidor, y el que quiera entre vosotros ser el primero, será vuestro siervo; así como el Hijo del Hombre no vino para ser servido, sino para servir y para dar su vida en rescate por muchos. (Mateo 20:25-28)

El apóstol Pablo hizo eco a este tema cuando él escribió: *"No buscando cada uno sus propios intereses, sino más bien los intereses de los demás"* (Filipenses 2:4), y *"Maridos, amad a vuestras mujeres, así como Cristo amó a la iglesia y se dio a sí mismo por ella"* (Efesios 5:25). ¿Cómo es que Cristo amó a Su iglesia? Primeramente entregándose por ella. Esto significa que un hombre debe ceder a sus deseos personales, privados, ambiciosos y egoístas para poder servir a su esposa y a su familia. Él necesita imitar la naturaleza de Cristo.

5. UN ESPÍRITU DISPUESTO A APRENDER

Un verdadero líder tiene humildad, de tal manera que está dispuesto a aprender de otros y a ser corregido cuando esto se necesita. Algunos de los más grandes momentos en mi vida son ocasiones cuando mi esposa me corrige, me da ideas o me da su punto de vista acerca de algo que yo no había podido hacer correctamente. Mi esposa tiene tremendos recursos dentro de ella. Se requiere ser un verdadero hombre para poder someterse para recibir ayuda. Solo los tontos evitan esto. Dios no está buscando personas controladoras. Dios está buscando un líder que dé fruto de sí mismo por medio de ser podado cada vez que sea necesario, a fin de dar una cosecha más grande y más saludable.

Los hombres necesitan recordar que las mujeres están aquí para ayudar-los. Yo creo que una de las razones por qué Dios tomó a la mujer del costado de Adán y de su costilla, es para enfatizar su naturaleza. La palabra *costilla* signi-fica "apoyo" o "soporte". Eso es exactamente lo que hace una costilla. Sostiene toda la parte superior del cuerpo humano junto con las vértebras. Por lo tanto, una mujer debe ser un sistema de apoyo. Si ella funciona en su propósito, ella va a ayudar al hombre a funcionar en el suyo.

LO QUE UNA MUJER PUEDE HACER

Yo quiero decir una palabra muy especial en este momento a todas las mujeres que están leyendo este libro. Dios dijo que no era bueno que el hombre estuviera solo, así que creó a la mujer. Tú eres buena para el hombre. Una de las maneras en que tú puedes ser buena para él es mostrándole respeto como el líder del hogar que él es.

Algunas veces el marido podrá decir: "Yo pienso que deberíamos hacer esto", y de inmediato, su esposa le muestra que ella no confía en él. Ella contesta: "¿Hacer qué? ¡Tú nunca has hecho nada hasta ahora!" Ella acaba de lastimar el ego del hombre. Lo que ella puede decir si no está segura acerca de la idea de él es: "Bueno, vamos a intentarlo de esa manera entonces". Cuando ella dice, "intentar", él escucha "confiar". "Vamos a intentarlo" significa que ella va a confiar en él en este proyecto. Entonces, si él se equivoca, ella puede decir: "Nos equivocamos". Una mujer puede proteger el rostro de su marido, si ella se da cuenta que también ella comete errores.

Alimenta la necesidad que tu marido tiene de ser respetado en su liderazgo. No importa lo que él haga, solo mantente alimentando esto. Cuando tú lleves esto al punto donde llega a ser algo fuerte y efectivo, se va a convertir en una gran bendición para ustedes dos. Él va a aprender a dirigir porque él sabe que tú lo vas a apoyar.

UN FUNDAMENTO FUERTE

El hecho de aprender a ser tanto un visionario como un líder es crucial para el hombre, porque lo capacita para tener un fundamente muy fuerte y poder cumplir sus otras tareas de dominio. En el siguiente capítulo vamos a ver dos responsabilidades más que son: maestro y cultivador.

PRINCIPIOS

1. Ser un visionario es una responsabilidad fundamental para el hombre porque, sin ello, él no puede cumplir sus otras tareas como líder, como maestro, como cultivador, como proveedor y como protector.

2. Tener visión significa ser capaz de concebir y de moverse hacia el propósito de uno en la vida.

3. El hombre fue creado para ser un visionario. A él se le dio la primera visión del plan de Dios para la humanidad.

4. El hombre ha sido diseñado para ser un visionario. Él es capaz de ver a la perspectiva grande en la vida, y es capaz de planear para el futuro desde un punto de vista lógico y práctico.

5. Los requisitos para descubrir la visión son: (1) seguir el ejemplo de Cristo Jesús, (2) reconocer el liderazgo de Cristo Jesús, (3) escuchar la dirección de Dios y (4) abrirse a la comunicación de Dios.

6. Un hombre necesita tener una clara visión de (1) quién es él en Dios, (2) cuál es su propósito general como hombre, (3) cuál es su propósito como hombre en lo individual.

7. Dios diseñó al hombre para que lleve a otros consigo en su visión.

8. Si un hombre no tiene visión alguna, esto va a afectar negativamente a todos aquellos que lo siguen, especialmente a su familia.

9. Antes de que Dios le diera al hombre una ayudante, Dios le dio a él una visión.

10. Un hombre no puede pedirle a una mujer que lo siga y que lo ayude si él no tiene visión alguna.

11. Dios siempre provee lo necesario para la visión que Él da.

12. Dios creó y diseñó al hombre para que sea un líder responsable.

13. Las características de un líder son: (1) ser fuerte y valiente, (2) ser obediente a los mandamientos de Dios, (3) ser un pensador lógico, (4) tener el corazón de un siervo y (5) tener un espíritu dispuesto a aprender.

14. Una de las maneras en que una mujer puede ser buena para un hombre es por medio de respetarlo como el líder en el hogar.

PREGUNTAS DE ESTUDIO

PREGUNTAS PARA REFLEXIÓN

1. ¿Qué significa ser un visionario?

2. ¿Cuáles son las cualidades de un verdadero líder?

EXPLORAR LOS PRINCIPIOS Y PROPÓSITOS DE DIOS

EL HOMBRE COMO VISIONARIO

3. ¿Por qué ser visionario es una responsabilidad fundamental del hombre?

4. ¿Cuál es la responsabilidad del hombre en el cumplimiento de su visión?

5. Si un hombre no tiene un _____ fuerte con Dios, no puede funcionar completamente en su propósito.

6. Hay cuatro prerrequisitos previos para descubrir la visión. ¿Cuál es el primero?

7. La visión verdadera se puede encontrar solo en _____ _____.

8. ¿Cuál es el segundo prerrequisito para descubrir la visión?

9. El tercer prerrequisito para descubrir la visión es _____ _____ _____ _____.

10. ¿En cuál ambiente debe estar un hombre para poder oír la voz de Dios y para que Dios le dé dirección?

11. ¿Cuál es el cuarto prerrequisito para descubrir la visión?

12. Antes de que Dios le diera al hombre un _____, Él le dio un _____ por lo que debería estar haciendo.

13. Dios diseñó al hombre para _____ otros con él en su visión.

14. ¿Qué le sucede a la familia de un hombre y a la sociedad cuando él no tiene visión?

15. Si un hombre no tiene visión y realmente no está haciendo nada, no puede pedirle a una mujer que _____ y _____ él.

16. La visión es más importante que _____ o _____.

EL HOMBRE COMO LÍDER

17. Un hombre no decide liderar o no liderar. Él tiene su posición en virtud de su _____.

18. Dios creó y diseñó al hombre para el liderazgo _____.

19. El hombre ya tiene dentro de él cualidades de liderazgo otorgadas por Dios. Sin embargo, necesita redescubrir las características del liderazgo para que pueda trabajar en el desarrollo de estas cualidades y convertirse en un líder eficaz. ¿Cuál es la primera característica de un líder?

20. La segunda característica de un líder es que él es _____ _____ _____ _____.

21. ¿Cómo puede un hombre llegar a entender y obedecer los mandamientos de Dios?

22. ¿De dónde vienen el verdadero valor y la fuerza?

23. ¿Cuál es la tercera característica de un líder?

24. La cuarta característica de un líder es un _____ _____.

25. ¿Cuál es la quinta característica de un líder?

26. ¿Cómo diseñó Dios la naturaleza de la mujer para que fuera un valioso sistema de apoyo para el hombre?

CONCLUSIÓN

El hombre ha sido llamado por Dios para ser tanto un visionario como un líder para su familia y la sociedad. Aprender a vivir en estos roles es crucial para el hombre porque le permite tener un fundamento fuerte para cumplir sus otras asignaciones de dominio.

APLICA A TU VIDA LOS PRINCIPIOS DE DIOS

PENSÁNDOLO BIEN

+ Si eres un hombre, ¿estás ejerciendo liderazgo en tu familia y dando instrucciones a tu esposa e hijos, o les está dejando que anden desconcertados por la vida debido a tu propia falta de dirección?

+ Si eres un hombre, ¿qué tan dispuesto estás a recibir ideas, visión y corrección de las mujeres, especialmente de tu esposa?

+ Si eres una esposa, ¿te está mostrando respeto a su esposo como líder en el hogar?

ORAR SOBRE ESO

+ ¿Cómo es tu práctica diaria de comunión con Dios? Tómate tiempo para la adoración y la comunión con Dios hoy, e incorpora esta importante práctica en tu vida. Recuerda que la verdadera fuerza en la vida solo viene a través de la creencia en Su Palabra y la confianza en la fidelidad de Dios para cumplir Sus propósitos.

+ Para recibir la visión de Dios, también es importante reconocer la autoridad de Cristo en tu vida y comprometerte a seguirlo diariamente para que puedas recibir Su dirección. ¿Por qué no detenerte ahora y reconocer a Cristo que Él es el Líder indiscutible y la Cabeza de tu vida? Comprométete a seguirlo no solo hoy, sino por el resto de tu vida.

ACTUAR EN LA VERDAD DE DIOS

+ Dios nos comunica su visión mientras oramos y leemos Su Palabra; a través del consejo de cristianos de confianza; a medida que llevamos a cabo una evaluación de nuestros dones y talentos; a través de una idea o vocación que viene a la mente, especialmente después de la oración; a través de ampliar o expandir una visión actual; y a través de una visión heredada, siempre que la hagamos nuestra. Si buscas la visión de Dios para tu vida, piensa y ora sobre todas estas áreas y trabaja a través de ellas hasta que llegues a una comprensión clara de lo que Dios quiere para ti. Escribe lo que Dios te está enseñando acerca de su visión.

+ Si eres hombre, debes funcionar como el sacerdote en tu hogar. Esto significa que necesitas estar cerca de Dios. Orar y leer la Palabra son dos de los hábitos más importantes que puedes desarrollar para poder decirle a tu familia lo que Dios dice que es importante en la vida. Establece un horario regular para leer y estudiar la Biblia, y luego sigue en él. En la vida cotidiana, transmite a tu familia lo que aprendas. Ten en cuenta que tus acciones cristianas hablarán a tu familia más alto que tus palabras.

7

EL HOMBRE COMO MAESTRO Y COMO CULTIVADOR

CUANDO UN HOMBRE LE ENSEÑA A SU FAMILIA LA PALABRA DE DIOS Y LOS CAMINOS DE DIOS, ÉL ATRAE SOBRE SÍ LA CONFIANZA DE DIOS Y LA COMUNIÓN CON DIOS.

Las tareas de maestro y cultivador para el dominio son una parte integral del propósito y del diseño de Dios para el hombre. La importancia de que los hombres se involucren en enseñar la Palabra de Dios a los miembros de su familia y a otros que están en su esfera de influencia y que necesitan ser motivados en sus necesidades de crecimiento personal, necesita ser vuelta a capturar hoy en día.

EL HOMBRE COMO MAESTRO

Hemos visto que Dios le dio a Adán instrucciones específicas con relación a la manera en que la raza humana debería vivir y trabajar en el Jardín del Edén, y también, que Dios hizo a Adán responsable de comunicarle a Eva todo aquello que él había sido enseñado. De esta manera, Dios estableció los precedentes para que el hombre sea el principal maestro de la familia.

Algunos hombres creen que, debido a que tienen la responsabilidad de enseñar, ellos son más inteligentes que las mujeres. ¡Si esto fuera cosa de inteligencia, muchas mujeres nos hubieran hecho a un lado, hombres! El hecho de ser un maestro no significa que tú eres más inteligente; lo único que significa es que tu propósito es comunicarle a tu familia la Palabra de Dios y la voluntad de Dios.

CREADOS PARA ENSEÑAR

El hombre fue *creado* para ser el líder espiritual y el maestro de su familia. La Biblia dice que si una esposa tiene una pregunta acerca de algún asunto espiritual en la iglesia, ella debe ir y preguntarle a su esposo acerca de esto cuando lleguen a casa (ver 1a. Corintios 14:35). ¿Por qué? Porque él está supuesto a conocer la Palabra de Dios. Pero muchas mujeres saben más de la

Palabra de Dios que los hombres. ¿Cómo puede un hombre ser maestro si él no conoce las lecciones?

Efesios 6:4 dice: *"Y vosotros, padres, no provoquéis a ira a vuestros hijos, sino criadlos en la disciplina e instrucción del Señor"*. Muy frecuentemente, los padres dejan esta responsabilidad tan solo en manos de las mamás. Esto se hace especialmente difícil para las mujeres cuando los hijos llegan a la edad en donde ellos ya no quieren someterse a la autoridad. Los hombres necesitan poner un ejemplo espiritual muy fuerte para sus hijos, especialmente en esa edad tan difícil de sus vidas.

DISEÑADOS PARA ENSEÑAR

Tal y como era el caso con las responsabilidades del hombre de ser visionario y líder, también ha sido diseñado con la capacidad para cumplir con su propósito de enseñar.

La enseñanza se encuentra innata en la naturaleza del hombre. Un maestro es alguien que siempre te va a estar diciendo cómo hacer las cosas. Algunas veces esto les parece a las mujeres como si los hombres les estuvieran diciendo todo el tiempo lo que tienen que hacer. Supongamos que un esposo llega a casa después de trabajar, y nota que la cocina está en un desorden total. Él le dice a su mujer que existe una manera más eficiente de organizar la cocina, y se sorprende cuando ella le dice: "¿Quién te crees que eres? Yo he estado de esclava en la casa, limpiando todo y cuidando de los niños todo el día, ¿y ahora tú quieres decirme cómo es que tengo que organizar mi cocina?". Pero esta es su naturaleza. Estoy hablando de la tendencia que tienen los hombres para enseñar, pero en este momento no estoy hablando de la manera como ellos deberían comunicar su información.

¿Por qué es que un hombre siempre quiere corregir todas las cosas? Un maestro siempre desea participar. Él quiere sentir como que es responsable del progreso o avance de "su clase". Por lo tanto, él da instrucciones, consejos y advertencias. Ahora bien, su consejo tal vez no sea nada bueno, pero aun así, él quiere darlo. Lo que su esposa puede hacer en esta circunstancia en particular es asentir con su cabeza y decir con sinceridad: "Gracias por tu sugerencia" y entonces, ir y hacer las cosas en la forma como a ella le parece mejor. Muy a menudo, él solo necesita sentir que es escuchado y que sus sugerencias son apreciadas.

EL HOMBRE COMO MAESTRO Y COMO CULTIVADOR 157

Una de las mejores cosas que una mujer puede decirle a un hombre es "Dime más de esto". Anímenlo. Cuando tú rechazas su don de enseñanza, tú estás frustrando su misma naturaleza. Lo que él necesita es crecer en la cualidad que es su enseñanza. Esto es parte de lo que una esposa puede hacer para mostrar respeto a su marido.

LA ENSEÑANZA ATRAE LA CONFIANZA DE DIOS

Abraham fue el primer hombre a quien Dios llamó Su amigo (ver Isaías 41:8). ¿Por qué le agradó Abraham a Dios? Encontramos la respuesta en Génesis 18. En los versículos 20–21, Dios indicó que Él iba a destruir Sodoma y Gomorra debido a la maldad de ellos. Justo antes de esto, Dios dice: *"¿Ocultaré a Abraham lo que voy a hacer?"* (v. 17). Dios continuó, diciendo:

Puesto que ciertamente Abraham llegará a ser una nación grande y poderosa, y en él serán benditas todas las naciones de la tierra? Porque yo lo he escogido para que mande a sus hijos y a su casa después de él que guarden el camino del Señor, haciendo justicia y juicio, para que el Señor cumpla en Abraham todo lo que Él ha dicho acerca de él. (v. 18–19)

A Dios le agradó Abraham por la misma razón por la que Él lo escogió: Dios conocía el carácter de Abraham. ¿Qué era lo que conocía de él? :*"Porque yo lo he escogido para que mande a sus hijos y a su casa después de él que guarden el camino del Señor, haciendo justicia y juicio, para que el Señor cumpla en Abraham todo lo que Él ha dicho acerca de él"* (v. 18–19).

Dios estaba diciendo: "Me agrada Abraham porque Yo puedo confiar en él. Yo sé que puedo confiar en él porque su hogar está en orden. Yo no voy a tener secretos para él". Dios no dice que le agradó Abraham porque hablaba en lenguas o porque hacía milagros o porque oraba mucho. Dios no dice que le agradaba Abraham porque él era un famoso predicador, o un famoso maestro, o un famoso evangelista. Dios dijo: "Me agrada Abraham porque él le va a enseñar la Palabra de Dios a su esposa, a su familia y a toda su casa".

CONOCER LA PALABRA

Si un hombre no tiene el conocimiento y la capacidad para enseñar a una mujer la Palabra de Dios, entonces él no está verdaderamente preparado para el matrimonio. El hecho de haber pasado el período de la pubertad no hace que estés listo para el matrimonio. El hecho de tener un trabajo o un título universitario no hace que estés listo para el matrimonio tampoco. Estoy hablando acerca de los requisitos de Dios. En cuanto a Dios respecta, tú solo estás listo para el matrimonio cuando eres capaz de enseñar Su Palabra a tu familia. Si ya estás casado, pero no conoces la Palabra de Dios, deberías considerar como tu prioridad principal el hecho de estudiar la Biblia y de obtener conocimiento de la Palabra de Dios. Tú deberías ir a una iglesia donde puedas estudiar las Escrituras, para que puedas saber lo que Dios te ha ordenado hacer como hombre. Tú no puedes enseñar aquello que no conoces.

¿Cómo puedes enseñarle a tu familia la Palabra de Dios si lo único que haces es ver programas de televisión, o el programa de *Sobreviviente* o los juegos de pelota? ¿Cómo puedes enseñarle a tu familia la Palabra de Dios si lo único que lees es *Superman* y *Los Cuatro Fantásticos* o la revista *Times* y la revista *Newsweek*? ¿Cómo puedes enseñarle a tu familia la Palabra de Dios si no te has tomado ningún tiempo para aprenderla?

Hay hombres que saben más acerca de deportes que de la Biblia. Ellos pueden nombrar cada equipo de béisbol, quiénes juegan en ellos y decirte quién está lanzando la serie completa, pero ellos no saben nada de la Palabra de Dios. Ellos pueden enseñar a sus hijos cómo jugar fútbol, pero ellos no saben cómo enseñarles a vivir de una manera santificada.

Alguien podría decir: "La Biblia es una cosa, pero lo que yo le estoy enseñando a mi muchacho es cómo ser un *verdadero* hombre". ¿Qué es lo que le estás enseñando? Un joven me dijo cómo su padre le dijo un día: "Ven, te voy a enseñar cómo ser un verdadero hombre". Su padre lo llevó al club y cantina donde solía ir, lo sentó en uno de los bancos, y le dijo a la camarera: "Da a este hombre una bebida bien cargada. Es tiempo de que él se convierta en todo un hombre. Ya tiene dieciséis años". Él le dijo a su hijo: "Si tú puedes aguantar un buen trago de licor, tú eres un verdadero hombre". Y mientras estaban sentados ahí, él apuntó a una muchacha que estaba cerca en una mesa de billar. Él dijo: "¿Ves esa muchacha? Un verdadero hombre sí sabe cómo manejar una muchacha como esa". Esta era la manera como un hijo estaba siendo enseñado por su padre cómo ser un hombre.

Algunos hombres piensan que les están enseñando a sus hijos cómo ser hombres por medio de llevarlos a ver juegos de pelota, donde ven a muchos hombres que luchan por un pedazo de pelota. Ellos dicen: "Eso es ser un hombre. Un hombre tira a otras personas al suelo, y los golpea hasta dejarlos medio muertos en un campo de pelota". No instruyas a tu hijo lo que significa ser un verdadero hombre por medio de enseñarle a beber licor o a jugar pelota. Se necesita ser un verdadero hombre para enseñarle a un muchacho la Palabra de Dios, para instruirlo en los valores y en los principios de la vida, los cuales van a seguir siendo válidos aun después de que se acabó el juego de pelota.

Abraham fue un hombre que tomó en serio su responsabilidad como la cabeza de su hogar. Y el Señor dijo: "Yo conozco a Abraham". Me pregunto: ¿Acaso Dios te conoce a ti? ¿Acaso Él puede decir de ti, "Yo sé que tú vas a enseñarle a tu familia la Palabra de Dios?".

Si tú quieres que Dios te considere como Su amigo, entonces tienes que convertirte en un maestro en tu propio hogar. Tú tienes que estar lleno de la Palabra de Dios para poder compartirla con tu familia. Hay muchos, muchos hombres que aún no entienden y no aprecian el valor que tiene la Palabra de Dios para ayudarlos a cumplir sus propósitos.

Muchos hombres tan solo llevan a su esposa a la iglesia y solo mandan a sus hijos a la Escuela Dominical, porque ellos no quieren ser responsables del entrenamiento espiritual de ellos. Abraham sabía la Palabra de Dios, y la enseñaba. Y Dios dijo: "Yo no voy a esconder nada de Abraham". ¿No te gustaría ser el tipo de hombre a quien Dios le dice: "Te voy a decir todos Mis secretos?".

Un hombre que instruye su casa en las Escrituras siempre atrae a Dios. No importa qué tanto tú ores o vayas a la iglesia y cantes himnos, si no enseñas a tu casa los caminos de Dios, si no le das la importancia que merece a la Palabra de Dios en tu hogar por medio de convertirla en tu guía para vivir, entonces Dios te ve como un hombre muy débil.

¿Acaso no sabías tú que hay predicadores que pueden predicarte tremendamente, pero que ni siquiera pueden sentarse civilizadamente a comer con su esposa? A Dios no le interesa tanto su predicación como la conducta que llevan en sus hogares. Hay personas que pueden predicar grandes discursos teológicos y que te pueden impresionar con todo el conocimiento de su cabeza. Pero Dios dice en 1a. Timoteo 3, de hecho: "Miren, si un hombre quiere ser líder en la iglesia, primero él tiene que tener su casa en orden" (ver 1a. Timoteo 3: 12).

Dios no mide tu habilidad de ser líder por medio de tus aptitudes académicas o religiosas. Él te mide por medio de tus calificaciones domésticas. Si tú cuidas de tus hijos, entonces Dios dice: "Muy bien, ahora tú puedes ser líder de mi iglesia". Si tú puedes administrar tu hogar, entonces tú puedes administrar la casa de Dios.

CÓMO ENSEÑAR A TU FAMILIA LA PALABRA DE DIOS

En Deuteronomio 4, Moisés les da las instrucciones de Dios a los líderes de los hogares concernientes a la manera como ellos debían enseñar a sus familias la Palabra de Dios. Primero, él dijo:

Por tanto, cuídate y guarda tu alma con diligencia, para que no te olvides de las cosas que tus ojos han visto, y no se aparten de tu corazón todos los días de tu vida; sino que las hagas saber a tus hijos y a tus nietos.   (v. 9)

Dios les está diciendo a los hombres: "No apartes tus ojos de Mis caminos. Asegúrense de entenderlos y de obedecerlos primero. Entonces, *"que las hagas saber a tus hijos y a tus nietos"*. ¿Por qué? Porque ustedes están supuestos a ser los maestros.

No solo le digas a tus hijos, "Hagan esto", o "No hagan aquello". Muéstrales cómo hacerlo. Observa tu vida y asegúrate de guardar la Palabra de Dios en tu vida. Algunos hombres dicen una cosa, pero hacen otra. Por ejemplo, ellos tal vez les dicen a sus hijos que sean honestos, pero llaman a su trabajo cuando no van a trabajar, diciendo que están enfermos, siendo que no lo están. Algunos padres les dicen a sus hijos: "El tabaco y los cigarros son muy malos para ti", mientras al mismo tiempo, están fumando cigarrillos. ¿Sabes tú lo qué los niños ven cada vez que ven a un adulto fumando? Ellos ven un mundo de adultos, y entonces dicen, "Para ser un adulto, tú tienes que fumar". Los adultos refuerzan esta idea por medio de sus acciones.

Dios nos dice que no hagamos esto a nuestros niños. La persona parece no entender que tú no puedes enseñar algo si no estás siendo un ejemplo en ti mismo. Un buen maestro es alguien que enseña con el ejemplo.

"Que las hagas saber a tus hijos y a tus nietos." Yo quiero decirles algo aquí a los abuelos. Cuando tu hijo o tu hija te mandan a ese pequeño niño o niña para que lo cuides, ¿con qué lo mandas de regreso a casa? Algunos niños aprenden cosas desagradables de sus abuelos.

Algunos padres encuentran que sus niños regresan a casa maldiciendo o contando chistes de adultos, y se preguntan de dónde los aprendieron. ¡Ellos los aprendieron del abuelo y de la abuela! Tus nietos deberían aprender de ti la Palabra de Dios. Cuando tus hijos te manden a tus nietos a visitarte, esos niños deberían regresar a casa sabiendo más de la Palabra de Dios.

Dios está muy interesado en que los padres les enseñen a sus hijos. Él no dice aquí que tú mandes a tus hijos a la iglesia, a la Escuela Dominical o al Campamento Bíblico de Verano. Dice que tú mismo debes enseñarles. Todas estas otras cosas son buenas, pero si no son reforzadas en el hogar, los niños pueden tener la impresión que sus padres piensan que la Biblia no es importante. Los padres no se dan cuenta del impacto tan negativo que este tipo de actitud puede tener en sus familias.

Después de darle los mandamientos de Dios a todo el pueblo, Moisés dijo:

Y estas palabras que yo te mando hoy, estarán sobre tu corazón; y diligentemente las enseñarás a tus hijos, y hablarás de ellas cuando te sientes en tu casa y cuando andes por el camino, cuando te acuestes y cuando te levantes. Y las atarás como una señal a tu mano, y serán por insignias entre tus ojos. Y las escribirás en los postes de tu casa y en tus puertas.

(Deuteronomio 6:6-9)

Primeramente, Dios dice: "*diligentemente enseñarás* (Mis Palabras y Mis Mandamientos) *a tus hijos*". Entonces, Él dice cómo hacerlo.

1. "Y HABLARÁS DE ELLAS CUANDO TE SIENTES EN TU CASA."

¿Qué es lo que tus hijos oyen en tu casa? ¿Qué es lo que ellos oyen cuando te sientas a comer? ¿Acaso oyen acerca de algún escándalo de los periódicos? ¿De la última película? ¿Qué es lo que acostumbras discutir? ¿Acaso acostumbras hablar acerca de la bondad de Dios? Cuando te sientas en la casa en tu tiempo de descanso, ¿qué es lo que haces? ¿Acaso pasas tiempo enseñando a tus hijos la Palabra de Dios? ¿Acostumbras tener tiempo de comunión familiar con Dios y también tener devocionales?

2. "Y HABLARÁS DE ELLAS...CUANDO ANDES POR EL CAMINO."

¿De qué hablas cada vez que llevas a tus hijos a la escuela o cuando sales a pasear o cuando van de viaje? ¿Acaso les gritas a los otros conductores, o te pones a escuchar cosas que no te edifican en la radio? ¿Qué clase de ejemplo les estás dando a tus hijos cada vez que estás en público? ¿Hablas de otros a sus espaldas? ¿O acaso vives la Palabra de Dios en una forma natural todos los días?

Algunos hombres nunca hablan de Dios fuera de la iglesia. Me lastima tanto cuando veo a los hombres que se avergüenzan del evangelio de Cristo Jesús. Ellos piensan que tienen que verse muy a la moda, y para estar a la moda, ellos no pueden hablar de Cristo Jesús. Dios dice: "Un verdadero hombre que Yo respeto es aquel que no solo tiene devociones en su hogar, sino que sale a todo el mundo y habla acerca de Mí por todas partes por donde él anda: en su trabajo, en la tienda, y aun, cuando se divierte".

Cuando vas a tu trabajo, no escondas tu cristianismo detrás del periódico. Tú debes hablarles a las personas acerca de Cristo Jesús justo ahí donde trabajas. Justo ahí en la calle. No te avergüences de decirles acerca de Aquel que murió por ti.

3. "Y HABLARÁS DE ELLAS...CUANDO TE ACUESTES."

Antes de que tú les digas "buenas noches" a tus hijos o que los acuestes para que se duerman, ¿cuáles son las palabras con las que te despides de ellos? ¿La seguridad de la presencia de Dios durante la noche? ¿Algún Salmo motivador? ¿O solo te despides de ellos mientras que estás haciendo algo de trabajo acabando alguna otra cosa?

¿En qué estás pensando justo antes de que te vayas a dormir? ¿Acaso no sabías que la última cosa en que piensas en la noche va a ser la primera cosa en la que tú vas a pensar cuando despiertes? Algunas veces sueñas con ello. Me asombra que las personas, de forma deliberada, se ponen a pensar en las peores cosas. Algunos de ustedes leen los peores libros justo antes de irse a dormir. Y entonces te preguntas por qué es que tu espíritu está tan perturbado.

4. "Y HABLARÁS DE ELLAS...CUANDO TE LEVANTES."

Cuando te levantas en la mañana, vas a meditar en la Palabra de Dios si es que meditaste en ella antes de irte a dormir. Y vas a comenzar a ministrar a medida que platicas con tu familia. ¿Cómo es que normalmente saludas a tus hijos por las mañanas? ¿Con un recordatorio amable del amor de Dios, dándoles fuerza para el resto del día? ¿Con qué tipo de armadura es que mandas a tus hijos a la escuela cada día? Este es un mundo muy difícil para que los niños crezcan hoy en día, y ellos necesitan la Palabra de Dios para fortalecerlos.

5. "Y LAS ATARÁS COMO UNA SEÑAL A TU MANO, Y SERÁN POR INSIGNIAS ENTRE TUS OJOS. Y LAS ESCRIBIRÁS EN LOS POSTES DE TU CASA Y EN TUS PUERTAS."

El punto que Dios está tratando de demostrar en el pasaje anterior es el hecho de que cualquier cosa que tus manos hallen para hacer, debes asegurarte que está de acuerdo con la Palabra de Dios. Cualquier cosa que esté en tus pensamientos, debes estar seguro de que está de acuerdo con la Palabra de Dios. *"Los postes de tu casa"*; me gusta esto. Los postes de las casas en los tiempos de Moisés eran dos postes grandes que sostenían el marco de la casa. Cualquiera que pasaba por esos postes había entrado a tu hogar. Esto significa que toda tu casa debería estar sostenida por la Palabra de Dios y que tú debes checar quién entra en tu casa para asegurarte de que pasan a través de la Palabra de Dios.

Dios les está diciendo a los padres y a los jóvenes que aspiran a ser padres: "Toma la Palabra de Dios y colócala dentro de ti. Llena toda tu vida con la Palabra de Dios". Si alguna persona quiere tener acceso a tu vida o a tu hogar, esa persona tiene que pasar a través de la Palabra de Dios. Si cualquier mujer quiere casarse contigo, debes decirle directamente: "Si tú no conoces a Dios y si no conoces la Palabra de Dios, a mí no me importa qué tan linda te veas o qué tanto me puedas dar; olvídalo".

Me encantaría que Dios levantara hombres que no se comprometieran y que no se casaran con una mujer que no sea una mujer de Dios. Algunas veces no tenemos estándares o parámetros de ningún tipo. Tenemos que poseer estándares, valores y principios otra vez. Nuestros valores vienen de aquello en lo que creemos. Ellos crean nuestras normas morales y afectan nuestro comportamiento. Si nosotros creemos en la Palabra de Dios, ese es entonces, nuestro sistema de valores y de principios.

EL HOMBRE COMO CULTIVADOR

El hecho de conocer la Palabra de Dios es esencial para los hombres si es que van a cumplir con su responsabilidad como cultivadores de las vidas espirituales y personales de los miembros de su familia.

CREADOS Y DISEÑADOS PARA CULTIVAR

Antes de que Eva fuera creada, Dios colocó a Adán en el Jardín del Edén y le dijo que lo cultivara (ver Génesis 2:15). Cultivar significa mejorar algo del estado en que tú lo recibiste. Si un hombre recibe algo para que lo trabaje, él nunca debería terminar con lo mismo que tenía cuando lo recibió. Cuando él termina de trabajar en eso, debería estar multiplicado, más efectivo y mucho más fructífero. Dios le dijo al hombre que debería ser un edificador, y cualquier hombre que quiere ser un verdadero hombre va a apreciar su responsabilidad de mejorar todo lo que le rodea.

Algunos hombres se concentran solo en su propio fruto y en sus logros personales. Ellos solo se están mejorando a ellos mismos. Esto se llama egoísmo. Ellos no tienen esposas fructíferas, ni hijos fructíferos, porque ellos los han descuidado por completo. Un verdadero hombre ve por las necesidades de los demás y los ayuda a crecer.

1. CULTIVADOR DE SU TRABAJO, SUS TALENTOS Y SUS HABILIDADES

Primeramente, el hombre ha sido diseñado para hacer su trabajo de tal manera que él es capaz de convertirlo en una cosa mucho mejor de cómo era originalmente. En la parábola de los talentos, el hombre que se encontraba viajando fuera del país le confió al primer siervo cinco talentos, al segundo le confió dos talentos y al tercero le confió un talento. Está implicado que el hombre les dijo a ellos: "Ahora, cuando yo regrese, yo no solo quiero ver el mismo dinero que les di. Yo quiero ver la ganancia sobre mi dinero invertido en ustedes". Cuando el hombre regresó, y el siervo que solo tenía un talento no había hecho nada para obtener ganancia del dinero de su amo, fue llamado *"malvado"* y *"flojo"* (ver Mateo 25:26). Si un hombre todavía sigue trabajando en lo mismo en lo que estaba haciendo hace diez años y no ha mejorado nada en su vida, hay algo malo ahí.

Cada parte de la sociedad debería estarse desarrollando si es que tenemos verdaderos hombres en medio de nosotros. Pero muy frecuentemente tenemos destructores en lugar de tener edificadores. Ellos están destruyendo nuestras casas, escribiendo grafiti en nuestros edificios, robando y matando. Los hombres-varones necesitan regresar a su propósito, y necesitan dejar de usar su fuerza en los motivos equivocados.

2. CULTIVADOR DE SUS HIJOS

El hombre también fue hecho para cultivar a sus hijos, para proveer un medio ambiente para su crecimiento personal y espiritual. Nuevamente, él solo puede hacer esto si está saturado con la Palabra de Dios. Los padres deberían edificar en vez de destruir. Por ejemplo, tú nunca deberías decirles a tus hijos que son estúpidos. ¿Por qué? Porque esos niños son tu semilla o tu simiente. Tú necesitas nutrirlos para que ellos crezcan y fructifiquen. Recuerda que la astilla de madera salió del viejo tronco de madera, y por lo tanto, el viejo tronco no debería criticarla. Cuando tus hijos hacen algo equivocado, tú debes corregirlos amable, pero firmemente.

Un padre debe ayudar a sus hijos a descubrir sus dones y sus talentos. Él debería afirmar sus logros y decirles lo que ellos pueden llegar a ser en la vida, para que tengan una mirada positiva, basada en la fe en Dios. Los niños necesitan ser motivados. Voy a hablar más acerca de este tema en el capítulo llamado "Cómo ser un buen padre".

3. CULTIVADOR DE SU ESPOSA

Los hombres tienen una responsabilidad especial de cultivar a sus esposas. Pero debido a que frecuentemente tienen ideas que no son reales acerca de las mujeres, ellos acaban descuidándolas o lastimándolas.

Muchos de nosotros como hombres andamos por aquí y por allá con imágenes específicas en nuestra mente acerca de lo que queremos que sean nuestras esposas, y cuando ellas no están a la altura de nuestras expectativas, les echamos la culpa. En un punto, Dios me mostró que yo tenía esta actitud hacia mi esposa, y Él tuvo que corregirme.

Esta es la forma como un hombre piensa frecuentemente: él es cierto tipo de hombre, así que él quiere cierto tipo de mujer. Él piensa cosas como: "Yo soy un músico, y por lo tanto, yo quiero que ella cante". "Yo soy un banquero, y por lo tanto, yo quiero que ella sepa algo acerca de finanzas." "Yo soy delgado, y por lo tanto, yo quiero que ella sea delgada." "Yo quiero que ella sea inteligente." "Yo quiero una mujer que vista bien." "Me gusta el cabello largo en una mujer." Ahora bien, no hay nada malo con el hecho de desear todas estas cosas. Sin embargo, yo quiero decirles algo: *La mujer "perfecta" que tú estás buscando no existe.*

Es tu tarea el hecho de cultivar a tu esposa para que ella pueda llegar a ser toda para lo cual fue creada por Dios. Tú tienes que ayudarla a fructificar y a crecer como una mujer de Dios y no destruirla porque ella no cumple con tus especificaciones. En adición a esto, tú puedes ayudar a que tu esposa se convierta en todo aquello que tú viste la primera vez que la conociste, y lo cual tú piensas que se ha perdido. Tú necesitas nutrir todo el potencial que ella tiene. Esto no se hace en una forma controladora, sino en una forma de dádiva y de amor, lo cual es la naturaleza de Cristo. Tal vez es tu crítica lo que le esté impidiendo llegar a ser el tipo de mujer que tú quieres que sea. Piensa acerca de esto: ¿Qué tipo de presiones están presentes en su vida que le están impidiendo ser todo lo que ella desea y necesita ser?

Déjenme decirle una palabra aquí a los hombres jóvenes y solteros: ¿Qué es lo que tú estás cultivando? Cuando una dama joven se acerca a tu presencia, ella debería salir de tu presencia siendo una mejor persona de cómo vino. Ella tal vez trate de llegar muy fuerte, muy vulgar, como si fuera una prostituta. Pero cuando ella se vaya de tu presencia, ella debería irse convertida en toda una dama. Si alguien le pregunta a ella, "¿Qué sucedió contigo?", ella debería ser capaz de decir: "Encontré a un hombre que me dijo que no iba a ir a la cama conmigo. Él no me iba a degradar. ¿Por qué? Porque me respeta". Deben cultivar a estas señoritas jóvenes. No las arrastren hacia el suelo, y no dejen que ellas los arrastren a ustedes hacia el suelo. Una señorita joven nunca debería salir embarazada de tu presencia. Ella debería salir de tu presencia con su dignidad y con su virginidad. Denles a estas señoritas jóvenes una buena tierra. Denles algo que las haga mejores. Esto es lo que es ser un verdadero hombre.

CÓMO CULTIVAR A TU ESPOSA

Si tú eres un hombre, Dios te ha creado y te ha diseñado para que cultives cualquier cosa que tú deseas, incluyendo a tu familia. Por lo tanto, cada vez que un hombre recibe a una mujer como esposa, a él se le está dando la oportunidad de ejercitar su habilidad cultivadora. El hombre debería orar y pedirle a Dios que le muestre cómo cultivar a su esposa. Él necesita regarla, podarla y darle luz de sol. Él necesita añadir nutrientes a la vida de ella hasta que ella florezca como la mujer que fue diseñada para ser.

Ahora bien, Dios diseñó al hombre para que fuera capaz de cultivar y producir un árbol hermoso. Por lo tanto, si el árbol se ve como un arbusto viejo después de doce años, no es la culpa de la mujer. El cultivador no estaba poniendo los nutrientes correctos ni el agua que debía poner. Una mujer debería estar floreciendo bajo el cuidado amoroso de su marido. Hombres, no vayan a buscar a alguien más que ustedes creen que es como su esposa debería ser. Tú eres el cultivador; cultiva a tu esposa.

Por ejemplo, si tú quieres que ella se vea muy bien, compra buena ropa para ella. Deja que vaya al salón de belleza. Deja de decirle que se tiene que ver bien si tú no estás dispuesto a pagar a un buen estilista. Deja de decirle que tú quieres que ella se vea delgada, siendo que al mismo tiempo tú le pides que te cocine comidas que tienen mucha grasa. Dile que tú quieres hacer ejercicio junto con ella. No solo te pongas a desear algo, y entonces, no lo cultives. Los líderes no solo apuntan al camino; ellos van al frente del camino.

Algunas mujeres han estado viviendo con hombres que han estado vertiendo ácido en sus raíces y secando todo su fruto. Hombres, es difícil que tú cultives algo si tienes veneno en tus manos. No deberías tratar de trasplantar una planta tierna a tu jardín si tienes ácido en toda tu tierra. Debes asegurarte que tienes buena tierra antes de que trates de cultivar cualquier cosa.

Cultiva a tu esposa por medio de mandarle rosas. Dale nutriente por medio de animarla y decirle: "Cariño, te amo". Dale luz de sol por medio de decirle que es hermosa. Efesios 5:25-26 dice que Jesús amó a Su esposa y que dio Su vida por ella. Él la lavó con el agua de la Palabra de Dios. En el versículo 27 dice que Él hizo esto para que Él *"pueda presentársela a Sí mismo"*. Esto significa que cuando un hombre ha terminado de cultivar, él debería tener algo que pueda presentárselo a sí mismo. "Señor, ¿ves como estoy cultivando a mi esposa? Hemos estado casados por solo cinco años. Espera hasta que Tú veas el resultado de los próximos quince años".

Al final de tu vida, tu esposa debería estar tan cerca a lo que tú viste en ella por primera vez cuando tú la deseaste, de tal manera que tú puedas morir con paz. Tú deberías poder estar orgulloso de la mujer que cultivaste. Jesús presenta a Su esposa, diciendo: "¡Miren lo que Yo tengo!" La mujer que se describe en Proverbios 31 es asombrosa. *"En ella confía el corazón de su marido, y no carecerá de ganancias"* (v. 11). *"Su marido es conocido en las puertas, cuando se sienta con los ancianos de la tierra"* (v. 23). Si alguien pasa junto a este marido, él va a decir orgullosamente: "¿Puedes ver a esta mujer? Esta es mi mujer". Muchos maridos no han hecho nada por sus esposas. En lugar de cultivarlas, ellos solo se han dedicado a tomar tierra de ellas. Y ahora que sus esposas se han acabado tanto emocionalmente como físicamente, ellos se sienten avergonzados de que los vean con ellas.

¿Te sientes avergonzado de invitar personas a tu casa? Al contrario, tú deberías estar avergonzado de ti mismo. ¿Y adivina qué? Tú *estás* avergonzado de ti mismo. De acuerdo a la Palabra de Dios, tu esposa es tu propia carne (ver Efesios 5:28). La forma como ella se ve realmente es una señal de cómo tú te ves.

Ahora bien, no siempre un hombre sabe lo que tiene que hacer para cultivar a su esposa. Una mujer le puede ayudar a su marido con esto. Ella le puede hacer saber lo que ella necesita para que él pueda proveer los nutrientes correctos. Por ejemplo, si él dice: "Cariño, tú te ves molesta el día de hoy. ¿Qué sucedió?". Ella puede decir: "Bueno, yo he estado tratando de trabajar con todas estas ollas y sartenes. Cada vez que trato de tomar uno, las asas se le caen, y esto es muy frustrante. Si pudiéramos comprar algunas ollas nuevas, esto haría que la preparación de los alimentos fuera mucho menos frustrante para mí". O si él dice: "Me gustaría poder hablarte acerca de mi trabajo, pero parece que tú no puedes discutir acerca de eso", ella puede decir: "Bueno, cariño, siéntate, y cuéntame acerca de eso. Yo quiero saber acerca de tu trabajo. Enséñame".

¿Cómo es que ella va a platicar contigo acerca de tu trabajo si tú nunca le platicas a ella acerca de eso, y si tú no vienes a casa y le dices lo que estás haciendo, lo que estás planeando y la forma como funciona tu trabajo? Tú hablas con la señorita joven en la oficina. Ella sabe acerca de tu trabajo, y por lo tanto, tú piensas que ella es mejor que tu esposa. Ella no es mejor que tu esposa. Tu esposa es mejor que tú. Tú eres el que no tienes entendimiento porque no te has tomado el tiempo para enseñarla.

LAVAMIENTO CON LA PALABRA

Maridos, amad a vuestras mujeres, así como Cristo amó a la iglesia y se dio a sí mismo por ella, para santificarla, habiéndola purificado por el lavamiento del agua con la palabra, a fin de presentársela a sí mismo, una iglesia en toda su gloria, sin que tenga mancha ni arruga ni cosa semejante, sino que fuera santa e inmaculada. Así también deben amar los maridos a sus mujeres, como a sus propios cuerpos. El que ama a su mujer, a sí mismo se ama. (Efesios 5:25-28)

En este pasaje, Pablo estaba diciendo: "Jesús es un buen esposo". El hombre debe amar a su esposa de la misma manera como Jesús amó a la Iglesia. Él se dio a sí mismo por ella y la limpió por medio del lavamiento de agua que es la Palabra de Dios. ¿Por qué? Para poder *"presentársela a Sí Mismo"* (v. 27).

Si un hombre va a hacer esto por su esposa, él necesita estar lleno de la Palabra de Dios, de la misma manera como Cristo Jesús está lleno con la Palabra de Dios. Él necesita lavar a su esposa con la Palabra de Dios, de la misma manera como Cristo Jesús lava a Su novia con la Palabra de Dios.

Ahora bien, tú no puedes lavar algo si no tienes agua. Jesús enfatizó la importancia de la Palabra de Dios en nuestra vida. Él les dijo a Sus discípulos en Juan 15:3: *"Ustedes ya están limpios por la Palabra que Yo os he hablado".* Él le dijo a la mujer en el pozo: *"Si tú conocieras el don de Dios, y quién es el que te dice: 'Dame de beber', tú le habrías pedido a Él, y Él te hubiera dado agua viva"* (Juan 4:10).

Un varón que quiere ser un verdadero hombre, el tipo de hombre tal y como Dios lo creó, tiene que estar lleno de la Palabra de Dios. Solo hay una manera de obtener agua limpia: tienes que ir al pozo. Tú no puedes lavar nada con el agua lodosa del mundo. Cuando tú llenas tu mente y tu corazón solo con cosas como la televisión y los eventos deportivos, eso solo es lodo. Si tú quieres el agua que el Fabricante creó para ti, tú necesitas estar conectado al pozo de Dios, el cual está lleno con la Palabra de Dios. Jesús es la Palabra de Dios.

Algunos hombres están lavando a sus esposas en el lodo. ¿Qué es lo que significa lavar a alguien con la Palabra de Dios? Jesús es nuestro ejemplo: cada vez que tú tienes una experiencia negativa, Él viene a ti de inmediato con algo positivo y te lava todo lo negativo. Cada vez que los discípulos tenían miedo, Él dijo: *"No temáis"* (ver, por ejemplo, Mateo 14:27). Cada vez que ellos se ponían nerviosos, Él les decía que se mantuvieran calmados. Cada vez que ellos tenían miedo de alguna tormenta, Él les decía que se calmaran y se relajaran. Él siempre estaba ahí para lavar cualquier temor, para lavar cualquier duda. Cuando ellos estaban preguntándose cómo iban a darles de comer a los cinco mil, Él les dijo que tuvieran fe. Cuando ellos le dijeron que Lázaro había muerto, Él les dijo: "No se preocupen; él está durmiendo". Él siempre estaba lavando Su Iglesia.

¿Qué clase de hombres son los que necesitamos hoy en día? Cuando tu esposa te dice: "No podemos pagar el recibo del teléfono", tú dices: "Nuestro Dios es más grande que la compañía de teléfonos". Esto es lavar a tu esposa. Cuando tu esposa dice: "No vamos a poder pagar la deuda del banco. Ellos nos van a quitar el automóvil, y vamos a tener que sacar a los niños de la escuela privada donde están", tú puedes decir: "Cariño, nosotros servimos al Dios de Abraham, de Isaac y de Jacob, el Dios de mis abuelos y de mis padres. Vamos a estar firmes en la Palabra. Todo va a salir bien". Cuando tu esposa siente un pequeño dolor en su cuerpo y comienza a imaginar todo tipo de cosas, tales como el cáncer, tú tienes que estar ahí y decirle: "Cariño, Dios es el Dios que te sana. Ven aquí y vamos a orar por ti".

Algunos hombres solo tienen malas noticias. "Cariño, tienes que empacar todas las cosas. Nos tenemos que mudar a una casa más barata". Ellos no tienen nada positivo que puedan compartir; no tienen nada de las Escrituras, y no tienen fe. Dios quiere hombres que se paren firmes en su fe, diciendo: "Pueden caer mil a mi lado izquierdo, y diez mil a mi lado derecho, pero, en esta casa, siempre vamos a estar victoriosos. Mi casa está cubierta con la Palabra de Dios. Yo y mi casa vamos a estar bien". Esto es un verdadero hombre. Esto es un verdadero lavador de la Palabra de Dios. Sin embargo, él solo puede hacer esto si está lleno con la Palabra de Dios.

UN SOCIO EN LA CREACIÓN DE DIOS

Al hombre se le ha dado la responsabilidad seria, pero excitante, de formar las vidas de los miembros de su familia para mejorarlos, enseñándolos y cultivándolos para que lleguen a ser todo aquello para lo cual Dios los creó. De esta manera, él es socio de Dios para llegar a cumplir el plan de creación de Dios. Hay dos tareas más en las que el hombre refleja a su Creador que son las de proveedor y de protector. Vamos a explorar estas responsabilidades en el siguiente capítulo.

PRINCIPIOS

1. El hombre fue creado para ser el líder espiritual y el maestro de la familia.

2. El hombre fue diseñado con la capacidad de cumplir su propósito de enseñar.

3. Cuando tú le enseñas a tu familia la Palabra de Dios y los caminos de Dios, atraes la confianza de Dios y la amistad de Dios.

4. Si un hombre no tiene la capacidad o el conocimiento para enseñar a una mujer la Palabra de Dios, él no está listo para casarse.

5. Dios instruye a los hombres para que enseñen a su familia los mandamientos de Dios de estas maneras: (1) cuando estás sentado en tu casa, (2) cuando vas por el camino, (3) cuando te acuestas, (4) cuando te levantas por la mañana y (5) atándolos como símbolos en tus manos, en tu frente y escribiéndolos en los postes de las puertas de tu casa (ver Deuteronomio 6:7-9).

6. El hombre fue creado para ser el cultivador de las vidas espirituales y personales de los miembros de su familia.

7. Cultivar significa multiplicar, fructificar y mejorar.

8. El hombre es el cultivador de su trabajo, de sus dones y de sus talentos.

9. El hombre es el cultivador de sus hijos.

10. El hombre es el cultivador de su esposa.

11. El hombre necesita ser lleno de la Palabra de Dios tal y como Cristo Jesús está lleno de la Palabra de Dios. Entonces, él puede lavar a su esposa con la Palabra de Dios, tal y como Cristo Jesús lava a Su novia con Su Palabra.

12. Al hombre le ha sido dada la responsabilidad de formar las vidas de los miembros de su familia para mejorarlos, enseñándolos y cultivándolos para que lleguen a ser todo aquello para lo cual fueron creados por Dios. De esta manera, el hombre se convierte en socio de Dios para hacer cumplir el plan de Dios de la creación.

PREGUNTAS DE ESTUDIO

PREGUNTAS PARA REFLEXIÓN

1. ¿Qué inversión estás haciendo en tu propio desarrollo espiritual y personal?

2. Si eres un padre (abuelo), ¿tiendes a pensar que tus hijos (nietos) aprenderán importantes conocimientos y habilidades de la vida por sí mismos (por "ósmosis") o por tu ejemplo activo y capacitación?

EXPLORAR LOS PRINCIPIOS Y PROPÓSITOS DE DIOS

EL HOMBRE COMO MAESTRO

3. ¿Cómo estableció Dios el precedente para que el hombre sea el principal maestro de la Palabra de Dios para su familia?

4. El hombre era _____ para ser el líder espiritual y el maestro de su familia.

5. ¿Qué sucede cuando los hombres dejan a sus esposas la responsabilidad exclusiva de entrenar e instruir a sus hijos en el Señor?

6. Nombra algunas formas en que los varones a menudo expresan su naturaleza inherente de de enseñanza.

7. ¿Cómo debe reaccionar una mujer a la tendencia de enseñanza de un hombre?

8. ¿Por qué Dios confió en Abraham y lo llamó su amigo?

9. Si un hombre no tiene el conocimiento y la capacidad para enseñarle a una mujer la Palabra de Dios, entonces él no está realmente listo para _____.

10. ¿Qué calificación debe tener una persona para ser un líder en la iglesia?

11. ¿Qué debe hacer un hombre antes de enseñarle a su familia la Palabra?

12. Deuteronomio 6: 6-9 provee cinco formas importantes en que los padres pueden enseñar a sus hijos los mandamientos de Dios. ¿Cuál es la primera manera?

13. ¿Cuál es la segunda forma importante en que los padres pueden enseñar a sus hijos los mandamientos de Dios?

14. La tercera manera importante en que los padres pueden enseñar los mandamientos de Dios es "_____ _____ _____...
_____ _____ _____ _____"
(Deuteronomio 6:7).

15. ¿Cuál es la cuarta forma importante en que los padres pueden enseñar a sus hijos los mandamientos de Dios?

16. ¿Cuál es la quinta forma importante en que los padres pueden enseñar los mandamientos de Dios?

EL HOMBRE COMO CULTIVADOR

17. El hombre era _____ y _____ para cultivar.

18. ¿Cuál es el significado de la palabra cultivar?

19. Un hombre también está destinado a cultivar a sus hijos, a pro-
    veer un entorno para su crecimiento _____ y
    _____.

20. ¿Cómo debe reaccionar un hombre cuando sus hijos hacen algo mal, para
    edificarlos, en lugar de derribarlos?

21. ¿Qué más puede hacer un padre para alentar y cultivar a sus hijos?

22. ¿De qué manera se lleva a cabo el cultivo de su esposa por un hombre?

23. ¿De qué maneras debe un hombre cultivar a su esposa?

24. ¿Cómo puede una mujer ayudar a su esposo para cultivarla?

CONCLUSIÓN

Al hombre se le ha dado la seria, pero emocionante responsabilidad de dar
forma a las vidas de los miembros de su familia para lo mejor: enseñándoles y
cultivándolos para que sean todo lo que Dios los creó para ser. De esta manera,
él es un socio de Dios en el cumplimiento de Su plan de creación.

APLICA A TU VIDA LOS PRINCIPIOS DE DIOS
PENSÁNDOLO BIEN

+ ¿Puede Dios confiar en ti para enseñar a sus hijos sus caminos, como lo
  hizo Abraham?

+ Si eres un padre (abuelo, tía, tío), ¿qué tipo de ejemplo espiritual y personal estás preparando para tus hijos (nietos, sobrinas, sobrinos)?

+ ¿Estás protegiendo tu "casa" (vida) de las influencias negativas, proveyéndole los cimientos de la Palabra de Dios y monitoreando las influencias que permites según la Palabra de Dios?

+ Si eres soltero, ¿cómo estás tratando a la mujer con quien estás saliendo, u otras mujeres quienes interactúas? ¿Dejan tu presencia elevadas y mejor de lo que estaban, o se van habiendo sido utilizadas o abusadas por ti?

ORAR SOBRE ESO

+ Pídele a Dios que te enseñe sus caminos y que te dé un corazón receptivo para obedecerlo, a fin de que tu vida sea un ejemplo piadoso para tu familia.

+ Si eres un hombre, pídele a Dios que te muestre cómo cultivar a su esposa, hijos u otras personas bajo tu cuidado o responsabilidad.

+ Si eres una esposa, pídele a Dios que te muestre cómo expresar tus necesidades a tu esposo para que puedas darle los "nutrientes" correctos para cultivarlo.

ACTUAR EN LA VERDAD DE DIOS

+ A veces a las mujeres les parece como si los hombres siempre les estuvieran diciendo qué hacer. Sin embargo, los hombres a menudo solo necesitan sentir que los escuchan y que sus sugerencias son apreciadas. Si eres mujer, la próxima vez que tu esposo (o un líder masculino o una figura de autoridad) parezca "mandón", haz un esfuerzo por escuchar atentamente lo que dice y expresar aprecio por sus sugerencias.

+ Si eres un esposo (o líder masculino o figura de autoridad), ¿cómo estás comunicando información e instrucción a los miembros de tu familia (o aquellos bajo tu liderazgo o autoridad)? ¿Lo estás haciendo con amabilidad y sensibilidad? La próxima vez que estés por dar instrucciones, piensa cómo puedes comunicar tu información de la manera más útil y positiva posible.

+ ¿Cómo puedes implementar mejor las cinco formas de enseñar a tus hijos los mandamientos de Dios que has aprendido en este capítulo?

+ Cada mañana y cada noche, medita en un pasaje de la Escritura que edifique la fe, para crear una buena atmósfera para tu vida y las vidas de los miembros de tu familia.

8

EL HOMBRE COMO PROVEEDOR Y COMO PROTECTOR

DIOS LE HA DADO AL HOMBRE LA CAPACIDAD PARA PROVEER Y PARA PROTEGER TODO LO QUE ÉL LE HA CONFIADO BAJO SU CUIDADO.

Las dos tareas de proveedor y de protector están relacionadas entre sí porque trabajan juntas, capacitando al hombre para que esté seguro, tanto él como todos aquellos que están bajo su cuidado.

EL HOMBRE COMO PROVEEDOR

En Génesis 2:15, Dios le dio al hombre la tarea de trabajar: *"Entonces el Señor Dios tomó al hombre y lo puso en el huerto del Edén, para que lo cultivara y lo cuidara"*. Tal y como vimos anteriormente, el trabajo le fue dado al hombre antes de la Caída. No es una maldición; todo lo contrario, es una gran bendición. Génesis 1:28 dice que Dios bendijo al hombre y a la mujer, y les dio dominio sobre la tierra. Él los bendijo a ambos en todas sus tareas de dominio, incluyendo el trabajo.

El trabajo le fue dado al hombre (1) para realizar los propósitos de Dios, (2) para darle satisfacción al hombre mientras él usa las habilidades y las cualidades que Dios le ha dado y (3) para capacitar al hombre para que pueda proveer para sus necesidades, así como para las necesidades de todos aquellos que están bajo su responsabilidad. En un capítulo anterior, aprendimos que la principal prioridad de un hombre es permanecer continuamente en la presencia de Dios. Es a través de la adoración y de la comunión con Dios que el hombre recibe la visión para su vida, su vocación y su trabajo. Algunos hombres se han olvidado que la adoración es más importante que el trabajo. Cuando tu trabajo interfiere con tu adoración, tú has fallado en cumplir con el propósito de un verdadero hombre.

CREADOS PARA PROVEER

Al hombre le fue dado el trabajo aun antes de que la mujer fuera creada. Esto significa que antes de que un hombre necesite a una mujer, y antes de que él esté listo para casarse, él necesita trabajar. Él necesita encontrar aquello para lo que Dios lo está llamando a hacer. Entonces, él puede usar su vocación y trabajo con el objeto de proveer para su futura esposa y sus futuros hijos.

Debes notar que Dios jamás le dijo a la mujer que debía trabajar. Ahora bien, no se pongan nerviosos. Tú me vas a decir: "Pero la sociedad ya ha cambiado y ha progresado. Las mujeres quieren ir a trabajar en oportunidades que están fuera del hogar. Debe haber igualdad". Algunas veces tú puedes tener progreso sin estar avanzando realmente hacia nada. ¿Cuáles son algunos de los síntomas de que ambos, tanto el hombre como la mujer, estén trabajando fuera del hogar? Los estamos experimentando ahora mismo. Tenemos casas más grandes, pero muy pocos verdaderos hogares. Los esposos y las esposas están tan ocupados que terminan como si fueran barcos que solo pasan la noche en el puerto. Tenemos más muebles, pero nadie se sienta en esos muebles porque las personas ya no tienen tiempo de estar juntos como familia. Las camas de nuestros hijos están vacías porque ellos andan en las calles probando drogas. Los padres no tienen tiempo de educarlos. Tenemos mejores automóviles, pero están siendo usados para llevar a los miembros de la familia a diferentes destinos, en lugar de que los estén trayendo a un mismo lugar. Tú puedes decir todo lo que quieras, pero tenemos que reconocer muy cuidadosamente las expectativas con relación a que las mujeres deben trabajar. Debemos voltear las cosas hacia el otro lado en nuestra sociedad.

Dios le dio al hombre, y no a la mujer, la responsabilidad de ser el principal proveedor de la familia. Se supone que la mujer debe casarse con alguien que ya tiene la capacidad de poder proveer. Esto es muy importante. Si tú ves las escrituras en el Antiguo Testamento, la manera como se casaba el pueblo de Dios indicaba lo que Dios les había instruido en cuanto a lo que tenían que hacer en el matrimonio.

Si un hombre estaba interesado en una mujer, él no iba con ella para quedar comprometido. Él iba con los padres de ella, siendo más específicos, con el padre de ella. El contrato de matrimonio que resultaba de esto, incluía arreglos específicos para la provisión de la mujer. El padre podía establecer el estilo de vida que el hombre pudiera proveer para su hija antes de que él permitiera que su hija se fuera de su hogar. El candidato a ser novio tenía que mostrar que él podía cumplir con este estilo de vida o él tenía que ganar suficiente dinero antes de que se le pudiera conceder la mano de la novia en matrimonio.

Algunas veces esto tomaba años. ¿Recuerdan la historia de Jacob? Él estuvo comprometido por siete años, pero terminó por trabajar catorce años por la mano de Raquel. ¿Cuántos de ustedes podrían sobrevivir un tiempo de compromiso tan largo? Déjenme decirles lo fácil que es estar comprometido por siete años. Solo comprométete con un contrato como ese. Vas a estar tan ocupado ganando todo ese dinero, que no vas a tener tiempo de meterte en otros problemas. La mujer no debería preocuparse por el hecho de que su marido la deje. Si él pasa siete años *sin* ella, trabajando para ella, es más probable que él podría pasar setenta años *con* ella, trabajando para ella.

Hay mucho que podemos aprender de este sistema. Tal vez no queramos regresar a todo lo que había en ese sistema, pero el punto es que los hombres necesitan entender completamente la importancia de ser los responsables de proveer para sus esposas y para sus familias.

Algunas mujeres están obsesionadas con el hecho de proveer porque nunca han conocido a un verdadero proveedor; ellas conocieron a un tramposo. Ciertos hombres están con una mujer solo porque ella tiene un buen trabajo, y esos hombres solo quieren que la mujer los mantenga. Ellos no quieren ser los proveedores que es la función para la cual fueron creados.

Muchas mujeres que están trabajando hoy en día realmente no quieren trabajar tiempo completo fuera del hogar. El hecho de que las mujeres vayan a la universidad y lleguen a tener una carrera es un cambio muy positivo en muchas formas. Las mujeres necesitan ser capaces de desarrollar sus talentos y sus habilidades. Sin embargo, ellas deberían ser capaces de hacer esto con gozo, y no con toda esa tensión nerviosa. Muchas mujeres están haciendo malabares con muchas cosas hoy en día, su carrera, su hogar, su familia, y el hecho de tener un trabajo puede ser tremendamente estresante para ellas y para el resto de su familia. Algunas mujeres están atoradas con trabajos que son como un callejón sin salida, en lugar de tener un trabajo que verdaderamente les dé realización, porque ellas sienten que la familia necesita el dinero que ellas están proveyendo. Ellas no están trabajando en lo que realmente les gustaría hacer. En adición a esto, cuando las mujeres comienzan a tener hijos, los trabajos no les dan la misma prioridad a ellas. Cuando viene el primer bebé, ellas quieren estar en casa para poder cuidar del bebé. Ellas se olvidan del trabajo y de las personas de la oficina. Muchas mujeres ahora están diciendo abiertamente que ellas quieren ser solo amas de casa. Ellas quieren tener tiempo para poder cuidar de su esposo y de sus hijos.

Yo sé que hay ciertos tipos de hombres que están leyendo esta sección y que se están sintiendo muy incómodos y desanimados. Ellos no son flojos; ellos solo están pasando por tiempos económicos muy duros. Yo entiendo cómo tú te sientes. Tú no quieres que tu esposa se ponga a trabajar, pero en este momento ustedes necesitan tener dos ingresos de dinero para poder suplir sus necesidades. O tal vez en este justo momento tú estás tratando de encontrar un trabajo. No te desanimes. Algunas veces no vamos a poder cambiar nuestras circunstancias de la noche a la mañana. Solo necesitamos movernos en dirección de nuestro ideal y comenzar a voltear las cosas a nuestro favor. Tú le puedes decir a tu esposa: "Cariño, tú estás trabajando ahora, pero es mi meta y mi objetivo poder hacer suficiente dinero como para que tú ya no tengas que trabajar. Voy a comenzar a trabajar de inmediato".

DISEÑADO PARA PROVEER

Ahora bien, dado que el hombre fue creado para trabajar, él también fue diseñado para trabajar. Él tiene una necesidad inherente de esto. Muchas mujeres se preguntan cómo es que un hombre puede trabajar día y noche, y, además, hacer otras cosas. Una esposa puede decir: "Deja ese trabajo, y regresa a casa", y su esposo le va a contestar: "Solo deja que termine con esto". Ella está pensando acerca de la comida que está en la mesa y que se está enfriando. "Ven ahora mismo." "Sí, mi amor, pero deja que termine esto primero.". ¿Qué es lo que esta tendencia dice acerca de él? Dice que él toma satisfacción por medio de cumplir con su trabajo; por medio de "conquistar" una tarea. Muchos te van a decir que se sienten de esta manera con relación a sus trabajos.

UN PROVEEDOR PLANEA Y PREPARA

Un proveedor encuentra las maneras para suplir las necesidades de su familia. Él hace preparativos para poder cumplir con sus responsabilidades. Esto significa que para obtener un buen trabajo, un hombre tal vez necesite explorar opciones de varias carreras, ir otra vez a la escuela, o tal vez obtener algún tipo de entrenamiento adicional.

Un proveedor también planea por adelantado. El problema con muchos hombres hoy en día es que ellos están operando en un estado constante de crisis. Ellos esperan que lleguen los problemas económicos, en lugar de sentarse y ponerse a planear para las necesidades de su familia cinco o diez años hacia el futuro. Un proveedor se anticipa a las necesidades antes de que estas lleguen. Un esposo amoroso siempre está pensando acerca de lo que su esposa va a necesitar el día de mañana, y planea para eso desde el día de hoy.

Este es el tipo de Esposo que es Cristo Jesús para Su novia, que es la Iglesia. Antes de que tú o yo fuéramos creados, Él preparó todo lo necesario para nuestra salvación. Él es *"El Cordero que fue muerto desde antes de la fundación del mundo"* (Apocalipsis 13:8). Jesús hizo preparativos para nuestras necesidades porque Él se preocupa profundamente por nosotros. Él se anticipó y suplió nuestras necesidades, mucho antes de que estas llegaran. Esto es de lo que se trata Él cuidar de otros.

Si la naturaleza planeadora de un hombre no está guiada por el Espíritu de Cristo Jesús, se puede convertir en algo destructivo en lugar de ser algo constructivo. Esto es lo que sucede cuando tú ves hombres que planean crímenes y que se aprovechan de las mujeres. Ellos planean estas cosas, muchas veces durante un largo tiempo. Estas cosas no suceden solas.

LAS NECESIDADES DE UN PROVEEDOR

Como parte integral del hombre se encuentra el deseo que tiene de trabajar y de proveer, puesto que esto es parte de su necesidad de dar a los demás. Aprendimos anteriormente que el hombre esencialmente fue diseñado como un dador o como un donador, y la mujer esencialmente fue diseñada como una receptora. El hombre necesita a alguien que reciba lo que él tiene que dar. Si él no tiene alguien a quien darle, esto afecta la manera como él se siente con relación a sí mismo como hombre. Muchas mujeres hoy en día piensan de ellas mismas como que son muy independientes, pero ellas necesitan aprender a recibir de sus esposos, de sus prometidos o de sus novios. Ellas necesitan aprender lo mucho que significa para los hombres ser capaces de darles; y ellas deberían permitirles a ellos que lo hagan. Algunas veces, el hecho de ser un proveedor puede ser considerado solamente como una función para algunos hombres, pero el hecho de dar es una función que está relacionada con la necesidad y con el diseño del hombre.

Dios diseñó al hombre para que tome satisfacción, tanto del hecho de trabajar como del hecho de proveer. Cuando él es capaz de hacer estas dos cosas, él va a ser un hombre feliz. Si tú quieres menospreciar la naturaleza de un hombre, entonces, ponte a proveer, en lugar de dejar que sea él quien provea. Esto puede sonar extraño, pero debido a que a unos cuantos hombres les gusta flojear, no significa que todos los hombres son así. Si una esposa le dice a su marido que él no necesita comprarle a ella comestibles, que ella no necesita que él haga algo para ella, ella está haciendo pedazos una parte esencial del ser de él.

Si tú eres una mujer que tiene una buena educación y un buen trabajo, necesitas tener mucho cuidado. Tal vez te sientas tentada a decirle, o por lo menos a insinuarle a tu marido: "Yo no te necesito, y tampoco necesito nada de lo que tú tienes. Tienes tanta suerte que yo me haya casado contigo". Tú no sabes qué tanto esto le afecta. El hombre ha sido diseñado para ser un proveedor; por lo tanto, no importa qué tanto dinero tú ganes, debes asegurarte de animarlo como proveedor. Debes hacerlo de tal manera que él ni siquiera note que lo estás haciendo. Entonces, deja que él te bendiga con lo que él pueda darte. Cada vez que un hombre siente que no está proveyendo, vas a tener un hogar muy infeliz.

Muchas mujeres no entienden el efecto mental, emocional y espiritual, que el hecho de perder un trabajo tiene sobre el hombre. Ellas no pueden entender completamente, porque ellas no fueron diseñadas para ser proveedoras; ellas fueron diseñadas para ser productoras. Cuando un hombre pierde su trabajo, es como si su vida se hubiera partido en dos. Algunos hombres terminan perdiendo su lucidez mental después de que han perdido su trabajo. ¿Por qué es que tienen una reacción tan extrema? Se debe a que, para ellos, no se trata solo de un trabajo. Es su medio de proveer. Uno de los propósitos de su existencia le ha sido quitado.

Cuando un hombre piensa: "Yo no puedo proveer", algunas veces él hasta se va del pueblo. Algunos hombres no pueden manejar este tipo de presión, y por lo tanto, deciden huir de la responsabilidad. Tal vez el hombre tiene seis hijos y no puede darles de comer. Él se siente completamente inútil; él se siente como un fracasado, y por lo tanto, se va. Llamamos este tipo de comportamiento irresponsable y descuidado. Aunque esta conducta está equivocada, debemos darnos cuenta que el hombre está teniendo que enfrentar algo interno que él no puede entender, y esto es algo fundamental para su forma de ser.

Supongamos que un hombre le llama a su esposa y le dice: "Cariño, tengo malas noticias para ti. Me acaban de correr de mi trabajo". Esta es la forma como algunas mujeres reaccionan: "No me sorprende. Tú no has podido mantener un trabajo en los últimos seis meses. Y de hecho, creo que esto sucede desde que me casé contigo. Yo he tenido que ser quien se haga cargo de la familia". ¿Qué es lo que ella ha hecho al decir esto? Ella acaba de preparar la cama de él en algún otro lugar. Él se siente humillado y rechazado. Él no quiere llegar a casa a confrontar esto. Todo lo contrario, ella debería decir algo como: "Bueno, cariño, Dios dice que Él es nuestro proveedor. Yo siempre he creído que si Dios te hizo ser mi cobertura, Él te va a proveer, para que tú, a tu vez, nos puedas proveer a nosotros. A propósito, yo te amo por quien tú eres, y no por las cosas que tú me compres. ¿Hola? ¿Estás ahí?". "Sí cariño, tú solo me acabas de hacer sentir tan orgulloso de tenerte como mi esposa. Tú me acabas de hacer sentir como todo un hombre. Llegaré a casa en cinco segundos". Cuando él llega a casa, ella lo puede recibir en la puerta, diciendo: "Cariño, con trabajo o sin trabajo, tú eres lo mejor que me ha sucedido en la vida". ¿Tú quieres ver que un hombre obtenga un trabajo al día siguiente? Cualquier tipo de trabajo que él pueda obtener, aun si esto significara tener que barrer las calles, él lo va a hacer. ¿Qué es lo que su esposa hizo para él? Ella restauró su confianza en sí mismo. Ella le dio respeto, y lo elevó a él como la cabeza del hogar con una sola expresión que salió de su boca. Y ahora ella tiene un proveedor que va a seguir proveyendo para ella.

EL HOMBRE COMO PROTECTOR

Cuando Dios le dijo a Adán que tenía que cuidar del Jardín del Edén (Génesis 2:15), Dios, de hecho, le estaba diciendo: "Te voy a poner en el Jardín del Edén, no solo para que lo trabajes y lo cultives, sino también para que lo protejas, así como todo lo que esté en él: incluyendo los animales, las plantas y la mujer que voy a crear. Tú eres un protector".

CREADO PARA PROTEGER

El hombre viene a ser como el "guardia de seguridad" de Dios. Cuando él aparece en escena, todo el mundo está supuesto a sentirse protegido y seguro. Debes recordar que la atmósfera del Jardín de Dios es Su propia presencia. Por lo tanto, básicamente, Dios le dijo a Adán: "Protege el Jardín, pero también debes proteger la presencia que está en el Jardín. No permitas que nada perturbe Mi presencia en este lugar". Les corresponde a los hombres mantener la presencia de Dios, sea que esté en sus hogares, en sus trabajos o en cualquier otro lugar en la sociedad. Ellos deben ser los protectores.

Yo puedo escuchar algunos hombres que dicen: "Yo no puedo esperar a casarme para practicar lo que él está enseñando". No tienes que esperar hasta entonces. En 1a. Corintios 11:3, Pablo dice: *La cabeza de la mujer es el hombre*.

Esto significa que un hombre no necesita estar casado para ser responsable de las mujeres. Comienza con ser el protector de toda mujer que viene ante tu presencia, porque tú fuiste creado para ser responsable de ellas.

Cualquier mujer debería sentirse segura contigo cuando tú entiendes que tu propósito es protegerla y cuidarla, así como guiarla en las cosas de Dios. ¿Qué sucedería si una mujer viene a ti deshecha, partida en pedazos, deprimida, triste y vulnerable, y ella confía en ti? El espíritu de protección debería estar sobre ti. Guíala directamente hacia Dios. Muéstrale a Jesús. Entonces, ejemplifica el carácter de Jesús por medio de tratarla a ella como si fueras su padre o su hermano.

Hombres, cuando ustedes están saliendo con una mujer, ustedes no protegen a esa mujer por medio de tirar tu propia armadura. Tú no la llevas a pasear por la noche y te estacionas en un lugar apartado. Mantén las luces prendidas. Mantén la grabadora prendida con la Palabra de Dios. Mantén la conversación en la luz.

Se necesita ser un verdadero hombre para controlar tus manos. Esta es la verdadera fuerza. Un hombre me dijo una vez: "Hermano Myles, es tan difícil vivir correctamente". "¿Por qué?". "Todas esas muchachas, ummm-ummm. Tienen esas faldas tan cortas con esas botas y bikinis. Es muy difícil trabajar en un hotel. Tú no entiendes". Se necesita un hombre verdaderamente fuerte para decir no a todo aquello ante lo cual un hombre caería. Cualquier hombre débil le puede permitir a sus hormonas que controlen su vida.

Ahora bien, cuando una mujer se casa, su marido se convierte en su protector, tal y como lo era su padre. Debido a la naturaleza de ella, ella necesita la cobertura de protección. El hombre debe proveer todo para ella: seguridad, cobertura, recursos, consejo, la tranquilidad de que ella sepa que él está ahí por ella.

La esposa y los hijos de un hombre están supuestos a sentirse completamente en paz estando en su presencia. Tan pronto como él aparece, todo está en orden. Cuando ellos oyen su voz, todo está bien. Cuando una hija se lastima, la presencia de su padre la hace sentir mejor. Cuando un hijo va a la universidad, de repente extraña el hogar, y siente como si su vida se estuviera cayendo en pedazos, pero él puede llamar a su padre y escuchar que le dice: "Hijo, todo va a estar bien". De repente, todo cae en su lugar, solo porque papá dijo una palabra afirmadora. Cuando una esposa se siente frustrada o muy sentimental acerca de lo que está sucediendo en la familia, su marido le puede decir: "Dios dice que Él va a estar aquí por nosotros, y yo voy a estar aquí por nosotros también". Esta es la responsabilidad de un hombre.

DISEÑADO PARA PROTEGER

El hombre es un protector natural. A través de estos atributos, él ha sido diseñado para proteger todo aquello que está bajo su responsabilidad:

1. Fuerza física

2. Pensamiento lógico

3. Un sentido de protección territorial

4. El deseo de lograr la excelencia, lo que es "su ego"

1. FUERZA FÍSICA

La estructura de los huesos del hombre y la fuerza que tiene en la parte superior de su cuerpo fueron diseñadas para defender, para proteger y para cuidar. Ahora bien, aun si un hombre no es muy alto o no tiene muchos músculos, él sí tiene los recursos físicos internos que lo capacitan para defender. La esposa de un hombre debería ser capaz de correr a él cada vez que hay un problema. "Solo tiene 45 kilos, pero ese es mi hombre. Si tú me tocas, él te va a cortar tu cabeza."

El lugar más seguro para una mujer debería ser en los brazos de su marido. Pero una de las cosas más tristes que yo he visto es que los hombres están abusando de su fuerza. En lugar de usarla para proteger a las mujeres, la están usando para destruirlas. Cuando yo pienso que un hombre le está pegando a una mujer, todo mi cuerpo se convierte en una olla hirviendo con indignación. Dios le dio músculos para protegerla y no para lastimarla.

Pablo dijo que un hombre debería amar a su esposa tal y como Cristo ama a su Iglesia: como su propia carne. ¿Te puedes imaginar a Cristo Jesús golpeando a Su Iglesia? Yo tengo una pequeña recomendación que hacerle a todos los hombres que se sienten tentados a abusar físicamente de las mujeres: cada vez que tú sientas que tienes ganas de darle una cachetada o de golpearla, hazte exactamente eso a ti mismo. Después de un par de golpes, tú no vas a golpear a nadie. Cualquier hombre que golpea a una mujer está abusando de las habilidades que Dios le dio.

El otro día estuve aconsejando a un hombre de 40 años de edad que estaba abusando sexualmente a su hija de trece años de edad. Aquí está este hombre, con toda su fuerza, abusando a una niña que es su propia carne. Ella no puede llorar, no puede gritar y tampoco puede pelear porque él es muy fuerte para ella. Él está supuesto a usar su fuerza para protegerla a ella de la misma cosa que él está haciendo. Algunas veces los hombres se preguntan por qué es que tantas mujeres tienen problemas con los hombres. Se debe a que la fuerza del hombre las está atemorizando a ellas. Ellas crecieron, viendo que esta fuerza ha sido usada *en contra* de ellas o de sus madres, en lugar de que fuera usada *para* ellas, tal y como fue diseñada originalmente.

2. UN PENSADOR LÓGICO

En segundo lugar, Dios creó al hombre como un pensador lógico. Esto le capacita para enfrentar dificultades y el peligro con una mente clara y sin distracciones emocionales, de tal manera que él puede encontrar soluciones a estos problemas. ¿Cómo es que él ejercita esta forma lógica de pensar?

El hombre escudriña. Él analiza a las personas y a las cosas antes de tomar una decisión con relación a ellas. Por ejemplo, los hombres normalmente no se hacen miembros de una iglesia de inmediato. Ellos se sientan en la parte de atrás de la iglesia y observan. Ellos van a examinar las cosas para ver si todo lo que está pasando es real. Ellos van a esperar para ver si el pastor es genuino. Las mujeres aceptan todas las cosas más rápidamente, pero los hombres escudriñan.

El hombre también analiza. Analizar significa no solo ver algo, sino también tratar de interpretar lo que esto significa. Una mujer puede ver una sanidad y decir, "Eso es un milagro", pero un hombre va a decir: "¿Un milagro? Yo no creo que ella estaba enferma. Ella solo tenía la enfermedad en su mente". Él analiza todas las cosas. Esta es la forma de ser de los hombres.

En tercer lugar, el hombre es muy preciso en su forma de planear. El hombre va a ver algo y va a planear la forma cómo acercarse a eso. Las mujeres pueden ser espontáneas, pero los hombres van a considerar todas las cosas, y van a decir: "Si yo voy ahí, primero tengo que estar seguro que todo está bien".

En cuarto lugar, el hombre siempre piensa acerca de las consecuencias. "Si yo hago esto, entonces puedo hacer también aquello", o "Si ellos hacen esto, entonces yo puedo hacer esto otro". Él siempre ve las oportunidades, los resultados y el fruto de las acciones.

Cuando un hombre pierde su trabajo, y no puede pagar la hipoteca o los otros pagos que él tiene que hacer, no debería partirse en pedazos y darse a la bebida ni usar drogas ni huir. La intención de Dios es que un verdadero hombre sea capaz de mirar los retos de la vida cara a cara y que pueda generar un plan de acción. "Bueno, vamos a ver de qué tamaño es este problema. Bien. Yo puedo solucionar esto. Me va a tomar tres semanas, pero lo voy a lograr." "Este otro problema no está tan mal. En tres meses, puedo solucionar esto." "Bueno, para este otro problema, tendremos que ir al banco y hacer algunos arreglos para que nos reduzcan los pagos y que tengamos más tiempo para poder tratar de solucionarlo."

El pensador lógico fue hecho para que pudiera manejar cosas duras. El hombre puede ver el problema en la cara y decirle: "No hay problema". Él habla con confianza porque él es una persona lógica, y su lógica está basada en la Palabra de Dios.

3. PROTECCIÓN TERRITORIAL

Los hombres muestran un espíritu de pelea, el cual les fue dado por Dios para proteger y para defender a todos aquellos que están bajo su responsabilidad. Jesús dijo: *¡Jerusalén, Jerusalén, la que mata a los profetas y apedrea a los que son enviados a Ella! ¡Cuántas veces quise juntar a tus hijos, como la gallina junta sus pollitos debajo de sus alas, y no quisiste!"* (Mateo 23:37). ¿Cuándo es que una gallina cubre a sus polluelos? Cuando hay peligro. Ella abre su ala, los cubre con ella, y entonces comienza a patear con sus patas. Ella está diciendo: "No te atrevas a tocar a mis chiquitos". Esta es la misma manera como Dios siente acerca de Su pueblo. Igualmente, el hombre tiene el espíritu de una gallina que está bajo presión y bajo la amenaza de peligro, y que está a punto de pelear.

Jesús mostró una naturaleza protectora muy fuerte cuando Él habló acerca de la Iglesia. De hecho, Él dijo: "Si alguien ofende a Mi novia, o si alguien trata de quitarme a Mis hijos, sería mejor que se atara una cuerda alrededor de su cuello, y que atara una piedra al otro extremo de la cuerda, que vaya al océano y que brinque al agua. Sería mejor que él hiciera todo esto a que Yo pusiera Mis manos en él" (ver Mateo 18:6).

El hombre tiene un espíritu en él que dice: "Yo tengo que proteger lo que es mío". Él habla en términos de "mi esposa", "mi casa" y "mi automóvil". Esta actitud posesiva no es negativa; viene de Dios. Sin embargo, cuando no está sometida a su propósito, frecuentemente es usada para controlar o para dominar a otros. Por ejemplo, un hombre puede terminar por gobernar a su esposa como si fuera su propiedad. A un hombre como este no le gusta que nadie se acerque a su esposa. Si él solo se llega a imaginar que ella pudiera ser infiel, él se llena de ira. ¿Por qué? Porque él no quiere que nadie interfiera en su territorio. De hecho, algunos hombres llegan a matar a sus esposas por infidelidad, aunque ellos mismos han sido infieles por años. Ellos no entienden su propósito, y por lo tanto, abusan de ello.

Algunos hombres jóvenes no saben qué hacer con su espíritu de competencia y de pertenencia, y terminan formando pandillas o gangas y compitiendo en contra de otras vecindades. Ellos se muestran agresivos en contra de cualquier otra persona que no usa el mismo tipo de sombrero o la misma chamarra que ellos usan. Ellos necesitan unos hombres muy fuertes como modelos de funcionamiento que les puedan enseñar lo que tienen que hacer con su protección territorial.

Jesús se enojó muchas veces, pero su enojo fue dirigido hacia la hipocresía y hacia la incredulidad. La Biblia dice: *"El que practica el pecado es del diablo, porque el diablo ha pecado desde el principio. El Hijo de Dios se manifestó con este propósito: para destruir las obras del diablo"* (1a. Juan 3:8). Los hombres no están supuestos a pelear en contra de otros hombres, sino en contra de las fuerzas espirituales que tratan de robar lo que Dios les dijo que tenían que proteger. Ellos tienen que competir en contra de la naturaleza pecaminosa y en contra de Satanás, y no en contra de carne y sangre. Un verdadero hombre posee una indignación justa. Él es protector de todo aquello que es santo. Él cuida todo aquello que es bueno.

No hay nada en el mundo que pueda bendecir más a un hombre, que el hecho de sentirse responsable por la seguridad de su familia. Por ejemplo, algo sucede dentro de él cuando él puede proveer a su esposa y a sus hijos con una casa. Él los puede mantener seguros de los elementos de la naturaleza. Él ha construido un lugar para ellos, y él se siente orgulloso de eso. "Mi casa solo tiene dos cuartos, pero tú sabes, esa es mi casa." Cuando un hombre le provee a su esposa con un automóvil, y el automóvil se le descompone, de inmediato, él se siente como protector. Él no puede soportar la idea de que ella esté parada en alguna carretera a merced de los elementos, y de inmediato él va y se hace cargo de la situación.

No te imaginas lo mucho que le duele a un hombre sentir que no tiene parte en proteger a su esposa y a sus hijos, sentir como si solo está visitando su propio hogar; está comiendo y durmiendo ahí, pero no está contribuyendo para el bienestar de su familia. Es muy importante que los hombres participen para resolver los problemas de la familia. Cuando algo sucede en el hogar o con los hijos, la esposa debería decírselo a su marido. ¿Por qué? Porque él necesita cumplir su propósito de dominio como protector.

Su esposa necesita animarlo en este propósito. Supongamos que un hombre le abre la puerta a su esposa, pero ella le dice: "No hagas eso, yo ya soy una mujer liberada". Ella acaba de insultar la naturaleza protectora del hombre. En estos días, debido a la manera en que las relaciones entre hombres y mujeres están cambiando en nuestras sociedades, los hombres ya no saben si ellos deben o no deben abrir la puerta a una mujer. Ellos están confundidos, y por lo tanto, muchos de ellos han dejado de hacer estas cosas. Algunas veces nosotros como hombres necesitamos ser recordados de nuestras tareas. Les voy a decir a las mujeres lo que ellas deben hacer en esta situación. Mi esposa es una experta en esto. Ella sale y se coloca a un lado del carro. Yo me meto en el carro, y ella se queda parada afuera. Entonces, es que me cae la idea. "Oh bueno." Me salgo del auto, voy alrededor y abro la puerta para ella.

Algunos hombres han perdido la noción de su responsabilidad de proteger a tal extremo, que ellos checan más seguido sus inversiones, que lo que checan para ver si sus familias están bien. Estos hombres están usando su don natural de protección, pero lo están usando en las cosas equivocadas. El hombre debería llamar a su esposa todos los días y asegurarse que todo está bien. "¿Alguien te está molestando?". Él también debería llamar para ver cómo están sus hijos y que ellos sepan que su padre se preocupa por ellos. El espíritu de protección territorial del hombre debe ser usado principalmente para proteger a su familia y a todos aquellos que estén bajo su responsabilidad.

4. EL DESEO DE LOGRAR LA EXCELENCIA, LO QUE ES "SU EGO"

Finalmente, Dios le dio al hombre lo que los psicólogos llaman *ego*. A mí me gusta llamarlo el deseo de lograr la excelencia. El ego del hombre es simplemente la actitud espiritual de no querer ser derrotado. Dios le dio al hombre esta actitud para ayudarlo a que venza los obstáculos en la vida. Nada hace a una mujer más orgullosa que el hecho de ver a su hombre fuerte, lleno de valor, parado en contra de las circunstancias. Todo hombre debería tener este tipo de espíritu. Cuando no lo tiene, él no está funcionando completamente.

El hombre siempre quiere realizar algo. Esta es la razón de que los hombres son tan competitivos. Los deportes les resultan más atractivos a los hombres que a las mujeres porque les proveen una válvula de escape para que se muestre esta cualidad de lograr la excelencia. Por ejemplo, muchos hombres tienen un equipo de basquetbol que es su equipo favorito. Tal vez son los Lakers o los Ballers. Estos hombres no juegan en ninguno de estos equipos, ni practican con ellos, y ni siquiera van a verlos durante sus entrenamientos, pero ellos aman la competencia que estos equipos representan. Un hombre tal vez nunca en su vida ha visitado la ciudad de Los Ángeles, pero cuando ganan los Lakers, él va a celebrar en grande. Tal vez, él nunca jugó basquetbol en su vida, pero él se siente tan orgulloso de los logros de este equipo como si él fuera parte del equipo mismo.

El hombre no fue hecho para demostrar esta cualidad de buscar la excelencia solo en los deportes o solo en la cancha de basquetbol. Hay hombres que pueden lanzar un tiro de tres puntos desde una distancia bien lejana, pero no son capaces de criar a sus hijos de forma que ellos lleguen a confiar en el Señor Jesús. Hay hombres que poseen todo tipo de trofeos de deportes, pero que nunca han aprendido a tomar esta cualidad de buscar la excelencia para poder canalizarla y aplicarla adecuadamente a través de la Palabra de Dios, usando la fe para alimentar esta misma cualidad. La marca de un hombre que sí conoce a Dios es esta: "Yo sé que puedo hacerlo, y no existe nada que me pueda detener".

Así que el ego en sí mismo no es una cosa mala. El hecho de tener la cualidad para buscar la excelencia es bueno, debido a que es parte del equipo del hombre para el liderazgo. Cuando un hombre tiene que hacer pasar a su familia por una situación difícil, es mejor que él posea algo de ego. Más le vale que pueda tener confianza en sí mismo hasta el punto de que pueda decir: "Esto no va a poder más que yo ni me va a vencer. Mi Dios va a suplir todas mis necesidades". Él puede estar confiado, debido a que él confía en la provisión de Dios. Él puede permanecer fuerte, debido a que él cree que es todo aquello que Dios dice que él es en Cristo Jesús. Esta es la definición de un ego redimido.

El ego necesita ser levantado en la Palabra de Dios, pero cuando ha sido corrompido por el pecado, Satanás lo usa para tentar a los hombres a que engañen, a que cometan actos fraudulentos, y aún para que se maten los unos a los otros. Esa no fue jamás la intención de Dios. Dios le dio al hombre esta cualidad para que buscara la excelencia y que llegaran a ser buenos ejemplos para sus hijos acerca de cómo permanecer fieles durante los tiempos difíciles. Dios les dio un ego a los hombres para que ellos puedan salir adelante continuamente con más motivación y con más esperanza para las batallas de la vida; para que puedan ser capaces de seguir moviéndose hacia delante aun cuando todo y todos a su alrededor ya se han rendido. Una esposa, cuyo esposo tiene esta cualidad de buscar la excelencia puede decir: "No importa lo que suceda. Él no se va a rendir jamás". Así que, aunque llegues a perder tu trabajo, tu ego debe ser tan grande que tú puedes regresar a casa y decir: "Me despidieron de mi trabajo el día de hoy, pero esto solo significa que Dios tiene algo mucho mejor para mí".

Hombres, no importa qué tan difíciles tiempos o situaciones ustedes tengan que enfrentar, yo quiero que ustedes sepan que ya poseen lo que se necesita para poder manejar esas situaciones y momentos difíciles. Dios te ha diseñado para que puedas atravesar en medio de las tormentas más fuertes y para que puedas resolver los problemas más grandes. Él ya te ha dado Su Propio Espíritu Santo. En la Biblia, los hombres que confiaron en Dios siempre estaban llenos de esperanza. Ellos siempre sabían que iban a salir adelante. Dios te ha dado una habilidad extraordinaria y fuerza, y te ha dado armas espirituales para proteger y para guardar todo aquello que Él ha confiado bajo tu cuidado.

DEDÍCATE PARA QUE PUEDAS LLEGAR A SER EL HOMBRE DE DIOS.

Los hombres necesitan entender que ellos son responsables de sus tareas de propósito. Esta revelación te tiene que entrar de lleno: "Como hombre, yo soy un visionario, soy un líder, soy un maestro, soy un cultivador, soy un proveedor y soy un protector". Llegar a ser el tipo de hombre tal y como Dios te diseñó, significa ser todas estas cosas.

Un hombre no decide ir a trabajar; él ya ha sido diseñado para trabajar. Él no tiene que decidir enseñar; a él se le requiere que enseñe. Él no puede decidir proteger; él ha sido hecho para proteger. No existe realización alguna si no llegas a satisfacer tu propósito de vivir. Mi oración es que tú te dediques a ser el tipo de hombre tal y como Dios te creó y tal como Él te diseñó, de tal manera que tú puedas experimentar una realización y una satisfacción tan grande en tu relación con Dios y en tu relación con los demás seres humanos. *"Cuida el ministerio que has recibido del Señor, para que lo cumplas"* (Colosenses 4:17). Trabaja y esfuérzate para que puedas llegar a ser un completísimo hombre de Dios, y que tú puedas ser una bendición para ti mismo, para tu familia y para todo el mundo.

PRINCIPIOS

1. El hombre fue creado para ser el proveedor de su familia.

2. El trabajo le fue dado al hombre para que: (1) hiciera avanzar los propósitos de Dios, (2) para darle satisfacción al hombre mientras

que usa las habilidades y las cualidades que Dios le dio y (3) para capacitar al hombre y que pueda proveer para sus propias necesidades, así como para las necesidades de todos aquellos que estén bajo su responsabilidad.

3. Al hombre le fue dado el trabajo antes de que la mujer fuera creada. Esto significa que, antes de que un hombre necesite a una mujer y antes de que él pueda estar listo para el matrimonio, él necesita el trabajo.

4. Dios le dio al hombre, y no a la mujer, la responsabilidad de ser el principal proveedor de la familia.

5. Un esposo no siempre va a tener las oportunidades como para poder cambiar sus circunstancias financieras, de tal manera que su mujer no tenga que trabajar. Él solo necesita moverse hacia su objetivo y hacia su ideal, por medio de trabajar para ello.

6. Debido a que el hombre fue creado para proveer, él también fue diseñado para proveer.

7. Un proveedor se anticipa a las necesidades antes de que estas vengan. Él planea, prepara y hace provisión para estas necesidades.

8. Dentro del deseo del hombre de trabajar y de proveer, se encuentra creada su necesidad de dar.

9. El hombre fue creado para ser el protector de su familia y todo aquello que se encuentra bajo su responsabilidad.

10. En 1a. Corintios 11:3, Pablo dice: *"La cabeza de la mujer es el hombre"*. Esto significa que un hombre no necesita estar casado para ser responsable de las mujeres.

11. A través de estos atributos, el hombre fue diseñado para proteger todo aquello que está bajo su responsabilidad; atributos como son: (1) fuerza física, (2) pensamiento lógico, (3) un sentido de protección territorial y (4) la cualidad de buscar la excelencia, o comúnmente llamada "ego".

12. Dios le ha dado al hombre la habilidad, la fuerza y las armas espirituales para proteger y para guardar todo aquello que Él le ha confiado bajo su cuidado.

PREGUNTAS DE ESTUDIO

PREGUNTA PARA REFLEXIÓN

1. Si eres un hombre, ¿de qué manera crees que debes cuidar y proteger a tu familia? Si eres mujer, ¿de qué manera crees que un hombre debe proveer y proteger a su familia?

EXPLORAR LOS PRINCIPIOS Y PROPÓSITOS DE DIOS

EL HOMBRE COMO PROVEEDOR

2. ¿Cómo recibe un hombre la visión, la vocación y el trabajo de su vida?

3. ¿Qué sucede cuando el trabajo de un hombre interfiere con su adoración a Dios?

4. ¿Qué podemos inferir del hecho de que Dios le dio trabajo al hombre antes de que la mujer fuera creada?

5. ¿Cuáles son algunos de los síntomas culturales de hombres y mujeres que trabajan a tiempo completo fuera del hogar?

6. Debido a que un esposo puede pasar por tiempos económicos difíciles o estar buscando un trabajo, su esposa puede verse obligada a trabajar. ¿Qué debería hacer él en tal situación?

7. ¿Qué dice sobre él la tendencia de un hombre a trabajar sin parar?

8. ¿Qué hace un proveedor para cumplir su rol?

9. Construido dentro del deseo del hombre de trabajar y proveer está su necesidad de _____.

10. ¿Qué le sucede a un hombre cuando no puede proveer a su esposa y su familia?

11. ¿Qué puede hacer una esposa para alentar a su esposo en su rol de proveedor?

EL HOMBRE COMO PROTECTOR

12. ¿Qué le dio Dios a Adán para proteger en el Jardín del Edén, y qué es lo que el hombre debe proteger hoy?

13. El hombre es _____ para proteger todo por lo que es responsable.

14. Un hombre tiene cinco atributos inherentes a través de los cuales él protege. ¿Cuál es el primero?

_____ _____

15. Incluso si un hombre no es alto o extremadamente musculoso, parece tener

_____ _____ _____

que le permita defender a su familia.

16. ¿Cuál es el segundo atributo que le permite a un hombre proteger?

_____

17. El tercer atributo que permite a un hombre proteger es la sensación de

_____ _____.

18. ¿Cómo puede una esposa alentar y capacitar a su esposo en su propósito de protector?

19. ¿Cuál es el cuarto atributo que capacita a un hombre para proteger?

20. ¿Por qué Dios le dio al hombre este atributo?

21. ¿Qué deben hacer los hombres con su impulso para sobresalir?

22. ¿Cómo es un hombre que tiene un ego "redimido"?

23. Menciona varias razones adicionales por las cuales Dios les dio a los hombres el impulso para sobresalir.

CONCLUSIÓN

Los hombres deben entender que son responsables de todas sus asignaciones de propósito. Toda la revelación tiene que golpearlos: "Como hombre, soy un visionario, líder, maestro, cultivador, proveedor y protector". Si eres un hombre, comprométete a ser el hombre que Dios creó y diseñó para que seas, de manera que experimentes una realización duradera en tu relación con Dios y en todas tus relaciones humanas. Trabaja para convertirte en un hombre completo de Dios, y serás una bendición para ti, tu familia y el mundo.

APLICA A TU VIDA LOS PRINCIPIOS DE DIOS

PENSÁNDOLO BIEN

+ Si eres una esposa, ¿estás alentando a tu esposo en su papel de proveedor, o estás (intencionalmente o inconscientemente) mostrándole que en realidad no lo necesitas?

+ Si eres un hombre, ¿estás protegiendo a las mujeres en tu vida, a los miembros de la familia, a los compañeros de trabajo, a los empleados y a otras personas? ¿O los dejas para que se valgan por sí mismos o incluso les haces la vida más difícil?

+ Si eres una esposa, ¿estás permitiendo que tu esposo contribuya al bienestar de la familia y participe en la solución de problemas familiares a través de su consejo y orientación?

+ Si eres un hombre, ¿estás usando tu ego para proteger y defender a otros, o para dominar o controlar a otros?

ORAR SOBRE ESO

+ Si eres un hombre, pídele a Dios que te ayude a comprender mejor tus roles de proveedor y protector y a usar la fe y las cualidades que Él te ha dado para cumplir estos roles.

+ Si eres mujer, pídele a Dios que te ayude a ser un apoyo para tu esposo, padre u otro pariente varón, mientras cumple las funciones de proveedor y protector.

+ Si eres un hombre que atraviesa un momento difícil en términos financieros, y estás tentado a darte por vencido o incluso a abandonar a tu familia, entrega a Dios tu situación en oración. Dile a Él cómo te sientes, medita en versículos que prometen su provisión, y repite esos versículos a Dios mientras oras. Luego, confía en que Él hará provisión para tu necesidad de proveer para que puedas satisfacer las necesidades de tu familia.

+ Si eres una mujer cuyo esposo está pasando por problemas económicos, pídele a Dios que te muestre cómo puedes apoyarlo mejor en este momento, alentándolo y reafirmándolo en su fe y su valor como hombre.

ACTUAR EN LA VERDAD DE DIOS

+ Un proveedor se prepara para cumplir con sus responsabilidades y planes futuros; él anticipa las necesidades de su familia antes de que lleguen y las provee. Piensa en las necesidades actuales y futuras de tu familia, financieras, emocionales, educativas, etc. Luego, haz planes específicos para proveer y satisfacer estas necesidades ahora y en los próximos años.

+ Si eres un hombre y has pensado en tu impulso a sobresalir en términos de deportes o del mundo empresarial, revisa el capítulo y entonces piensa acerca de cómo puedes canalizar ese impulso a través de la Palabra de Dios para el bienestar de aquellos que te rodean.

9

EL HOMBRE Y SU VIDA SEXUAL

EL SEXO ES UNA SEÑAL FÍSICA DE UN ACTO ESPIRITUAL; EL HECHO DE DARSE UNO MISMO COMPLETAMENTE HACIA OTRA PERSONA Y POR OTRA PERSONA.

El entendimiento de la naturaleza sexual del hombre es esencial para cualquier hombre que quiere conocer su propósito en Dios. Desafortunadamente, muy frecuentemente, la sexualidad es mal entendida, no tan solo en el mundo, sino también en la Iglesia. Estoy profundamente preocupado acerca del daño que esta falta de entendimiento acerca del sexo ha ocasionado y sigue ocasionando en las vidas de las personas. Ha llevado a la confusión, al mal entendimiento y a rupturas en las relaciones entre hombres y mujeres. Les ha impedido a los hombres poder vivir en todo su potencial como hombres y como maridos. Ha destruido matrimonios y vidas. Es mi oración que los hombres y las mujeres puedan encontrar su completa realización en Dios, a medida que ellos lleguen a entender el propósito y el plan de Dios para la sexualidad humana.

CÓMO ES QUE APRENDEMOS ACERCA DEL SEXO

¿Cómo fue que tú aprendiste por primera vez acerca de la sexualidad? Cuando yo le he preguntado a los hombres en los seminarios acerca de la forma como ellos fueron introducidos o presentados al concepto del sexo, ellos han enlistado varias fuentes de información, tales como:

+ Amigos o compañeros
+ Películas y televisión
+ Libros acerca de biología
+ Revistas y videos pornográficos
+ Experimentación sexual durante la adolescencia o durante la juventud

Desafortunadamente, la mayoría de nosotros fuimos introducidos al sexo a través de alguno de estos medios. No hay persona que pueda decir que aprendió el sexo a través de sus padres. Algo anda muy mal acerca de la manera en que estamos aprendiendo lo que tiene que ver con la sexualidad. Vean otra vez la lista que está arriba. Deben notar que ninguna de estas fuentes de recursos está calificada para proveer la información apropiada:

Amigos o compañeros de escuela: Los amigos proveen mucha información que tiene que ver con el estilo clásico de "me dijeron esto o aquello". Ellos todavía están tratando de figurarse lo que es el sexo realmente para ellos mismos.

Las películas y la televisión: Muchas personas experimentan frustración sexual, debido a que han desarrollado ideas erróneas y expectativas irreales, y todo esto basado en ver películas y televisión. La naturaleza de los medios del entretenimiento es pura fantasía, y su descripción de la sexualidad frecuentemente es falsa y destructiva para las verdaderas relaciones.

Libros de biología: Estos libros básicamente proveen los aspectos técnicos de la experiencia. Ellos nunca describen los aspectos emocionales, psicológicos o espirituales.

Videos o revistas pornográficas: La pornografía ha sido diseñada para promover fantasía sexual y desviación sexual para las personas que se convierte en adictos a ello, a fin de promover la industria pornográfica. Su propósito es hacer dinero y no instruir. De hecho, si tú siguieras sus sugerencias, tú serías objeto, junto con cualquier otra persona que estuviera involucrada, de una completa perversión. Las imágenes pornográficas son especialmente peligrosas porque quedan impresas en las mentes de las personas y pueden llegar a ser una fortaleza espiritual del enemigo.

Experimentar el sexo en la juventud: El hecho de experimentar con el sexo sin entender su propósito y su naturaleza, no es la manera para que un joven o una joven sean introducidos a algo que es tan precioso, pero tan peligroso, como el sexo. Más aún, cuando tú participas en algo, estás creando la capacidad para ello. Cuando estás creando la capacidad para ello, tú quieres satisfacer ese deseo. Una vez que el deseo ha sido creado, tu apetito por él va a crecer y a crecer. Va a crecer por medio del uso.

LA IGNORANCIA ACERCA DE LA SEXUALIDAD

La forma como una persona ha aprendido acerca del sexo determina, en una gran manera, la forma en que se involucra en él. Algunos de ustedes están sufriendo en este mismo momento de la falta de información acerca del sexo, o como consecuencia de una actividad sexual que no fue llevada de una manera sabia.

Cuando recibimos nuestra información acerca del sexo de una o de más de una de las fuentes de información anteriores, después, pasamos esta misma información a otras personas, y es así que perpetramos la ignorancia cultural acerca de la sexualidad. Esto es lo que ha estado sucediendo en nuestras sociedades. Mucho de lo que hemos aprendido acerca del sexo ha sido adquirido en un contexto enfermizo, y se encuentra lleno de información equivocada. A los hombres y a las mujeres les falta enseñanza positiva y bien informada acerca del tema de la sexualidad.

Mucha de la culpa por esta falta de enseñanza está en la iglesia y en el hogar. En general, el mensaje que hemos oído en nuestras iglesias y en nuestras familias es que el sexo no tiene nada de santidad y que, además, es sucio y que jamás debe ser discutido. ¿Alguna vez has ido a la iglesia, y has escuchado que el ministro dice: "El mensaje del día de hoy va a tratar acerca del sexo"? Si eso sucediera, las personas recibirían todo un shock, pero yo no creo que ellas se saldrían de la iglesia. Las personas están muy lastimadas en el área de la sexualidad, y ellos quieren saber lo que Dios tiene que decir acerca de esto. Pero de alguna manera, la iglesia ha decidido que no es adecuado discutir este tema. Además de esto, las personas jóvenes tienen la idea que los padres y los hijos no están supuestos a hablar acerca del sexo, debido a que sus propios padres nunca lo discutieron con ellos. De esta manera, ellos se encuentran impedidos de expresar sus propias preguntas sexuales dentro del contexto de un hogar amoroso o dentro del contexto de la comunidad de la iglesia, y tienen que buscar la información por medio de otras fuentes de información.

¿Qué es lo que podemos hacer? Primeramente, no deberíamos condenarnos a nosotros mismos por la situación en que nos encontramos, debido a que esta fue la forma en que fuimos criados, y esta también fue la manera en que la mayoría de nuestros padres fueron criados. La respuesta está en el hecho de renovar nuestras mentes por medio de la Palabra de Dios por el bien de nuestra propia salud sexual, y para que nuestros hijos no tengan que crecer recibiendo enseñanza sexual que viene de fuentes de información que son dañinas y que no están calificadas para ello. Por el contrario, deben recibir toda esta información proveniente de padres que sí entienden el plan de Dios para la sexualidad.

Nadie tiene el derecho de formar los conceptos y las actitudes de tus hijos con relación al sexo excepto tú. Debes asegurarte que los maestros de tu hijo en esta materia no son las dudosas clases que se imparten de educación sexual ni la revista *Playboy*. Entrena a tus hijos en el camino que deben seguir. Entonces, cuando un amigo o un maestro comiencen a decir algo equivocado acerca del sexo, tu hijo va a poder ignorarlo, teniendo el conocimiento y diciendo: "Eso no es lo que mis padres me enseñaron".

DIOS CREÓ EL SEXO

En primer lugar, nos debemos dar cuenta que Dios no piensa negativamente acerca del sexo. Él *lo creó* (ver Génesis 1:28). El sexo es idea de Dios y nunca comenzó como idea del hombre. Es una expresión tan hermosa del amor y de la entrega que solo Dios pudo haber sido Quien pensó en esto. Los hombres y las mujeres fueron diseñados como seres sexuales. Cada bebé nace como una creatura sexual, teniendo el potencial para tener relaciones sexuales cuando llegue a ser adulto. Dios solo piensa negativamente con relación al *mal uso* del sexo, porque daña a las personas que Él creó para tener una relación realizadora con el sexo opuesto. En segundo lugar, debemos darnos cuenta que la Biblia en sí misma es muy abierta acerca del tema de la sexualidad. El tema principal del libro *Cantar de los Cantares* de Salomón es el amor sexual.

¿Por qué es que Dios creó el sexo? La razón principal es el hecho de que la unidad es un aspecto central de la naturaleza y de los propósitos de Dios. En la Biblia, la unión sexual del matrimonio se usa como una metáfora para describir la intimidad entre Cristo y la Iglesia. El hecho de que Cristo es llamado el Novio y la Iglesia es llamada la novia nos da una idea de la preciosidad con la cual Dios ve el sexo. Es como un símbolo de Su unidad con Su muy amada humanidad, la cual ha sido creada a Su propia imagen, y ha sido redimida a través de Su amor.

EL SEXO ES BUENO

¿Cómo es que podemos saber que el sexo es una cosa buena? En Génesis 1:31 dice: *"Dios vio todo lo que Él había hecho, y vio que todo era bueno"*. Dios creó al hombre y a la mujer, y creó la naturaleza sexual de ambos. Por lo tanto, Él dijo que el sexo es *"muy bueno"*.

Aquellos que han estudiado el cuerpo humano dicen que la experiencia física más placentera en la vida es el clímax sexual. Difícilmente puede ser comparado con cualquier otra cosa. Pero hoy en día, el mal uso del sexo se ha convertido en uno de los peores enemigos del hombre. Es la causa de hogares destruidos, de hijos ilegítimos, de pornografía infantil y de miles de millones de dólares que dedica el gobierno a realizar programas sociales. Lo que Dios diseñó para que fuera un alto placer y algo muy bueno, se ha convertido en el elemento base de destrucción. Debemos volver a tomar conocimiento de los buenos propósitos de Dios con relación a la sexualidad.

EL DISEÑO SEXUAL

Dios diseñó el sexo para que fuera dentro del matrimonio por estas razones: (1) para procrear a la raza humana, (2) para sellar un pacto de sangre entre dos seres humanos y (3) para permitir que el sexo pudiera ser disfrutado a su potencial máximo sin repercusiones.

1. PARA PROCREAR A LA RAZA HUMANA

Después de que Dios creó al hombre y a la mujer (ver Génesis 1:27), Él los bendijo, y les dijo: *"Sed fecundos y multiplicaos, y llenad la tierra y sojuzgadla; ejerced dominio sobre los peces del mar, sobre las aves del cielo y sobre todo ser viviente que se mueve sobre la tierra"* (v. 28). Solo hay una manera de *"ser fecundos y de multiplicarse en número"*. Dios, de hecho, les estaba diciendo a ellos: "Háganlo. No solo se conformen con tener unos cuantos hijos, llenen la tierra".

2. PARA SELLAR UN PACTO DE SANGRE ENTRE DOS SERES HUMANOS

La Biblia dice: *"Por tanto, el hombre dejará a su padre y a su madre y se unirá a su mujer, y serán una sola carne"* (Génesis 2:24). Las relaciones sexuales constituyen el hecho de hacerte *"una sola carne"* con otra persona. Este término se refiere a una relación carnal (física) o a un pacto sexual.

¿Sabías tú que la cubierta que tiene la vagina de la mujer no tiene ningún propósito ni biológico ni médico? Pero la ciencia médica ha descubierto que esa pequeña capa de piel tiene una de las más altas concentraciones de vasos sanguíneos en el cuerpo. La única cosa que puede salir de esa capa de piel es sangre.

Vamos a pensar en la importancia de este hecho. La forma más fuerte de cualquier tipo de pacto en la Biblia es el pacto de sangre, y Dios ha diseñado la experiencia sexual como un tipo de pacto de sangre. Esta es la razón de por qué el sexo debe ser experimentado solo bajo el contexto del matrimonio, que es una promesa y una dedicación solemne y para toda la vida entre dos personas delante de Dios. Esta es la razón también de que existan tan serias advertencias en las Escrituras con relación a no tener sexo con cualquier persona. Las Escrituras dicen que si tú tienes sexo con una prostituta, tú te has unido a ella en un pacto. Aún después de que le pagaste su dinero y te fuiste, tú todavía te quedas con ella en cierto sentido, y ella se queda contigo.

3. PARA PERMITIR QUE EL SEXO PUDIERA SER DISFRUTADO A SU POTENCIAL MÁXIMO SIN REPERCUSIONES

En el libro de Deuteronomio encontramos una Escritura impresionante que dice: *"Cuando un hombre es recién casado, no saldrá con el ejército, ni se le impondrá ningún deber; quedará libre en su casa por un año para hacer feliz a la mujer que ha tomado"* (Deuteronomio 24:5). Esta es la Palabra de Dios.

Imagínate, Dios quería que las parejas jóvenes disfrutaran tanto el sexo, que Él dictó un decreto para asegurar que esto pudiera ser posible. La misma cosa de la cual pensamos que Dios está contra de ella, Dios Mismo la quiere promover. Un hombre recién casado no tenía que tener ninguna otra responsabilidad durante su primer año de matrimonio sino darle felicidad a su esposa. Él se quedaba con ella todo el tiempo y solo la bendecía. Yo creo que deberíamos adoptar esta forma de ser en estos días actuales.

Debes notar que no dice que el esposo tenía que darse felicidad a él mismo, sino a su esposa. La lujuria se enfoca en sí misma, pero el verdadero amor se enfoca en la otra persona. Dios le estaba diciendo al esposo: "Tú deseo en el matrimonio debería ser el hecho de hacer feliz a tu esposa". Ahora bien, cuando tú haces feliz a tu esposa, ¿quién es quién sale ganando? Ustedes dos. Cuando tú das, tú recibes.

Dios estableció el matrimonio para que la experiencia sexual estuviera llena de placer; no llena de repercusiones y de remordimientos. Dios no está en contra del sexo. Dios está en contra de la violación de los límites sexuales que Él estableció por nuestro propio bien.

Para poder llegar a cumplir nuestro máximo potencial, tenemos que seguir las leyes que Dios nos dio. Hombres, si ustedes pueden llegar a digerir este punto, ustedes van a llegar a entender lo fácil que es vivir a la manera de Dios en el área de la sexualidad. Las leyes de Dios son para nuestra protección, y no solo para nuestra restricción. Sus límites han sido establecidos para nuestra preservación y no para irritarnos o molestarnos. A veces pensamos que Dios no quiere que nosotros nos divirtamos. En realidad, Él realmente está tratando de protegernos. Cada vez que violamos una ley o faltamos contra alguno de los principios de Dios, estamos invitando a la muerte espiritual y al sufrimiento para que vengan a nuestra vida.

LÍMITES PROTECTORES DE LA SEXUALIDAD

Dios quiere que nosotros disfrutemos el sexo tanto, que nos ha dicho cuáles son los límites saludables para ello. El primer límite es el pacto del matrimonio.

La Escritura que acabamos de leer dice que un hombre debe *"hacer feliz a la mujer que ha tomado"* (Deuteronomio 24:5). No dice que te vayas a vivir con alguien por un año para ver si las cosas salen bien. No hay pactos provisionales o temporales. Salomón dijo: *"Sea bendita tu fuente, y regocíjate con la mujer de tu juventud,...que sus senos te satisfagan en todo tiempo, su amor te embriague para siempre"* (Proverbios 5:18-19). Este pasaje está haciendo una referencia al sexo. Disfruta *"con la mujer de tu juventud"*, y no con alguien más. Existe un vacío en el hombre que necesita ser llenado por la mujer. Y Dios dice: "Debes asegurarte que tu esposa es quien llene ese vacío".

> *Y el hombre dijo: esta es ahora hueso de mis huesos, y carne de mi carne; ella será llamada mujer, porque del hombre fue tomada. Por esta razón el hombre dejará a su padre y a su madre y se unirá a su mujer, y serán una sola carne.*
> (Génesis 2:23-24)

"Por esta razón". ¿Cuál es la razón por la que el hombre se debe ir? *"Para unirse"*. ¿A quién? A su esposa. En el minuto en que esta ley es violada, comenzamos a recoger las repercusiones. El versículo 24 dice: *"Y serán una sola carne"*. Los límites que Dios ha establecido para la experiencia de ser una sola carne es la relación entre el esposo y la esposa.

El matrimonio nos permite disfrutar el sexo al máximo. ¿Cómo es que un hombre joven recién casado se siente después de que acaba de tener sexo con su esposa durante la luna de miel? En una completa paz. A él no le importa si las personas se ponen a hablar acerca de lo que él y su esposa hicieron. Él no siente vergüenza alguna acerca de ello, ni temor alguno de que lo atrapen haciendo esto. Existe tanta libertad dentro de los límites de Dios. Pero cuando tú violas las leyes de Dios, la primera cosa que tú vas a perder es tu paz.

HACER LO QUE SE PERMITE VERSUS HACER LO QUE NOS CONVIENE

En 1a. Corintios 6:12, Pablo dijo: *"Todo me es lícito"*. Esto significa que puedo hacer todo lo que yo quiera. Pero él continúa diciendo: *"pero no todo me conviene"*. Tu derecho a hacer algo no es lo que realmente importa. Lo que realmente te conviene es que sí importa. El entendimiento que tú tengas acerca de los beneficios y acerca de los perjuicios de alguna cosa te permite determinar si eso es bueno para ti.

"El cuerpo no es para la fornicación" (v. 13). Las Escrituras no dicen que el cuerpo *no haya sido* hecho para el sexo. Tampoco dice que la persona no deba usar el cuerpo para las cosas inmorales. Simplemente dice que el cuerpo *no fue hecho* para la inmoralidad. Esta es una de las leyes sexuales de Dios, que Él nos da para nuestro propio bien.

Alguien tal vez diga: "Vamos, vamos. Cuando un hombre va a la cama con una mujer, sea que es moral o inmoral, se siente muy bien". Nuestra justificación y nuestro razonamiento para la inmoralidad es "que se siente muy bueno". Pero Dios dice: "Yo no Me estoy refiriendo a lo que se siente muy bueno. Yo estoy refiriéndome a aquello para lo cual fue creado tu cuerpo. Fue hecho para el sexo, pero no para el sexo inmoral".

Algo negativo sucede en el cuerpo de un hombre cuando él ha tenido una experiencia inmoral en el área sexual. Si el cuerpo no fue creado para eso, entonces algo malo sucede cuando se le sujeta a esto. Esta es la razón de que un hombre se sienta culpable después de haber tenido una experiencia de este tipo, sea que lo admita o que no lo admita. Los hombres que participan en la inmoralidad llegan incluso a odiar a sus compañeros sexuales, y desean no tener nada que ver con ellas nunca más.

¿Qué ha sucedido? Sus cuerpos no fueron hechos para la inmoralidad. De alguna manera, el hecho de tener el conocimiento de que han violado la ley de Dios, se traduce en sustancias químicas en sus cuerpos, y ellos acaban por sentirse muy mal. La ciencia ha probado que existen algunas cosas que nuestros cuerpos no pueden manejar. Una de ellas es la culpa. Nuestros cuerpos no tienen las enzimas ni las hormonas ni los químicos necesarios para poder manejar el sentimiento de culpa. Solo la Sangre de Jesús nos puede librar de la culpa.

"El cuerpo no es para la fornicación, sino para el Señor" (v. 13). ¿Para qué fue hecho tu cuerpo? Fue hecho para Dios. Fue creado para ser usado en el contexto que Dios ya había establecido. Dios colocó límites específicos en el comportamiento sexual, y nosotros podemos tener toda la diversión que queramos, pero dentro de ese contexto. No vamos a experimentar todas estas repercusiones negativas si nos mantenemos dentro del plan de Dios.

Permítanme decir aquí que Dios ha creado a los hombres y a las mujeres para expresar la sexualidad en una manera específica. Dios nunca le dio un hombre a Adán; Dios le dio una mujer. El diseño de Dios es hombre y mujer; y no hombre y hombre, ni mujer y mujer. Podemos saber que la homosexualidad no es el plan de Dios, debido a que no encaja en el diseño de Dios.

El versículo 13 continúa diciendo: "*y el Señor es para el cuerpo*". El Señor hizo el cuerpo para Él Mismo. Dios no está en contra de que tú tengas sexo. De hecho, Él tiene que estar presente en tu matrimonio para bendecir tu unión sexual. Proverbios 10:22 nos dice: "*La bendición del Señor es la que enriquece, y Él no añade tristeza con Ella*". Tú puedes tener una vida sexual muy rica, sin ninguna pena, cuando tú sigues el plan de Dios.

En 1a. Corintios 6:15-18, Pablo también dice:

> *¿No sabéis que vuestros cuerpos son miembros de Cristo? ¿Tomaré, acaso, los miembros de Cristo y los haré miembros de una ramera? ¡De ningún modo! ¿O no sabéis que el que se une a una ramera es un cuerpo con ella? Porque Él dice: Los dos vendrán a ser una sola carne. Pero el que se une al Señor, es un espíritu con Él. Huid de la fornicación. Todos los demás pecados que un hombre comete están fuera del cuerpo, pero el fornicario peca contra su propio cuerpo.*

En el idioma griego, la palabra que se traduce para "huir" significa "correr". "Salir corriendo". "Escapar". En otras palabras, *debes evitarlo a toda costa como si se tratara de una plaga*. ¿Cómo es que tú reaccionas ante las plagas? Te alejas tanto como puedas de ellas. Tú te aíslas y te proteges de ellas.

"*Todos los demás pecados que un hombre comete están fuera del cuerpo, pero el fornicario peca contra su propio cuerpo*" (v. 18). Pablo estaba diciendo: "Si tú robas, esto es fuera del cuerpo. Si tú peleas, esto es fuera del cuerpo. Si tú maldices a alguien, esto es fuera del cuerpo". Tú no te haces uno con la persona a quien le has dado una cachetada, o a quien tú has maldecido. Pero cuando tú tienes sexo con una mujer, tú ya no te vas a poder separar de ella. Debes recordar que el acto sexual es un pacto. Algunos hombres no pueden entender cómo es que en una pareja, los dos pueden dormir juntos por un tiempo, y entonces, cuando ambos deciden romper esa relación, tienen mucha dificultad para que cada uno pueda hacer su propia vida aparte. Esto se debe a que la separación causa un verdadero trauma en el alma de ellos. Esto es un asunto muy serio. Esta es la razón porque las relaciones fuera del plan de Dios pueden ser tan peligrosas.

¿O no sabéis que vuestro cuerpo es templo del Espíritu Santo, que está en vosotros, el cual tenéis de Dios, y que no sois vuestros? Pues por precio habéis sido comprados; por tanto, glorificad a Dios en vuestro cuerpo y en vuestro espíritu, los cuales son de Dios. (1a. Corintios 6:19-20)

Tu cuerpo le pertenece a Dios por duplicado. Él no solo te creó y punto; Él también Te compró, y el precio fue muy alto. Tu cuerpo es propiedad de Dios. ¿Cómo puedes honrar a Dios con tu cuerpo? Primeramente, por medio de esperar hasta que te cases para tener relaciones sexuales, y en segundo lugar, por medio de tener sexo solo con tu esposa. Tú eres el templo de Dios. Tú levantas tus manos para adorar a Dios; tú puedes usar esas mismas manos para acariciar a tu esposa. Ambos hechos son muy santos ante la vista de Dios.

¿QUÉ ES LO QUE EL AMOR TIENE QUE VER CON TODO ESTO?

El sexo es una señal física de un acto espiritual; el hecho de darse uno mismo completamente a otra persona y por otra persona. El amor matrimonial es la unión de un esposo a la esposa. Hoy en día, las personas están buscando el sexo sin el amor, y buscan el amor sin el matrimonio, y buscan el matrimonio sin la responsabilidad. La idea que el mundo tiene acerca del sexo es muy superficial y está distorsionada. El mundo dice: "Haz el amor". Dios dice: "Ama". Hemos confundido el sexo con el amor. Una cosa es saber cómo hacer el amor con una persona; pero es otra cosa el hecho de amar verdaderamente a otra persona. La expresión "vamos a hacer el amor" se refiere al funcionamiento. Significa hacer algo. "Hacer el amor" es meramente una experiencia técnica, mientras que el hecho de amar es un acto espiritual. Si el sexo produjera amor, nadie en el mundo sentiría mejor el amor que las prostitutas. Pero las prostitutas están entre los más altos índices de suicidios.

El amor es el deseo de agradar a la otra persona, el darse uno mismo completamente a la otra persona, y no solo el hecho de tomar algo de alguien. Alguien me preguntó una vez: "¿Qué sucede cuando una persona se casa con alguien que se encuentra inválido o que está paralítico? ¿Qué clase de vida sexual van a tener?". La respuesta es muy sencilla. Ellos entienden que el matrimonio es por amor, y no solo por sexo. El fundamento del matrimonio debería ser el amor. Hay muchas maneras en que se pueden expresar el amor y el afecto físico; el sexo es solo una de ellas. La persona puede encontrar una satisfacción total en la otra persona sin tener la experiencia técnica que nuestra cultura glorifica tanto, debido a que su relación va mucho más allá de la recámara. Para mí, esa es una verdadera relación. *El sexo fue dado por Dios para ayudarnos a expresar el amor, y no solo para crearlo.*

Cualquiera que se casa solo por razones sexuales, ha pavimentado y preparado el camino para el fracaso, debido a que el deseo sexual fluctúa y cambia constantemente. Crece, llega al clímax, y después se muere. Si tú basas tu relación únicamente en el sexo, tu relación también va a llegar al clímax, y después va a morir.

Si el sexo es tan importante, ¿por qué es que disminuye con la edad? Dios espera que, a medida que el matrimonio crece, lo que disfrutamos dentro de los primeros años del matrimonio se convierta en algo menos importante, y que la verdadera relación comience a ser desarrollada. Dios dice: "Disfruta el aspecto sexual de tu matrimonio, pero debes moverte hacia una unión mucho más profunda como esposo y como esposa, basados en Mi amor incondicional".

Pablo dijo: *"Maridos, amad a vuestras mujeres, tal y como Cristo amó a la iglesia y se entregó a Sí mismo por Ella"* (Efesios 5:25). De hecho, Él estaba diciendo: "La única imagen que Yo puedo usar para describir a Jesús y a la Iglesia es la relación entre un marido devoto y su esposa". El más alto testimonio que tú puedes dar para Cristo Jesús no es por medio de predicar, sino por medio de amar a tu esposa tal y como Cristo amó a la Iglesia.

Necesitamos verdaderos hombres en nuestras comunidades; hombres de la Palabra de Dios que conozcan lo que es el verdadero amor. Nadie puede entender el profundo significado de Jesús y de la iglesia mejor que un hombre que ha tenido una buena relación sexual con su esposa. La experiencia sexual puede ser un modelo del amor de Cristo por su novia, que es la Iglesia, si es que seguimos el plan original de Dios para la sexualidad.

TRAMPAS SEXUALES DE LOS HOMBRES
Debido a que el pecado sexual puede llegar a ser una gran tentación para los hombres, ahora yo quiero discutir específicamente las trampas sexuales donde caen los hombres y la manera como estas pueden ser evitadas. Algunos de ustedes están al borde de caer dentro de alguna de estas trampas sexuales. Tú estás pasando por una crisis, y tú no quieres que tu esposa se entere de esto. Pero tú puedes permanecer fiel a Dios, y fiel a tu esposa, por medio de ser consciente de estas trampas, y por medio de mantenerte firme y fuerte en contra de ellas.

La mayoría de los hombres quieren hacer lo que es correcto. Sin embargo, muchas voces los seducen para que abandonen lo que es verdadero y bueno. Estas voces son todo lo opuesto a lo que Cristo es, a lo que es la disciplina propia, y a lo que es la responsabilidad. Ellos atacan el deseo de los hombres de vivir justamente. Como hombre, yo soy tentado de la misma manera como tú. Nos podemos mantener a salvo solo por medio de conocer lo que la Palabra de Dios dice acerca de estas tentaciones y por medio de aplicar algo de sentido común. Algunas personas piensan que el Espíritu Santo automáticamente va a evitarles de caer en estas trampas. Tal y como lo vamos a ver, mientras que el Espíritu Santo siempre está con nosotros para ayudarnos, Él también espera que nosotros ejercitemos control sobre nosotros mismos.

TRAMPA #1: MALENTENDER LA DIFERENCIA SEXUAL ENTRE LOS HOMBRES Y LAS MUJERES

Aprendimos en un capítulo anterior que el hombre ha sido diseñado físicamente para ser un dador. Los hombres *casi siempre* están listos para dar sexualmente. Esto es natural. Esta es la forma como Dios los hizo.

La mujer ha sido diseñada físicamente para ser una receptora. Sin embargo, su diseño es diferente del diseño del hombre en el hecho de que ella no siempre está lista para recibir, debido a que su cuerpo opera dentro de un ciclo. Ella es más receptiva en ciertos días y a ciertas horas. Debido a esta tendencia, ella necesita ser tratada con bondad y con sensibilidad por parte de su marido. Cuando los hombres no entienden esta diferencia sexual que existe entre los hombres y las mujeres, y ellos esperan que las mujeres funcionen de la misma forma en que ellos funcionan, ellos se frustran totalmente. El resultado de esto puede ser un completo mal entendido, puede ser resentimiento, y puede llegar a convertirse en el deseo de buscar una persona que ellos sientan que va a ser más receptiva.

En adición al ciclo de la mujer, la fatiga y la tensión nerviosa también pueden impedir que una mujer esté lista para recibir. Vamos a ver todas estas cosas desde el punto de vista de ella por un momento. ¿Cómo es que una esposa puede estar relajada, sensible y lista para agradar a su marido justo cuando ella ha llegado a casa, después de haber tenido un duro día de trabajo? Esta es un requerimiento muy serio. Ella llega a casa muy cansada, y su esposo espera que ella lo salude en la puerta, diciendo: "Hola cariño. He estado esperándote todo este tiempo. Yo sé que estás cansado. Quítate tus zapatos y levanta tus pies en el sillón. Aquí está esta enorme taza de chocolate que te encanta. Aquí está el periódico. Las noticias van a venir en la televisión dentro de treinta minutos. Estoy poniendo a los niños en la otra recámara para que tú puedas escuchar las noticias en paz y con quietud. Entonces, te voy a servir una cena de cinco platillos, debido a que tú trabajaste tan duro el día de hoy".

Muchos hombres esperan esto. Pero ¿cómo es que sus esposas van a hacer todo esto, si ellas han estado trabajando tan duro, o tal vez más duro que sus esposos? Es una vida muy difícil. Anteriormente, cuando una mujer estaba en el hogar todo el día, ella tenía más energía para darle a su marido. Pero en los días actuales, ella misma es quien necesita mucha atención cariñosa. La vida puede ser muy difícil y muy tensionarte. Tú tal vez te estés preguntando: "¿Por qué es que la relación con mi esposa es tan tensa?". Esto puede deberse al ritmo y a la tensión de la vida.

Cuando un hombre se siente lastimado debido a que su esposa no está siendo tan receptiva como a él le gustaría, algunas veces él se retira de ella emocionalmente, creando una distancia de separación entre ambos. Esta separación puede llevar a un sentimiento de rechazo por parte de uno de ellos o de ambos, lo cual va a dar como resultado muchos problemas matrimoniales, incluyendo el divorcio.

Para evitar esta trampa sexual, tú necesitas aceptar el hecho de que tu esposa es diferente que tú, y necesitas aprender a trabajar a través de tus diferencias con paciencia y con amor. También, haz todo lo que puedas para aliviar la tensión en su vida. De esta manera, ella podrá ser más receptiva hacia ti, y tú podrás tener una relación más realizadora. En adición a esto, debes leer 1a. Corintios 13:4-8, y debes comenzar a poner esto en práctica:

El amor es paciente, es bondadoso; el amor no tiene envidia; el amor no es jactancioso, no es arrogante; no se porta indecorosamente; no busca lo suyo, no se irrita, no toma en cuenta el mal recibido; no se regocija de la injusticia, sino que se alegra con la verdad; todo lo sufre, todo lo cree, todo lo espera, todo lo soporta. El amor nunca deja de ser.

TRAMPA #2: LA VOZ DEL PLACER

La voz del placer es como las sirenas de la mitología griega, que atraían a los hombres a su propia destrucción por medio de cantos que sonaban muy dulces. Supongamos que un hombre ha estado en el mismo trabajo por diez o quince años, haciendo la misma rutina. Después de un tiempo, él va a comenzar a ser atraído a cualquier cosa que él piense que le va a dar algún placer en la vida.

Esta es una situación muy peligrosa para un hombre, porque puede llevarlo a la infidelidad. Para evitar esta trampa, tú debes estar muy alerta, buscando esas señales que te indiquen que te sientes desgastado con la vida y que tienes que comenzar a buscar alguien aparte de tu esposa que te pueda dar placer. Debes poner un escudo en tu corazón y en tu espíritu, y debes buscar a Dios para que te dé renovación durante estas épocas tan secas de la vida. Debes planear pasar tiempo extra con tu esposa y volverte a reconciliar con ella. Habla con tu pastor o con otros hombres cristianos de tu confianza. Ve a un retiro espiritual. Pídele a Dios una visión fresca o una visión renovada para tu vida. Rompe tu rutina con una nueva meta o con un nuevo interés.

Adicionalmente, lee y medita en estos versículos: *"Me darás a conocer la senda de la vida; en tu presencia hay plenitud de gozo; en tu diestra, deleites para siempre.* (Salmo 16:11). *"Porque yo sé los planes que tengo para vosotros"*—declara el Señor—*"planes de bienestar y no de calamidad, para daros un futuro y una esperanza* (Jeremías 29:11).

TRAMPA#3: LA SEDUCCIÓN DEL ROMANTICISMO

Esta trampa es similar a la trampa número 2, pero tiene una diferencia muy sutil. Es una búsqueda por lo romántico o por lo misterioso, a fin de traer excitación al estilo de vida tan aburrido que está uno viviendo, volviendo a poner algún tipo de significado a la vida, o recuperando el sentimiento de aquella juventud perdida. El hecho de sucumbir ante la seducción del romanticismo hace que un hombre esté listo para una relación extramarital, debido a que él piensa que al tener una relación romántica con una nueva persona (y por lo tanto "misteriosa") le va a dar una vida excitante. El problema está en que lo nuevo rápidamente se convierte en algo familiar, y muy pronto, él va a necesitar algo más para volver a tener excitación en su vida.

Tú puedes evitar esta trampa sexual por medio de seguir el mismo consejo que fue dado en la sección anterior. Adicional a esto, debes comenzar a buscar a Dios con todo tu corazón. El deseo humano de tener excitación y misterio ultimadamente fue hecho para ser llenado en Dios. No hay nadie como Dios, y nunca vamos a llegar al fin de descubrir todas las facetas de Su amor y de Su carácter. En adición a esto, debes leer y debes meditar en estas Escrituras: *"A quienes Dios quiso dar a conocer cuáles son las riquezas de la gloria de este misterio entre los gentiles, que es Cristo en vosotros, la esperanza de la gloria"* (Colosenses 1:27). *"El que rescata de la fosa tu vida, el que te corona de bondad y compasión; el que colma de bienes tus años, para que tu juventud se renueve como el águila"* (Salmos 103:4-5).

TRAMPA #4: EL DESEO DE TENER RELACIONES EXTRAMARITALES (FUERA DEL MATRIMONIO)

Muchos de ustedes probablemente se están diciendo a ustedes mismos: "Yo soy un cristiano nacido de nuevo, lleno con el Espíritu Santo, que siempre llevo mi Biblia bajo el brazo. Nunca he pensado acerca de una relación extramarital". Vamos a hablar francamente. Los hombres son creaturas sexuales, y ellos pueden ser atraídos a otras mujeres que no son sus esposas. Un estudio reciente ha mostrado que el cerebro del hombre tiene una respuesta fisiológica al hecho de ver una hermosa mujer, lo cual es comparable a su respuesta hacia la comida. Aparentemente, cuando un hombre ve a una mujer hermosa, los circuitos "de placer" que hay en su cerebro reaccionan de inmediato. Esta es una respuesta física que forma parte del diseño del hombre.

Aun los hombres cristianos que están entregados a Dios y a sus esposas, deben tratar con la tentación sexual. Pablo admitió que los cristianos pueden ser tentados de esta manera cuando él dijo en 1a. Corintios 7:5: *"No os privéis el uno del otro, excepto de común acuerdo y por cierto tiempo, para dedicaros a la oración; volved después a juntaros a fin de que Satanás no os tiente por causa de vuestra falta de dominio propio".* Pablo estaba hablando a los cristianos de Corinto que estaban llenos con el Espíritu Santo. Él estaba diciendo: "Yo los conozco a ustedes. Ustedes son creaturas sexuales. Corran y busquen a su esposa para que ustedes no sean tentados. Ustedes no están hechos de acero".

¿Cómo es que tú puedes vencer la trampa de desear tener una relación extramarital? En primer lugar, debes reconocer que tu cuerpo reacciona ante la belleza física. Usado en el contexto correcto, esta reacción hace que un hombre desee el sexo opuesto y que pueda encontrar una compañera para la vida. Usado en el contexto equivocado, esto puede llevar a la infidelidad. Si tú niegas este hecho, no podrás ser capaz de mantenerte firme en contra de la tentación.

En segundo lugar, debes recordar tu promesa y tu dedicación a Dios para vivir una vida santa, y debes recordar el pacto que tú hiciste con tu esposa. Nunca debemos ser gobernados por nuestros sentimientos o por nuestras

211 EL HOMBRE Y SU VIDA SEXUAL 211

hormonas, sino por el Espíritu Santo de Dios. Como hombre, yo experimento el mismo tipo de reacciones que tú experimentas. Sin embargo, esto no significa que yo voy a actuar basado en ellas. Tengo más sentido común como para hacer esto. O yo debería decir que tengo más conocimiento como para hacer esto. Tengo el conocimiento de lo que Dios desea que los hombres y las mujeres hagan en un pacto de matrimonio.

Yo le he dicho a mi esposa: "Yo veo muchas mujeres que son muy amables y muy atractivas, y yo me podría haber casado con ellas. Pero yo te escogí a ti. Tú eres la mujer de mi pacto". El matrimonio es una elección y dedicación. Los hombres son creaturas sexuales. Nosotros vemos una hermosa mujer y apreciamos la belleza, y por lo tanto, decimos: "¡Wow, mira eso!" Pero es el Espíritu Santo dentro de nosotros que dice: "¡Cuidado, hombre!" Necesitamos escuchar Su voz y permanecer fieles a nuestra esposa. No debemos permanecer dentro de los pensamientos de tentación, ni debemos permitirles que nos controlen.

En tercer lugar, no debes ponerte en una situación donde la tentación llegue a ser más fuerte que tú. Tal y como Pablo dijo, debes permanecer cerca de tu esposa: "*Volved después a juntaros a fin de que Satanás no os tiente por causa de vuestra falta de dominio propio*" (1a. Corintios 7:5).

Como hombres cristianos, tenemos que llegar a controlar este deseo de tener relaciones sexuales extramaritales. Necesitamos enseñar a los hombres jóvenes que la atracción sexual es fisiológica y que no se debe actuar basado en ella fuera de la relación matrimonial. Este conocimiento les va a ayudar a no sucumbir ante le tentación sexual. Una de las cosas más honestas que los hombres pueden decir uno al otro es: "Hermano, yo soy una creatura sexual, y yo necesito tu apoyo. Yo necesito tus oraciones". Todos nos necesitamos los unos a los otros. Vamos a ayudarnos los unos a los otros a fin de poder permanecer en los propósitos de Dios.

Finalmente, debes leer y debes meditar en estos versículos: "*Prestad atención, pues, a vuestro espíritu; no seas desleal con la mujer de tu juventud*" (Malaquías 2:15). "*Engañosa es la gracia y vana la belleza, pero la mujer que teme al Señor, esa será alabada*" (Proverbios 31:30).

TRAMPA #5: LAS NECEDADES DEL EGO

Esta última trampa es la más peligrosa, debido a que la más grande de todas las influencias en los hombres es la que se deriva de las necesidades del ego. Este es el deseo de ser admirado y de ser respetado por miembros del sexo opuesto. Yo estoy seguro que tú has experimentado este deseo anteriormente y que tú lo vas a experimentar otra vez. No importa qué tanto ores o qué tanto hables en lenguas. Si una mujer trabaja en las necesidades de tu ego, más te va a valer saber bien la manera de mantenerte puro.

Lo que está dañando a los hombres en la Iglesia en estos momentos es el falso sentido de seguridad que está basado en la idea de que, una vez que una persona ha sido bautizada en el Espíritu Santo, esta persona ha sido inmunizada contra todas las tentaciones. Esto no es nada cierto. El Espíritu Santo no nos da carácter; el carácter es algo de lo cual nosotros tenemos la responsabilidad de desarrollar. Sin embargo, Él nos da la fuerza para soportar la tentación, para salir adelante a través de las dificultades y para poder salir del otro lado en completa victoria.

Los amoríos se desarrollan debido a que los hombres quieren probar que ellos todavía son atractivos a las mujeres. Esta emoción viene del hecho de conocer que alguien los encuentra románticamente atractivos. Se siente muy bien para un hombre el hecho de conocer que una mujer piensa que él es inteligente o guapo, que ella disfruta hablando con él, que a ella le gusta la forma como él piensa, que ella encuentra muy excitante el hecho de estar con él. Sin embargo, si él es un hombre casado, y si la mujer no es su esposa, él se encuentra en una situación muy peligrosa, debido a que las necesidades de su ego están siendo suplidas y acariciadas.

La atracción que está basada en las necesidades del ego, normalmente sucede gradualmente, y en muchas ocasiones, sin que ninguna de las partes se dé cuenta de lo que está sucediendo. Por ejemplo, tú vas a almorzar con tu secretaria y solo pasas treinta minutos hablando con ella, pero tú disfrutas su compañía. De regreso en la oficina, ella te da una hoja de papel, y accidentalmente, tú tocas su mano. Ella sonríe. Más tarde, ella entra a tu oficina para pedirte un reporte, y dice: "Sabes, yo realmente pienso que tú eres uno de los mejores hombres que jamás yo he conocido. Si alguna vez me caso con alguien, yo quiero que ese alguien sea tal como tú". Ella ha hecho una declaración muy inocente y tal vez, ella es muy sincera acerca de esto. Sin embargo, en este momento, tú tal vez estás en problemas, debido a que tú eres un hombre y tienes estas necesidades en tu ego.

Las necesidades del ego pueden hacer que un hombre se comporte de forma muy tonta y algunas veces incluso sin honor. Esto puede hacer que un hombre cristiano que es amoroso, saludable, dedicado y lleno del Espíritu Santo, deje a su esposa por otra mujer. Él puede decir: "Esta mujer me hace sentir muy bien". ¿Acaso tú puedes escuchar la voz del ego en esta declaración?

Algunos hombres piensan que ellos nunca van a caer en esta trampa del ego. Déjame decirte algo: *No es la mujer quien es muy fuerte; es tu ego el que es muy débil.* Los hombres que deciden dejar el camino de la justicia, yendo en busca de esas otras voces, muy rara vez hacen un cambio brusco para caer en el error. Al contrario, ellos hacen pequeñas desviaciones, las cuales se ven seguras, pero que los desvían de aquello que es correcto y, una vez ahí, entonces regresan a fin de evaluar.

Ellos dicen: "Un, me gusta eso, pero yo no debía haberlo hecho". Debes recordar que una vez que tú creas la capacidad para una cosa, tú vas a necesitar más de ello para poder satisfacer tu deseo. Así que ellos van un poco más adelante antes de regresar la próxima vez. "¡Vaya, eso sí que se sintió bien! Pero yo realmente nunca debía haberlo hecho". Ellos evalúan y checan para ver si alguien está viendo lo que ellos están haciendo.

Entonces, en una ocasión que parece de repente, ellos salen y nunca regresan. Ellos dejan a su esposa. Ellos abandonan a todos y lo abandonan todo: a Dios, su familia, sus amigos, su trabajo. Los amigos se preguntan: "¿Qué ha sucedido? Él era todo un caballero". Lo que ha sucedido es que la infidelidad comenzó lentamente; él se metió en ello para satisfacer las necesidades de su ego, hasta que llegó al punto en que fue derrotado por ello.

Algunos de ustedes también han estado probando la infidelidad en forma muy callada. Yo les advierto a ustedes, tal y como Pablo advirtió: solo hay una manera en que tú puedes mantener tu sexualidad en orden. Yo sé que tú vas a pensar que yo estoy a punto de decir que es la oración. No es la oración. Pablo dijo, *"Porque esta es la voluntad de Dios:...que os abstengáis de inmoralidad sexual; que cada uno de vosotros sepa cómo poseer su propio vaso en santificación y honor"* (1a. Tesalonicenses 4:3-4).

¿Cómo es que tú puedes evitar la trampa de las necesidades del ego? *"Que cada uno de vosotros sepa cómo poseer su propio vaso en santificación y honor"* (1a. Tesalonicenses 4:4). Esta es la forma como tú mantienes tu vida en orden. Pablo no dijo: "Ve a las reuniones de oración" o "Ata el poder de la lujuria". Tú no atas a la lujuria. Dios simplemente dice: "Contrólate a ti mismo".

Yo te puedo apostar que tú estás deseando que hubiera una forma más fácil para salir de esto. Tú estabas pensando que yo te iba a dar algunas respuestas mágicas para que tú pudieras controlar tu lujuria y tu pasión para el sexo. No existe ningún tipo de respuestas fáciles. La respuesta es esta: compórtate bien. Este es el final de la discusión. No permitas que una mujer se aproveche de ti, y debes asegurarte de no aprovecharte de los sentimientos que una mujer tenga por ti.

No deberíamos pensar que somos tan espirituales hasta el punto de sentir que somos intocables. Ya sea que tú eres casado o soltero, cada vez que tú seas tentado para ser inmoral sexualmente, ¡tú debes salir corriendo! Ponte a orar. Evita cualquier contacto con esa mujer. ¿Por qué? Porque tú estás viviendo en un cuerpo que ha sido diseñado con hormonas y con químicos complejos que responden automáticamente al estímulo de lo que tú ves y de lo que tú oyes.

Recuerda que las necesidades del ego alimentan primeramente al alma, aun en las ocasiones en que esto lleva al pecado corporal. Sé muy cuidadoso en la forma como tú respondes a las atenciones y a las alabanzas de una mujer. Si está comenzando a llevarte hacia una atracción inadecuada, tú sabes que necesitas retirarte de ello.

Las necesidades de tu ego deben ser suplidas en Dios y en lo que Él dice con relación a lo mucho que vales para Él. Debes leer y meditar en este asombroso versículo para que te puedas dar cuenta de lo mucho que vales en Dios:

> *¿Qué es el hombre para que de él te acuerdes, y el hijo del hombre para que lo cuides? ¡Sin embargo, lo has hecho un poco menor que los ángeles, y lo coronas de gloria y majestad! Tú le haces señorear sobre las obras de tus manos; todo lo has puesto bajo sus pies.* (Salmo 8:4-6)

TU PASADO NO TIENE QUE CONVERTIRSE EN TU FUTURO

No importa cuál haya sido tu pasado sexual, tú puedes recibir perdón y liberación por medio de acercarte a Cristo Jesús, arrepintiéndote sinceramente de tu pecado, y de la manera equivocada en que pensabas, para poder recibir Su amor y Su sanidad. Entonces, tú vas a poder comenzar a vivir dentro del plan de Dios para tu sexualidad. Tú te vas a convertir en una verdadera luz, iluminando por medio de los caminos de Dios en medio de la oscuridad sexual y de la confusión de nuestros tiempos.

PRINCIPIOS

1. La mayoría de nosotros hemos aprendido acerca de la sexualidad de fuentes de información erróneas, en lugar de haberlo aprendido de la Palabra de Dios.

2. La iglesia y la familia frecuentemente han dado la impresión de que el sexo es sucio y que no debería ser discutido.

3. Dios diseñó a los hombres y a las mujeres como seres sexuales. Dios creó el sexo y dijo *"que era muy bueno"* (ver Génesis 1:31).

4. Dios habla negativamente solo con relación al mal uso del sexo.

5. La Biblia usa la unión sexual del matrimonio como metáfora para la intimidad y la unidad de Cristo y de Su novia, que es la iglesia.

6. Dios diseñó el sexo dentro del matrimonio por estas razones: (1) para procrear la raza humana, (2) para sellar un pacto de sangre entre dos seres humanos y (3) para permitir que el sexo pudiera ser disfrutado a su máximo potencial sin repercusiones.

7. Dios quiere que nosotros disfrutemos tanto del sexo, que Él nos ha dicho cuáles son los límites que nos dan seguridad. El primer límite es el pacto del matrimonio.

8. El cuerpo no fue hecho para la inmoralidad. Esta es una de las lecciones sexuales de Dios, la cual Él nos ha dado para nuestro bien.

9. El diseño de Dios es hombre y mujer; no es hombre y hombre, ni mujer y mujer. Podemos saber que la homosexualidad no es el plan de Dios, debido a que no encaja en el diseño de Dios.

10. El sexo es una señal física de un acto espiritual; el acto de darse uno mismo completamente a otra persona y por otra persona.

11. El sexo fue dado por Dios para ayudarnos a expresar el amor, y no para crearlo.

12. Las trampas sexuales de los hombres son (1) el hecho de mal entender la diferencia sexual entre hombres y mujeres; (2) la voz del placer; (3) la seducción del romanticismo; (4) el deseo de tener relaciones extramaritales; y (5) las necesidades del ego.

PREGUNTAS DE ESTUDIO

PREGUNTA PARA REFLEXIÓN

1. ¿Cómo aprendiste primero sobre la sexualidad (amigos o compañeros, películas y televisión, libros, revistas, experimentación, padres)?

EXPLORAR LOS PRINCIPIOS Y PROPÓSITOS DE DIOS

2. ¿Cuál es la razón de la ignorancia generalizada sobre la sexualidad en el mundo, que resulta en una falta de enseñanza positiva e informada sobre el tema?

3. ¿Qué impresión sobre el sexo ha perpetuado en la iglesia y la familia en general?

4. ¿Cuál es la consecuencia de que los padres y la iglesia nunca discutan la sexualidad con sus jóvenes?

5. ¿Qué deberíamos hacer en respuesta a la ignorancia de la sexualidad que nuestras iglesias y familias han perpetuado?

6. ¿En qué está negativo Dios en relación con el sexo?

7. ¿Cuál es la razón principal por la que Dios creó el sexo?

8. Dios declaró que el sexo es "_____ _____" (ver Génesis 1:31).

9. Da ejemplos de cómo lo que Dios creó como un gran placer físico para la raza humana se ha convertido en un elemento básico de destrucción.

10. ¿Qué punto deben comprender los hombres para entender cuánto sentido tiene vivir de manera piadosa en el área de la sexualidad?

11. ¿Cuál es una de las leyes sexuales de Dios, que Él nos da para nuestro bien?

12. ¿Qué le sucede a un hombre cuando tiene una experiencia sexual inmoral?

13. ¿Para qué está diseñado el cuerpo?

14. ¿Qué necesita suceder para que un hombre sea bendecido en su unión sexual?

15. ¿Cómo debe comportarse un hombre con respecto a la inmoralidad sexual?

16. Cuando un hombre comete pecado sexual, ¿contra quién peca?

17. ¿Por qué una pareja no casada que ha estado teniendo sexo por un tiempo tiene problemas para separarse cuando deciden romper la relación?

18. ¿Qué cosas equivocadas están buscando muchas personas hoy en las relaciones?

19. ¿Cuál es la diferencia entre "hacer el amor" con alguien y amar a alguien?

20. Si el sexo es tan importante, ¿por qué el aspecto sexual del matrimonio a menudo cambia con la edad?

21. El pecado sexual puede ser una gran tentación para los hombres. ¿Cuál es la primera trampa sexual en la que los hombres pueden caer?

22. ¿Cuál es una diferencia sexual básica entre hombres y mujeres?

23. ¿Qué sucede cuando los hombres no entienden esta diferencia fundamental?

24. ¿Cómo debe un hombre tratar a su esposa, conocer su composición sexual y las tensiones que afectan su receptividad hacia él?

25. ¿Cómo se espera que el deseo humano de emoción y misterio sea finalmente cumplido?

26. ¿De qué maneras debe un hombre ser cuidadoso al alimentar la necesidad de su ego?

CONCLUSIÓN

Aunque el pecado sexual puede ser una gran tentación para los hombres, pueden permanecer fieles a Dios y a sus cónyuges siendo conscientes de las cinco trampas sexuales específicas a las que son vulnerables, y manteniéndose firmes contra ellas. No importa cuál haya sido tu pasado sexual, puedes recibir el perdón y la libertad al venir a Cristo, arrepentirte de tu pecado y tus maneras erróneas de pensar, y recibir su amor y plenitud. Entonces puedes comenzar a vivir su plan para tu sexualidad. Te convertirás en una luz verdadera, iluminando los caminos de Dios en la oscuridad sexual y la confusión de nuestros tiempos.

APLICA A TU VIDA LOS PRINCIPIOS DE DIOS

PENSÁNDOLO BIEN

• ¿Han influido negativamente tus ideas sobre el sexo y / o experiencias sexuales pasadas en tu relación sexual con tu cónyuge? ¿Cómo puedes usar lo que has aprendido en este capítulo para fortalecer tu matrimonio y amar a tu pareja de acuerdo con la Palabra de Dios?

+ ¿Has pensado acerca de tu matrimonio como un pacto de sangre con tu cónyuge ante Dios? ¿De qué manera entender esta verdad puede hacer una diferencia en la manera en que ves a tu cónyuge y piensas en tu matrimonio?

ORAR SOBRE ESO

+ Ora junto a tu cónyuge, pidiéndole a Dios que esté presente en tu matrimonio y que bendiga tu unión de todas las maneras: espiritual, emocional y físicamente.

+ Si has cometido pecados sexuales en el pasado (ya sea heterosexual u homosexual), puedes recibir el perdón y comenzar a vivir una nueva vida. Pídele a Dios que te perdone a través de la sangre de Cristo, y luego que te fortalezca y te permita tener autocontrol en esta área. El Espíritu Santo no nos da carácter; el carácter es algo que somos responsables de desarrollar. Sin embargo, Él nos da la fuerza para resistir la tentación, superar las dificultades y salir victoriosos al otro lado.

+ Si estás luchando con el pecado sexual o la tentación, pide a tu pastor u otro cristiano maduro y de confianza que ore por ti y contigo. O si alguien acude a ti con tal necesidad, sé fiel para orar y ayúdalo a permanecer en los propósitos de Dios.

ACTUAR EN LA VERDAD DE DIOS

+ ¿Has estado dando la impresión a tus hijos u otras personas jóvenes de que el sexo es profano y no debería discutirse? Recuerda que una familia amorosa y solidaria y el hogar iglesia es el mejor lugar para que los jóvenes aprendan sobre el sexo según la Palabra de Dios. Si eres el padre de una persona joven, haz planes para discutir la sexualidad con él o ella después de orar y repasar la Palabra de Dios y este capítulo. Si eres un pastor o líder de iglesia, piensa en cómo puedes abordar este tópico sensitivo, pero importante, con tu congregación, en el contexto de una amorosa comunidad de iglesia.

+ Si eres un hombre, y tu relación con tu esposa es tensa, piensa en cómo puedes estar poniendo expectativas no realistas sobre ella, y como el ritmo y el estrés de la vida pueden estarte afectando. Haz un punto de amarla y ministrarle a sus necesidades.

♦ Si eres una mujer y has estado ignorando las necesidades de tu esposo, determínate a darles una prioridad más alta. Toma cualesquiera pasos necesarios para asegurarte de que tu intimidad compartida no se descuide, sino sea atesorada y protegida.

10

DIFERENCIAS ENTRE EL HOMBRE Y LA MUJER

HASTA QUE EL HOMBRE LLEGUE A RECONOCER LAS CUALIDADES QUE DIOS LE DIO A LA MUJER, ÉL VA A SER DÉBIL EN ESAS ÁREAS, DEBIDO A QUE ELLA FUE DISEÑADA PARA SUPLIR TODO LO QUE A ÉL LE FALTA.

Dios creó a los hombres y a las mujeres con diseños perfectamente complementarios. El hombre es perfecto para la mujer, y la mujer es perfecta para el hombre. Es cuando los hombres y las mujeres tienen expectativas con relación a lo que el otro debe pensar, o cómo debe reaccionar, y esperan que se comporte de la misma manera. Esto es, cuando ellos no saben o no aprecian las diferencias que Dios les ha dado a ambos; y entonces, ellos experimentan conflicto. Pero cuando ellos entienden y valoran los propósitos del uno y del otro, ellos pueden tener relaciones muy gratas, y ellos pueden mezclar sus diseños únicos en forma armoniosa para la gloria de Dios.

Uno de los más grandes problemas que yo he visto al aconsejar parejas es que los maridos y las esposas no se dan cuenta de que las necesidades de su esposo o esposa son diferentes de las necesidades propias. ¿Recuerdan el principio que dice que el propósito es el que determina la naturaleza de las cosas, y la naturaleza de las cosas determina sus necesidades? Si una mujer quiere ayudar a un hombre a cumplir su propósito, ella debe aprender cuál es la naturaleza de él, así como la manera en que él funciona, y cuáles son las necesidades de él. Ella no puede darle a él lo que *ella* necesita, porque las necesidades de ella son diferentes a las necesidades de él.

Considera esta ilustración: tú llenas tu automóvil con gasolina para que pueda funcionar. Sin embargo, tú no pones gasolina en tus plantas para que ellas crezcan. Cada entidad necesita que le sea aplicado lo que es adecuado para su propia naturaleza y para sus necesidades. El mismo principio se aplica a los hombres y a las mujeres.

Algunas veces yo oigo que los hombres dicen: "Yo no necesito a una mujer". Estos hombres fallan al no darse cuenta de que las mujeres fueron diseñadas para beneficiarlos a ellos. Debes recordar que cuando Dios hizo el mundo, Él dijo que todo era bueno excepto por una sola cosa: "*Y el Señor Dios dijo: No es bueno que el hombre esté solo; le haré una ayuda **idónea***" (Génesis 2:18). Cuando Dios creó la ayuda idónea para el hombre, Él la hizo tan fuerte como el hombre, para que ella pudiera ayudarlo a él. Tenemos que apreciar el hecho de que los hombres y las mujeres tienen diferentes tipos de fuerza, y que cada uno no puede funcionar completamente sin el otro. Hay ciertos tipos de fuerza que Dios le ha dado a la mujer que el hombre no tiene. Hasta que él llegue a reconocer las fuerzas que Dios ha colocado dentro de la mujer, él va a ser débil en esas áreas, porque ella fue diseñada para suplir lo que a él le falta.

LAS DIFERENTES NATURALEZAS DE LOS HOMBRES Y LAS MUJERES

En este capítulo, vamos a explorar las mayores diferencias que existen entre los hombres y las mujeres, en la manera en que pensamos, en la manera en que actuamos, y en la manera en que respondemos, para que podamos suplir de una manera mejor las necesidades del uno y del otro, que podamos trabajar en cooperación para cumplir los propósitos de Dios. Otra vez, estas diferencias no significan estar correcto o estar equivocado, ser mejor o ser peor. Ellas tan solo significan que somos *diferentes*. Debes mantener en mente que estas son tendencias generales. Algunas de estas cualidades pueden ser manifestadas en los hombres y en las mujeres, dependiendo en la forma como Dios los ha dotado para cumplir con sus propósitos individuales.

1. DIFERENCIAS EN LAS NECESIDADES PRINCIPALES

Las necesidades principales de los hombres son (1) respeto, (2) compañerismo y (3) sexo. Las necesidades principales de las mujeres son (1) amor, (2) conversación y (3) afecto.

LA NECESIDAD QUE EL HOMBRE TIENE DE SER RESPETADO

El hombre no solo desea ser respetado, él necesita esto. Es parte de su naturaleza como líder, como protector y como proveedor. La necesidad de ser respetado es la esencia misma de su autoestima, y afecta todas las otras áreas de su vida. Más que ninguna otra persona, la esposa debe suplir la necesidad que su marido tiene de ser admirado y de ser respetado por medio de entender el valor de él y sus logros. Ella necesita recordarle a él todas las cualidades y capacidades que él tiene, y necesita ayudarlo a mantener la confianza en sí mismo. Ella debería estar orgullosa de su marido, no debido a lo que él haga, sino como una expresión de admiración sincera hacia el hombre con quien ella ha escogido compartir su vida.

El hombre soltero necesita tanto respeto igual que el hombre casado. Él necesita la afirmación que dan las hermanas, lo cual puede venir de parientes femeninas y de amigas femeninas para que él se pueda sentir completo como hombre.

LA NECESIDAD QUE LA MUJER TIENE DE SER AMADA

Dios creó a la mujer para que el hombre pudiera tener a alguien con quien compartir su amor terrenal. Amar significa apreciar y cuidar. Debido a que ella fue creada con el propósito de recibir amor, la mujer no solo desea ser amada, sino que ella verdaderamente lo necesita. Así como el hombre necesita *saber* que él es respetado, la mujer necesita *sentir* que ella es amada. La mujer quiere sentir que ella es importante y muy especial para su marido. Cuando un hombre pasa tiempo con una mujer, esto hace que ella se siente apreciada porque ella sabe que tiene el primer lugar en la vida de él. Ella se siente cuidada cuando él se sale de su camino para asegurarse que ella tiene todo lo que ella necesita.

Si la mujer es soltera, el hecho de recibir amor sigue siendo su más grande necesidad. Los parientes y amigos que sean hombres pueden suplir su necesidad por medio de mostrarle amor de hermanos a través de actos de bondad, de compañerismo y de ayuda durante los momentos difíciles de la vida.

Dios afirmó estas necesidades principales en Efesios 5:33: *"En todo caso, cada uno de vosotros ame también a su mujer como a sí mismo, y que la mujer respete a su marido"*.

LA NECESIDAD QUE EL HOMBRE TIENE DE TENER COMPAÑERISMO

Es la naturaleza territorial o competitiva del hombre la que lo lleva a tener esta necesidad de compañerismo. Él necesita involucrarse en actividades que constituyan un reto para él, y aunque le gusta ganar, él también desea compartir estas experiencias con otros. Nada bendice más a un hombre que cuando una mujer está involucrada en el entretenimiento favorito de él. Si la esposa participa en lo que a su marido le gusta hacer, ya sea jugar tenis, visitar sitios históricos, tocar algún instrumento o diseñar programas de computación, por ejemplo, y ella le permite a él que le diga todo acerca de eso, ella puede fortalecer la relación que tiene con él. Él se va a sentir muy bien con el hecho de que ella está involucrada con él en sus mismos intereses. Cuando una pareja comparte aspectos importantes de sus vidas el uno con el otro, ellos están edificando el entendimiento, el compañerismo y la intimidad en su matrimonio.

LA NECESIDAD QUE LA MUJER TIENE DE HACER CONVERSACIÓN

Debido a que los hombres tienen una mentalidad de liderazgo, algunas veces las conversaciones que sostienen con sus esposas tienen más que ver con instrucciones en lugar de que sean un diálogo donde ambos toman y comparten. La mujer tiene el deseo de tener un hombre que hable *con ella*, y no solo que le hable *a ella*.

Algunos hombres dicen: "¿Qué es lo que voy a hablar con mi esposa?". Ellos no se dan cuenta que la mujer tiene la necesidad de expresarse, y por lo tanto, que también tiene mucho dentro de ella que ella necesita compartir. El hombre puede llenar esta necesidad que la mujer tiene por la conversación íntima por medio de tratar continuamente de comunicarse con ella. Para poder suplir verdaderamente la necesidad de ella, el hombre debería hablar con ella al *nivel de los sentimientos*, y no solo al nivel de conocimiento y de información. Ella necesita que él escuche las actitudes de ella con sensibilidad, con interés, con preocupación, y resistiendo el impulso de ofrecer soluciones con relación a lo que sucedió durante el día. Al contrario, él debería ofrecer toda su atención y todo su entendimiento. El hombre debería conducir su parte de la conversación con cortesía y con una mente abierta, diciéndole a ella lo que él realmente siente y piensa.

El hombre necesita compartir sus intereses, y la mujer necesita conversación: estas necesidades están relacionadas y pueden llegar a ser un puente maravilloso de comunicación entre los hombres y las mujeres.

LA NECESIDAD QUE EL HOMBRE TIENE DE SEXO

Tal y como vimos en el capítulo anterior, el hombre casi siempre está listo sexualmente. La necesidad que tiene el hombre del sexo es una de las necesidades más fuertes que alguien se puede imaginar. Es un aspecto de su forma de ser que le da a él una gran realización. Por lo tanto, es muy importante que la mujer sea sensitiva a la necesidad que su marido tiene de sexo.

Algunas veces, la mujer ve la energía sexual del hombre como algo animal e insensible. Si la forma de acercarse de él es muy abrupta o muy agresiva, ella tal vez le va a decir que la deje en paz. También hay ocasiones cuando ella no está lista para tener relaciones sexuales, debido a su ciclo menstrual, y por lo tanto, ella lo hace a él a un lado. En estas situaciones, el hombre puede llegar a interpretar los rechazos de ella como una total falta de interés y como falta de respeto, en lugar de reconocer las razones que se encuentran detrás de todo esto.

Por el otro lado, algunas mujeres ponen más atención a las actividades de la iglesia que a sus maridos. En un sentido, ellas descuidan las necesidades sexuales de sus maridos, porque dicen que están muy ocupadas sirviendo a Dios. Algunas mujeres incluso llegan a pensar que no es espiritual el hecho de que ellas se involucren en relaciones sexuales, y esto se debe tal vez a la manera en que fueron criadas. Estos puntos de vista están equivocados, y pueden convertirse en un testigo muy dañino para el marido. El sexo fue parte del diseño original de Dios para la humanidad, y es una cosa santa entre el marido y su esposa.

Los hombres y las mujeres necesitan equilibrar el hecho de suplir sus propias necesidades con el hecho de mostrar consideración unos para con los otros. La Biblia dice que los esposos y las esposas deben llenar las necesidades sexuales del uno y del otro (1a. Corintios 7:3-5). También dice que el marido tiene que ser sensible a las necesidades generales de su esposa, y que debe tratarla con consideración y con respeto (ver 1a. Pedro 3:7).

LA NECESIDAD QUE LAS MUJERES TIENEN DE AFECTO

Mientras que una de las principales necesidades del hombre es el sexo, una de las principales necesidades de la mujer es el afecto. Si estas dos necesidades que están relacionadas una con otra carecen de entendimiento amoroso y de equilibrio, ellas pueden causar unos de los peores conflictos en el matrimonio.

El enfoque natural de la mujer está en las áreas sensitivas, intuitivas y emocionales de la vida, y esta es la razón por la que ella tiene la necesidad correspondiente de tener afecto. Ella necesita una atmósfera de afecto para poder sentirse amada y satisfecha.

Los hombres y las mujeres necesitan entender que *el afecto genera el medio ambiente para la unión sexual en el matrimonio*, siendo que *el sexo es el acto en sí mismo.* Muchos hombres no se dan cuenta de esto, y por lo tanto, ellos van inmediatamente en pos del acto. Ellos no saben lo que significa crear un medio ambiente de afecto. Al contrario, ellos se enfocan solamente en sus propias necesidades. Pero el afecto es algo que el hombre tiene que iniciar. Si el hombre no está seguro cómo ser afectuoso, él debería sentarse con su esposa y preguntarle, en forma amable y sincera.

El afecto es el medio ambiente en el cual crece un matrimonio maravilloso. El hecho de darle afecto a una mujer significa estar apelando a todo aquello que hace de ella un ser emocional. Algunas veces la mujer solo quiere que su marido se siente con ella, la tome de la mano, y platique con ella. Esta necesidad de ella también puede ser suplida por medio de muchos abrazos y besos; un flujo continuo de palabras, tarjetas y flores; detalles sencillos de cortesía; y regalos que tengan significado y que muestren que el hombre está pensando en ella, que la estima y que valora la presencia de ella en la vida de él.

2. DIFERENCIAS EN LA FORMA DE PENSAR Y EN EL PROCESAMIENTO DE PENSAMIENTOS

Otra diferencia entre los hombres y las mujeres es que el hombre por naturaleza es "un pensador lógico", mientras que la mujer por naturaleza es "una sentimental emocional". La primera reacción del hombre va a ser por medio de pensar, aunque él también va a sentir. La primera reacción de la mujer va a ser de tipo emocional, seguida por una reacción donde entre en acción su pensamiento. Existe una explicación fisiológica para estas tendencias.

Existen menos nervios conectando los dos hemisferios en el cerebro del hombre, comparado esto con el cerebro de la mujer, de tal manera que las secciones emocionales y lógicas no están relacionadas tan estrechamente como lo están en el cerebro de la mujer. Debido a esto, el hombre básicamente necesita "cambiar velocidades" para poder moverse de su lado dominante lógico a su lado emocional. Esta es la razón porque los hombres frecuentemente piensan en términos de hechos y en una manera lineal. Ellos piensan como una línea recta, la cual es la distancia más corta entre dos puntos, y lo cual les da a ellos la habilidad de ver el objetivo (la visión) y de enfocar toda su energía en alcanzarlo de la manera más directa y más sencilla.

Los hombres muy a menudo ignoran a las mujeres por considerarlas emocionales o ilógicas. Ellos no entienden cómo están hechas las mujeres, ni entienden tampoco la perspectiva que Ellas proveen en la vida. Las líneas neurológicas que existen entre los dos hemisferios del cerebro de las mujeres (que son tanto el lado emocional y el lado lógico) están intactos. Esta es la razón de que las mujeres puedan hacer tareas múltiples en el mismo período de tiempo, en lugar de tener que enfocarse solo en una cosa. Las mujeres tienden a pensar más en forma de gráfica en lugar de pensar en forma de línea recta. El cerebro de una mujer está diseñado para captar más detalles que los hombres muchas veces "no ven", y que son cosas que van mucho más allá de los meros hechos, tal como las personalidades de las personas, las motivaciones y los sentimientos, tanto de ellas mismas como de los demás. Ella puede percibir, analizar, evaluar y ver la relación que hay entre todas las cosas al mismo tiempo, como si fueran las coordinadas X, Y, Z en una gráfica que tiene múltiples factores al mismo tiempo.

La mujer puede ayudar al hombre para que vea aspectos de la vida, los cuales, si son ignorados o si se pasan por alto, pueden convertirse en desviaciones o en abismos que le pueden impedir al hombre alcanzar sus metas o que pueden retrasarlo para no alcanzarlas en el tiempo en que él había previsto originalmente. La visión periférica de ella le permite a él no ser cegado en sus flancos a medida que él persigue sus metas y sus objetivos con toda su mente. Por el otro lado, la manera de pensar en línea recta que tiene el hombre, le ayuda a la mujer a que no se enrede en todas las capas de su forma de pensar multidimensional y de todas sus emociones, de tal manera que ella tiende a perder de vista el objetivo y nunca lo llegaría a alcanzar. En lugar de ignorarse el uno al otro, por ser "desconsiderado", o "emocional", los hombres y las mujeres necesitan apreciar sus perspectivas que son únicas, las cuales pueden beneficiar grandemente a los unos y a los otros.

3. DIFERENCIA EN EL LENGUAJE QUE HABLAMOS Y EN EL LENGUAJE QUE ESCUCHAMOS

LA PALABRA HABLADA

Cuando un hombre habla, lo que dice, generalmente, es una expresión de lo que él *está pensando*. Cuando una mujer habla, lo que dice, generalmente, es una expresión de lo que ella *está sintiendo*. Ellos están comunicando dos formas completamente diferentes de información.

Las mujeres frecuentemente no entienden lo difícil que es para un hombre expresar sus sentimientos. Es muy importante que la mujer no llegue a hacer ninguna conclusión en firme con relación a los motivos de lo que él está diciendo, hasta en tanto ella haya descubierto lo que él está sintiendo. Hay muchos hombres que sienten emociones, pero que tienen mucha dificultad para hablar de ellas. La mujer necesita aprender a crear un medio ambiente que pueda permitirle al hombre decirle a ella lo que él está sintiendo. Cuando ella trabaja a través del pensamiento de él, ella va a encontrar lo que él realmente está sintiendo, y va a descubrir que lo que él está sintiendo muy frecuentemente, es muy diferente de lo que él está diciendo.

En contraste, la mujer no siempre le dice al hombre lo que ella está pensando. Si ella se pone toda emocional, él necesita ser paciente, y necesita trabajar a través de las emociones de ella para poder encontrar lo que ella está pensando. Algunas veces, él tiene que escarbar muy profundo para encontrar lo que realmente está en la mente de ella, porque lo que una mujer está pensando frecuentemente es muy diferente a lo que está diciendo. Este proceso puede requerir bastante paciencia de parte del hombre, debido a que al hombre solo le gustan los hechos y le gusta llegar rápidamente al fondo de los asuntos. La mujer está pensando en una variedad de niveles, sin embargo, se necesita más tiempo para que ella pueda procesar todos estos detalles y que pueda llegar a una conclusión.

Si los hombres y las mujeres no tienen cuidado, ellos van a llegar a las conclusiones equivocadas acerca de las verdaderas intenciones de los unos y de los otros, sin saber realmente lo que la mujer está pensando o lo que el hombre realmente está sintiendo. Este error ha causado que muchas personas piensen que sus matrimonios o sus relaciones no están funcionando. Una vez que ellos entienden estas diferencias, ellos pueden ejercitar la paciencia y aventurarse a llegar al corazón del asunto. Tanto los hombres como las mujeres van a experimentar una gran satisfacción cuando en verdad son escuchados y apreciados.

LA PALABRA QUE OÍMOS

Cuando un hombre escucha el lenguaje hablado, él considera que es un proceso por medio del cual él recibe información. Sin embargo, para la mujer, todo esto es una experiencia emocional.

El hombre va a escuchar una comunicación verbal y va a llegar a la conclusión de que esto es útil o de que es inútil, de que es verdadero o falso, de que es lógico o ilógico. Para él, todo viene a ser solamente hechos e información. Sin embargo, debido a que la mujer es "una sentimental emocional", ella evalúa tanto la comunicación verbal como la comunicación no verbal que ella recibe, y que percibe de todo el mundo que la rodea. Ella no solo recibe pensamientos e ideas dentro de su ser, sino que también los transforma a medida que los procesa. Cuando una mujer recibe información, ella la clasifica tanto en forma mental como en forma emocional, *al mismo tiempo*. El hombre generalmente usa estas funciones en forma separada. Las emociones de la mujer están con ella todo el tiempo mientras ella está pensando, y esto ejerce influencia en la perspectiva que ella tiene del mundo que la rodea y también de todo aquello que está siendo comunicado a ella.

Cuando el hombre y la mujer aprenden que ellos comprenden la palabra hablada en formas diferentes, ellos pueden adaptar sus estilos de comunicación para complementar la manera en que uno y otro recibe mejor y procesa la información. Este método va a traer un mejor entendimiento y va a eliminar mucha de la tensión que existe en las relaciones. El hombre y la mujer también pueden ampliar sus perspectivas por medio de preguntarse el uno al otro lo que él o ella piensan acerca de diferentes personas y de diferentes circunstancias que ambos han encontrado.

4. DIFERENCIAS EN EL MÉTODO PARA RESOLVER LOS PROBLEMAS

Los hombres son como gabinetes para archivar. Esto quiere decir que ellos hacen las decisiones rápidamente, y después "las archivan" en su mente. O también ellos colocan un problema en un folder mental llamado "cosas pendientes" y siguen haciendo otras cosas. Ellos vuelven a abrir ese folder solo cuando sienten que pueden tratar con ello. En contraste, las mujeres generalmente son como las computadoras. La mente de ellas se mantiene en movimiento continuamente, trabajando en todas las cosas, hasta que se resuelve un problema.

Estas formas diferentes de tratar con un problema son las razones de que los hombres y las mujeres frecuentemente reaccionan en forma diferente ante los problemas de la vida o ante los conflictos en las relaciones interpersonales. Los hombres tienden a resentirse por estas cosas, y es mucho más difícil para ellos olvidar esos enojos. Ellos tal vez, "solo archivan los problemas", tal y como lo vimos anteriormente. Por el otro lado, las mujeres se dejan llevar por la culpa; por lo tanto, muy frecuentemente, ellas se sienten responsables por este tipo de situaciones, ya sea que ellas las hayan causado o no. Aun si ellas están enojadas, ellas van a buscar dentro de ellas mismas para ver si hay algo que puedan hacer diferente, o van a buscar la forma para tratar de resolver la situación.

Los hombres y las mujeres pueden eliminar mucha de esta frustración en sus relaciones por medio de entender las cualidades de los unos y de los otros para resolver problemas, y usar esto para beneficio mutuo. Por ejemplo, una mujer puede ayudar a un hombre a resolver un problema que haya tenido con otro compañero de trabajo por medio de hablar con él a través de todo este problema, ayudándole a reconocer los motivos y los sentimientos que están involucrados. El hombre puede ayudar a la mujer a llegar a una decisión más rápidamente, por medio de aceptar sus sentimientos acerca de alguna situación, pero al mismo tiempo, marcándole claramente los hechos y las opciones que están involucrados. Tomando en consideración tanto la información intuitiva como la información de los hechos, va a ayudar a los hombres y a las mujeres a tomar mejores decisiones.

5. LAS DIFERENCIAS QUE EXISTEN PARA LOGRAR OBJETIVOS Y METAS

Cuando tiene que ver con las cosas materiales, tales como una tarea del trabajo, construir un proyecto, la planeación financiera, los hombres quieren saber los detalles acerca de cómo poder llegar ahí. Ellos quieren saber los pasos que necesitan tomar para completar esa tarea. En contraste a esto, las mujeres tienden a pasar por alto los objetivos y las metas. Ellas piensan en lo que quieren llegar a lograr en lugar de enfocarse en un plan paso a paso acerca de lo que se necesita hacer. Mientras que un hombre se va a sentar y va a escribir toda una lista de puntos a perseguir, la mujer solo va a comenzar a hacer algo para asegurarse de que se está haciendo algo.

Sin embargo, cuando se trata de cosas intangibles o espirituales, lo opuesto generalmente es la verdad del asunto: los hombres pasan por alto los objetivos generales, mientras que las mujeres quieren saber cómo poder llegar al objetivo. Estas diferencias son la razón por la cual los hombres ven la esencia de los asuntos mientras que las mujeres frecuentemente recuerdan todos los detalles, pero pasan por alto o incluso mal entienden la esencia del asunto. Los hombres están interesados en el principio, en lo abstracto, en la filosofía. Ellos ven la dirección general en que necesitan ir espiritualmente, y ellos se encaminan en esa dirección. Mientras que ellos sepan qué es lo que creen, no siempre ven la necesidad de tener actividades diseñadas a ayudarles a llegar a su objetivo. Sin embargo, a las mujeres les gusta estar involucradas en el proceso. Ellas asisten a las reuniones de oración y a los estudios bíblicos, leen libros cristianos y participan mucho más en la vida de la iglesia, porque todo esto les va a ayudar a crecer espiritualmente.

Los hombres y las mujeres pueden traer equilibrio los unos a los otros, tanto en las cosas materiales como en las cosas espirituales, por medio de ayudarse los unos a los otros a mantener los objetivos y las visiones claramente en la mente, mientras que, al mismo tiempo, identifican los pasos que son necesarios para poder llevarlos a cabo en forma efectiva.

6. DIFERENCIAS EN LA PERSONALIDAD Y EN LA PERCEPCIÓN DE UNO MISMO

El trabajo de un hombre es la extensión de su personalidad, siendo que el hogar de una mujer es la extensión de la personalidad de ella. Esta diferencia puede ocasionar mucho conflicto en las relaciones.

Por ejemplo, la mujer quiere que su esposo pase tiempo con ella en el hogar, mientras que al hombre le gusta trabajar doce horas al día fuera del hogar, porque él está cultivando algo que es un reflejo de lo que él es. Él necesita trabajar para sentirse realizado. Debes recordar que cuando un hombre pierde su trabajo, esto puede ser devastador para su autoestima porque él considera su trabajo como sinónimo de él mismo.

La mujer le da mucho valor a todo su medio ambiente físico y al hecho de crear un hogar. Los hombres no entienden por qué a las mujeres les molesta cuando ellos ponen en la mesa de la cocina sus zapatos todos lodosos o cuando dejan todo el aserrín en la sala después de haber hecho algún trabajo, siendo que la mujer acababa de usar la aspiradora. Los hombres no están tratando de ser desconsiderados; ellos simplemente no piensan en la misma forma como lo hacen las mujeres. Debido a que la mujer se identifica con su hogar, algunas veces ella siente que todo ese polvo y ese aserrín se lo pusieron a *ella* encima. Cuando se perturba el orden y la belleza del hogar, esto puede ser algo muy molesto para la mujer.

Otro aspecto de las diferencias entre la personalidad de un hombre y de una mujer y de la percepción que cada uno tiene de sí mismo, es que las personalidades de los hombres son bastante consistentes, mientras que las personalidades de las mujeres están cambiando continuamente. Las mujeres buscan el crecimiento personal y el desarrollo más que los hombres. A ellas les gusta redecorar el hogar, descubrir nuevas habilidades o cambiar su apariencia. Los hombres normalmente están satisfechos con seguir las mismas rutinas, con el hecho de pensar de la misma forma, y con ponerse el mismo traje durante veinte años.

El poder entender estas diferencias de las personalidades es esencial, porque ellas involucran áreas sensibles de nuestras vidas, tales como quiénes somos y la forma en que nos percibimos a nosotros mismos. Los hombres y las mujeres pueden usar el conocimiento de estas diferencias para levantar la autoestima de unos y de los otros y para ayudarse los unos a los otros cuando uno encuentra muy difícil adaptarse al cambio, mientras que el otro está buscando llegar a ese momento de cambio.

7. DIFERENCIAS EN LAS IDEAS DE SEGURIDAD Y DE COMODIDAD

Debido a que los hombres ponen un énfasis muy fuerte en sus trabajos y no son tan fácilmente conectables al medio ambiente que los rodea, ellos tienen la tendencia a ser más nómadas a medida que ellos buscan nuevas oportunidades de vocación. Todo lo contrario, las mujeres tienen una gran necesidad de seguridad y de hacer raíces. Mientras que el hecho de moverse debido a haber obtenido un nuevo trabajo parece como una aventura para un hombre, y le señala el progreso en su vocación, esto mismo puede ser muy tensionarte y muy difícil para su esposa, quien tiene que dejar a la familia y a los amigos detrás a cambio de un futuro incierto. Las mujeres también cambian su ubicación geográfica en busca de trabajo; sin embargo, las mujeres casadas están menos dispuestas a realizar un cambio que les permita avanzar en su trabajo, comparado esto a los hombres que siempre están más dispuestos a esto. Ellas están menos inclinadas a causar interrupciones en la vida de su familia, especialmente cuando tienen niños.

Por el otro lado, cuando los asuntos tienen que ver con confrontar algo nuevo, los hombres tienen la tendencia a hacerse para atrás y evaluar todo desde un principio. Las mujeres están más listas para aceptar nuevas experiencias y participan en ellas más fácilmente. Vamos a regresar a la ilustración que vimos en un capítulo anterior de una pareja que asistía a una nueva iglesia. El hombre va a analizar a todas las personas que están en la iglesia, para ver si son genuinos y dignos de confianza. La mujer va a tomar cualquier cosa que ve más fácilmente, tal y como se ve, y se va a involucrar más rápidamente.

Los asuntos que involucran la seguridad y la comodidad pueden requerir mucho entendimiento por parte de uno de los esposos. Esto refleja temas y asuntos tales como la realización de uno mismo, el hecho de ser digno de confianza, el temor y los sentimientos de inestabilidad. Cuando los hombres o las mujeres quieren hacer cambios relacionados con su trabajo o quieren embarcarse en alguna cosa nueva, ellos deberían estar muy conscientes de las posibles reacciones de sus esposos y mostrar bondad y paciencia a medida que trabajan para resolver estos cambios potenciales en sus vidas.

LA VERDADERA REALIZACIÓN

Como tú puedes ver, los hombres y las mujeres perciben el mundo en maneras diferentes, y reaccionan de manera muy distinta ante las personas y ante las circunstancias. Sin embargo, ellos se complementan los unos a los otros perfectamente, de tal manera que traen equilibrio a la vida de unos y otros. Cuando uno falla en ver algo, el otro lo percibe. En lo que uno es débil, el otro es fuerte.

No existe persona alguna y no existe género alguno que pueda ver al mundo con una perspectiva completa y total. Por lo tanto, Dios ha diseñado las cosas de tal manera que, cuando el hombre-varón y el hombre-mujer viven y trabajan juntos en unidad, ellos pueden ayudarse el uno al otro a fin de tener una experiencia más sabia y más enriquecida de la vida. Ellos pueden ser más completos como seres humanos. Las necesidades son un componente que se encuentra inherente en los hombres y en las mujeres, debido a la manera en que son diseñados. Sin embargo, cuando solo nos enfocamos en nuestras necesidades, y cuando rehusamos estar contentos a menos que nuestras necesidades sean suplidas inmediatamente, traemos conflicto e infelicidad a nuestras relaciones. Y por lo tanto, hemos dejado de vernos los unos a los otros como dones de Dios y comenzamos a tener resentimientos de unos para los otros.

Si tú quieres ser bendecido, no te enfoques en tus necesidades, sino enfócate en descubrir cuáles son las necesidades de la otra persona y busca llenarlas. Este tipo de actitud se va a convertir en una bendición doble, debido a que el hecho de estar supliendo consistentemente las necesidades de la otra persona va a causar que esa persona quiera suplir las tuyas. Cada vez que tú no estés recibiendo lo que tú necesitas en una relación, tú debes evaluar si acaso tú has estado tratando de suplir las necesidades de la otra persona primero. El hecho de dar a otros por medio de satisfacer sus necesidades, en lugar de estar exigiendo que satisfagan las necesidades de uno, va a traer la verdadera realización de uno mismo.

PRINCIPIOS

1. Los hombres y las mujeres tienen diseños que son perfectamente complementarios.

2. Cuando los hombres y las mujeres no aprecian sus diferencias, ellos experimentan conflicto. Cuando ellos tratan de valorar los propósitos de los unos y de los otros, ellos pueden llegar a tener relaciones muy

re compensadoras y pueden llegar a mezclar sus diseños únicos en forma armoniosa para la gloria de Dios.

3. Hasta que el hombre reconozca las cualidades que Dios ha colocado dentro de la mujer, él va a ser débil en esas áreas, debido a que ella fue diseñada para suplir todo lo que a él le falta.

4. Las necesidades principales de los hombres son (1) respeto, (2) compañerismo y (3) sexo. Las necesidades principales de las mujeres son (1) amor, (2) conversación y (3) afecto.

5. El hombre es por naturaleza "un pensador lógico", mientras que la mujer es por naturaleza "una sentimental emocional".

6. El hombre generalmente expresa lo que él está *pensando*. La mujer generalmente expresa lo que ella está *sintiendo*. Para el hombre, el hecho de escuchar el lenguaje hablado es un proceso por el cual él recibe información. Para la mujer, es todo una experiencia emocional.

7. Los hombres frecuentemente son como los muebles para archivar documentos: ellos hacen decisiones rápidas y mentalmente las archivan, o ellos crean folders mentales titulados "cosas pendientes", archivando cualquier problema para un tiempo posterior. Las mujeres generalmente son como las computadoras: sus mentes continúan trabajando a través de los problemas hasta que éstos sean resueltos.

8. En las cosas materiales los hombres normalmente quieren saber los detalles con relación a cómo llegar ahí, mientras que las mujeres tienden a ver al objetivo. En las cosas espirituales, lo que sucede es exactamente lo opuesto.

9. El trabajo del hombre es una extensión de su personalidad, mientras que el hogar de una mujer es una extensión de la personalidad de ella. La personalidad del hombre es bastante consistente, mientras que la personalidad de la mujer está cambiando continuamente.

10. Los hombres son nómadas, mientras que las mujeres necesitan seguridad y hacer raíces.

11. Cuando se encuentran con algo nuevo, los hombres tienden a hacerse hacia atrás y a evaluar. Las mujeres están más listas para aceptar nuevas experiencias, y participan en ellas más fácilmente.

PREGUNTAS DE ESTUDIO

PREGUNTA PARA REFLEXIÓN

1. ¿Cuáles piensas que son las principales diferencias entre hombres y mujeres en términos de cómo piensan y actúan?

EXPLORAR LOS PRINCIPIOS Y PROPÓSITOS DE DIOS

2. ¿Cuál es uno de los mayores problemas que el Dr. Munroe ha visto al aconsejar a las parejas?

3. Nombra el principio de propósito que se aplica particularmente al entendimiento de las diferencias entre hombres y mujeres.

4. Si una mujer quiere ayudar a un hombre a cumplir su propósito, ¿qué tiene que hacer?

5. ¿Por qué los hombres necesitan mujeres?

6. Tanto hombres como mujeres tienen tres necesidades principales. ¿Cuál es la primera de las necesidades del hombre? _____

7. ¿Cómo puede una mujer ayudar a satisfacer esta necesidad de su esposo?

8. Un hombre soltero tiene esta necesidad tanto como un hombre casado. ¿Cómo puede satisfacerse su necesidad?

9. ¿Cuál es la primera necesidad primaria de la mujer?

10. ¿Cómo puede un hombre ayudar a satisfacer esta necesidad de su esposa?

11. La segunda necesidad primaria del varón es para _____
    _____.

12. ¿Qué está subyacente a esta necesidad?

13. ¿Cómo puede una mujer edificar su matrimonio al ayudar a satisfacer la necesidad de compañerismo recreativo de su esposo?

14. La segunda necesidad primaria de la hembra es para _____.

15. ¿De qué manera un hombre a menudo malinterpreta esta necesidad?

16. ¿Cómo puede un hombre ayudar a satisfacer esta necesidad?

17. ¿Cuál es la tercera necesidad primaria del hombre?

18. ¿Cuáles son algunas de las razones por las cuales una esposa puede ser reacia a ayudar a satisfacer esta necesidad, y cómo un esposo a menudo reacciona ante su renuencia?

19. ¿Qué perspectiva debe tener una mujer para satisfacer mejor esta necesidad?

20. ¿Cuál es la tercera necesidad primaria de la mujer?

21. ¿Por qué una mujer tiene esta necesidad?

22. El afecto es algo que el hombre tiene que _____.

23. ¿Cómo puede un hombre crear un ambiente de afecto para su esposa?

24. ¿Por qué y cómo piensa y procesa un hombre los hechos de la manera en que lo hace?

25. ¿Cómo pueden las diferentes formas en que los hombres y las mujeres procesan la información ayudarse mutuamente en el cumplimiento de sus propósitos?

26. ¿Cómo pueden hombres y mujeres comprender mejor la comunicación verbal del sexo opuesto y qué es lo que subyace a ella?

27. Describe las diferentes formas en que hombres y mujeres escuchan el lenguaje hablado.

28. ¿Cómo pueden los hombres y las mujeres ayudarse unos a otros al usar las diferentes formas en que reciben información?

29. Describe las diferencias generales en la forma en que los hombres y las mujeres abordan la resolución de problemas.

30. ¿Cómo pueden los hombres y las mujeres beneficiarse mutuamente a través de sus distintos enfoques de resolución de problemas?

31. ¿Cuáles son las diferencias básicas entre hombres y mujeres con respecto a las ideas de seguridad y comodidad?

32. ¿Cómo pueden los maridos y las esposas comprender mejor estas diferencias unos en los otros?

CONCLUSIÓN

Los hombres y las mujeres perciben el mundo de maneras muy distintas, y reaccionan de manera diferente a las personas y las circunstancias. Sin embargo, se complementan entre sí perfectamente, para que puedan equilibrar las vidas de los demás. Lo que uno no puede ver, lo otro percibe. Lo que uno es débil, el otro es fuerte. Las necesidades son un componente integrado para hombres y mujeres debido a la forma en que están diseñados. Sin embargo, cuando nos enfocamos solo en nuestras necesidades, y cuando rehusamos contentarnos a menos que se cumplan de inmediato, traemos conflicto e infelicidad a nuestras relaciones. Dejamos de vernos unos a otros como regalos de Dios y comenzamos a ofendernos unos a otros. Si desea ser bendecido, no se concentre en sus necesidades, sino que descubra cuáles son las necesidades de la otra persona y busque cumplirlas.

APLICA EN TU VIDA LOS PRINCIPIOS DE DIOS

PENSÁNDOLO BIEN

+ ¿Cómo has reaccionado a las diferencias básicas entre hombres y mujeres? ¿Las has visto como complementarias o contradictorias?

+ ¿De qué manera has malinterpretado los motivos de tu cónyuge porque no ha entendido tu estilo de comunicación?

ORAR SOBRE ESO

+ Pídele ayuda a Dios para satisfacer mejor las necesidades de su cónyuge y otros miembros de la familia, de acuerdo con sus géneros y composición individual.

ACTUAR EN LA VERDAD DE DIOS

+ Piensa en las formas en que puedes ayudar a satisfacer las tres necesidades esenciales de amor y respeto de su cónyuge, compañerismo de conversación / recreación y afecto / sexo. (En primer lugar, puedes querer revisar las secciones del libro relacionadas con estas necesidades).

+ Con tu cónyuge u otro miembro de la familia, discute las diferencias generales que tienen los hombres y las mujeres al pensar, comunicarse y acercarse a la vida. Habla acerca de cómo pueden comprender mejor y comunicarse entre sí para que puedan vivir con mayor armonía y cumplir los propósitos de Dios para sus vidas.

11

CÓMO SER UN BUEN PADRE

EL PADRE DEBERÍA REPRESENTAR LA PATERNIDAD DE DIOS HACIA SUS HIJOS.

Nunca antes en la historia del mundo hemos tenido tanta necesidad de tener buenos padres. Cuando Dios creó al hombre y le dio sus tareas de dominio, Dios incluyó en ellas la responsabilidad de cultivar y de proteger a su simiente. Pero hoy en día, hay una muy grande falta de entendimiento con relación a la naturaleza de la paternidad. Los hombres de todas las naciones y de todas las razas se encuentran faltos de habilidades para ejercer la buena paternidad.

Ciertos hombres creen que su habilidad de producir un hijo les hace ser hombres. Cualquier varón puede tener un bebé. El solo hecho de tener un hijo no es ninguna garantía de que tú eres un verdadero hombre, o un verdadero padre. Estos hombres no saben el significado de ser una cobertura, de ser una protección o de ser un modelo para sus hijos.

Muchos hombres nunca fueron enseñados acerca de lo que significa ser un buen padre, y sus propios padres nunca les proveyeron con buenos ejemplos acerca de esto. Los problemas que enfrentamos con nuestros padres en la edad temprana de nuestra vida pueden ser transferidos a nuestra propia familia después de casarnos, si es que ellos nunca fueron resueltos. Cuando los padres son una influencia negativa en sus hijos, los muchachos crecen con el concepto equivocado acerca del matrimonio y acerca de la paternidad. El resultado de esto son relaciones y familias completamente destruidas.

En un gran número de hogares hoy en día, los padres se encuentran ausentes, debido a la separación, al divorcio y debido al creciente número de nacimientos fuera del matrimonio. Otros padres viven en el hogar, pero están ausentes de la familia para todos los propósitos y para todas las intenciones. Ellos han abandonado su responsabilidad como padres debido a que se han lanzado en busca del éxito de su profesión, debido a su actitud de indiferencia, y debido a su egoísmo, mientras ponen sus propios placeres muy por encima del bienestar de sus hijos. Esto significa que muchos hijos no van a tener el beneficio de haber tenido un buen padre.

UN TREMENDO LLAMAMIENTO

Caballeros, tenemos un gran llamamiento enfrente de nosotros. Nuestra tarea involucra el hecho de cambiar no solo nuestras propias perspectivas acerca de la paternidad, sino también las de nuestros hijos, especialmente si son varones. Tenemos que comunicarles los estándares de Dios, para que la dirección que les acabo de describir pueda ser revertida. Pero debemos comenzar con nosotros mismos. Debemos descubrir y poner en práctica lo que dice la Palabra de Dios *acerca de* los padres y *para* los padres. Entonces, vamos a poder enseñar estos principios a otros hombres y a los muchachos. La verdad de Dios acerca de los padres va a ser la salvación de nuestras comunidades y de las naciones.

Dios siempre ha sido muy específico en su Palabra acerca de las responsabilidades de un padre. Esta función es de particular importancia para Él, porque los padres tienen que representarlo a Él ante los hijos. La paternidad de Dios es el indicativo de Su naturaleza; es la forma como Él quiere relacionarse con nosotros. Cuando los padres fallan en mostrar el amor de Dios y el carácter de Dios a sus hijos y sus hijas, el concepto que los hijos adoptan acerca de Dios sufre, llegando a afectar la relación de ellos con Dios. Ahora, ningún padre terrenal puede llegar a ser perfecto. Pero Dios ha provisto un canal de enseñanza y de instrucción acerca de la paternidad en Su Palabra. Cuando los hombres voltean a ver a Dios, ellos pueden llegar a cumplir sus responsabilidades, y pueden llegar a ser un reflejo muy importante de la paternidad de Dios para sus hijos. ¿Qué es, entonces, lo que significa ser un buen padre?

LAS RESPONSABILIDADES DE UN PADRE

1. UN BUEN PADRE CONOCE AL PADRE CELESTIAL

Un hombre no puede llegar a entender lo que significa ser un buen padre si él no conoce a su Padre Celestial. Cuando Jesús se levantó de entre los muertos, Él hizo esta maravillosa declaración: *"Subo a mi Padre y a vuestro Padre, a mi Dios y a vuestro Dios"* (Juan 20:17). Debido a la muerte y a la resurrección de Jesús, podemos saber que Dios no solo es nuestro Creador, sino también nuestro Padre.

El hombre también debe tener fe en Dios como su Padre Celestial, y debe tener fe en el hecho de que Dios lo va a amar, lo va a proteger y va a proveer para él. Lo que un padre necesita tener como modelo para sus hijos es la total confianza y la total dependencia en Dios. La más grande herencia que un hombre puede dejar a sus hijos y a sus hijas no es dinero ni propiedades, sino la fe. Una casa se puede quemar o alguien puede venderla o revenderla, pero nadie puede destruir la fe que tú has depositado en tu hijo o en tu hija. Además de esto, los hijos van a poder usar su fe para obtener otra casa, porque han sido enseñados a confiar en Dios como su proveedor.

En la Biblia, frecuentemente, tú vas a ver variaciones de la frase, *"El Dios de mi padre"* (ver por ejemplo, Génesis 26:24; 32:9; 2a. Crónicas 17:4; Isaías 38:5). Hombres, si ustedes tienen un objetivo en la vida que sea este: antes de que ustedes se mueran, ustedes necesitan escuchar a sus hijos decir: "Yo voy a servir al Dios de mi padre". Si ellos han visto a Dios reflejado en ti, entonces, tú habrás mostrado Su vida y Su carácter a ellos. Al hacer esto, tú les has dado una verdadera herencia espiritual.

¿Por qué es que los hijos de los patriarcas seguían al Dios de sus padres? Porque Él mantuvo sus promesas y cuidó de ellos. En Génesis 12:2, Dios dijo a Abraham: *"Haré de ti una nación grande, y te bendeciré, y engrandeceré tu nombre, y serás bendición"*. Más adelante, podemos ver cómo es que Dios comenzó a cumplir esta promesa. El siervo de Abraham reportó lo siguiente:

> *Y el Señor ha bendecido en gran manera a mi Señor, que se ha enrique-cido, y le ha dado ovejas y vacas, plata y oro, siervos y siervas, camellos y asnos.*　　　　　　　　　　　　　　　　　　　　(Génesis 24:35)

El hijo de Abraham, que era Isaac, vio de primera mano que el Dios de su padre era real, y él decidió, diciendo: "Yo también voy a servir al Dios de mi padre". Hoy en día, muchos niños se están alejando del verdadero Dios, debido a que la fe de sus padres es muy débil, y por lo tanto, ellos piensan que el Dios de sus padres es muy débil. El Dios a quien sus padres sirven, parece no estar haciendo mucho de lo que debería estar haciendo, y por lo tanto, los hijos están desilusionados.

Si tú eres un padre, tus hijos te están viendo, y están diciendo: "Muéstrame a Dios". La representación que tú hagas de Dios en el hogar, de alguna manera va a determinar lo que tus hijos van a decir al final. ¿Acaso ellos van a decir: "Yo voy a servir al Dios de mi padre?". O ¿Acaso ellos van a decir, "el Dios de mi padre no es digno de que yo Lo sirva?". Yo quiero que mis hijos vean la fidelidad de Dios mostrada en mi vida. Yo quiero que ellos puedan decir: "Este Dios al cual sirven mi padre y mi madre, hace todo lo que Él promete hacer.

Mi madre dijo que Dios iba a hacer esto, y Dios lo hizo. Mi padre oró para que esto otro sucediera, y sucedió. Este Dios es real. Yo voy a seguir al Dios de mis padres porque Él es fiel".

2. UN BUEN PADRE AMA A LA MADRE DE SUS HIJOS

La segunda cosa más importante que un hombre puede hacer por sus hijos es amar a la madre de ellos. Muchos hombres le compran regalos a sus hijos, como bicicletas y computadoras, siendo que lo que sus hijos necesitan es ver que sus padres verdaderamente amen a su mamá. Yo quiero decirles que no hay nada más precioso que el hecho de que un hijo vea que sus padres son cariñosos el uno con el otro. Yo pienso que los hijos sienten un sentimiento de seguridad cuando ellos ven esto.

El hecho de mostrar consideración y respeto por tu esposa es extremadamente importante. ¿Eres exigente e impaciente con tu esposa, o la tratas con bondad y con consideración? ¿Qué es lo que les estás ofreciendo como modelo a tus hijos con relación a lo que significa ser un marido? Los hijos toman todo lo que ven, y tus hijos ven la forma como tú tratas a tu esposa mucho más de lo que tú te imaginas. Un hijo o una hija frecuentemente pueden perder el respeto hacia su padre, si no ve que su padre le da a su mamá la consideración y el respeto que ella se merece.

Muchos hombres no se dan cuenta que la forma como tratan a su esposa afecta no solo la manera como los ven sus hijos, sino también la manera como Dios los ve. Si un marido no trata a su esposa con respeto, sus oraciones van a ser impedidas:

> *Y vosotros, maridos, igualmente, convivid de manera comprensiva con vuestras mujeres, como con un vaso más frágil, puesto que es mujer, dándole honor como a coheredera de la gracia de la vida, para que vuestras oraciones no sean estorbadas.* (1a. Pedro 3:7)

Cuando tú amas a la madre de tus hijos, estás trayendo paz y felicidad a tu hogar, y estás enseñando a tus hijos con el ejemplo mismo de lo que significa ser un verdadero hombre.

3. UN VERDADERO PADRE AMA A SUS HIJOS

Muchos padres creen que amar a sus hijos significa proveerles con ropa, comida y un lugar para vivir. Esto solo es el deber natural y moral. Cualquiera que tenga un poco de sentido común y un poco de consciencia podría comprar comida. El amor es mucho más que esto. Hay padres que pagan la renta de sus hijos, pero nunca van a visitarlos. Hay padres que les dan regalos de Navidad a sus hijos, pero se los mandan por medio de alguna otra persona. El hecho de comprarles cosas a tus hijos no significa necesariamente que los amas. Tal vez significa que te sientes culpable con relación a no estar cumpliendo con tu responsabilidad hacia ellos. Algunos hombres ni siquiera quieren hacer esto. Ellos no sostienen a sus hijos, y por lo tanto, los juzgados y las cortes tienen que tratar con ellos.

Amor no es comprarle cosas a alguien. Amor es *que tú te conviertas en el regalo*. La Biblia nos dice que nuestro Padre Celestial amó al mundo de tal manera que Él se convirtió en una revelación de ese amor en Cristo Jesús. Por lo tanto, si un hombre es un verdadero padre, él no solo se va a concretar a mandar regalos. Él va a regalar su propia persona. Esta es la esencia del amor.

El amor también significa corregir, castigar y regañar a tus hijos cuando ellos lo necesitan. Vamos a ver estas responsabilidades más de cerca en las próximas secciones. Sin embargo, permítanme decir algo aquí con relación a que algunos hijos están rogando que sus padres los corrijan, pero sus padres carecen de sentido común como para darse cuenta de ello. Algunos hijos odian a sus padres, porque los dejan hacer todo lo que se les da la gana. Estos padres piensan que sus hijos van a estar bien estando solos. Ellos dicen: "Mi hijo es suficientemente grande como para arreglárselas solo", mientras que sus hijos están pensando: "¡Papá, necesito ayuda! No sé cuáles son los valores correctos de la vida. No tengo estándares para poder juzgar las cosas. Estoy esperando a que me des algunas reglas, y tú me estás diciendo: 'Decide por ti mismo'".

Amar a tus hijos significa darles reglas a seguir. La vida es muy compleja y muy confusa. Los hijos necesitan alguien que les diga: "Este es el camino que debes seguir". Tú necesitas darles a tus hijos el tipo de amor que les inculque valores eternos. Yo he hablado con padres que están muy preocupados por sus hijos, debido a que sus hijos se han desviado completamente. "Yo no sé qué le ha sucedido. Yo le di todo lo que él quería." Ese fue precisamente el problema. Tú no le debes dar a tu hijo o a tu hija todo lo que quiera. Tú le debes dar lo que necesite.

Hay ocasiones cuando el amor tiene que ser duro. Algunos padres no tienen lo que se necesita para ser firmes. Ellos tienen miedo de castigar a sus hijos, así que les dejan esta tarea a sus esposas. La Biblia nunca dice que la

244 ENTENDIENDO EL PROPÓSITO Y EL PODER DEL HOMBRE

madre es la que corrige a los hijos; dice que es el padre quien corrige y disciplina a los hijos. Pero en estos días, ¿cuántos padres dejan la disciplina en las manos de la mamá? Algunos padres no disciplinan a sus hijos solo porque quieren ser y verse agradables ante sus hijos. Ellos no se dan cuenta del efecto que esto tiene en su familia. Los hijos comienzan a amar a la madre más que al padre porque saben que la madre sí se preocupa por ellos como para corregirlos. Ellos piensan: "Mi papá realmente no me ama". Ellos tal vez van a crecer con la creencia de que un padre no está supuesto a corregir ni a disciplinar a sus hijos, y por lo tanto, ellos tampoco van a ser buenas personas de corrección para sus hijos. Si tú amas a tus hijos, tú los vas a corregir.

4. UN BUEN PADRE ES RESPONSABLE POR SUS HIJOS

Existe una idea muy popular hoy en día acerca de que cada persona debería tomar responsabilidad de sí mismo o de sí misma, sin importar qué tan joven es esa persona, y que un niño tiene los "derechos del niño" que son iguales a los derechos de un adulto. Esta filosofía enseña que un padre no puede darle de nalgadas a su hijo o hija como una medida disciplinaria. Porque si lo hace, el niño puede ir a la corte o al juzgado e interponer una demanda en contra de sus padres por haberlo lastimado. También dice que un niño o niña debería ser capaz de "divorciarse" de sus padres.

Lo que el mundo está diciendo es que los niños deberían ser capaces de criarse a sí mismos. Esta idea es completamente tonta. Tú no puedes tratar a los niños como si fueran adultos. Los niños son niños; los adultos son adultos. Algunas veces los adultos actúan como niños. Pero definitivamente, los niños no son adultos, y no deberían ser tratados como si lo fueran. Los padres tienen una responsabilidad ante Dios de criar a sus hijos. Dios no deja ese cuidado de criarlos en las manos de ellos mismos, ni en las manos de la sociedad. Dios te da a ti ese cuidado.

¿Qué tanto tiempo pasas con tus hijos? ¿Quién es realmente quien los está criando? Tal vez tú y tu esposa salen a trabajar por las mañanas y no regresan sino hasta muy tarde por la noche. Tú no ves mucho de lo que hacen tus hijos. Alguien más ha sido quien los ha estado criando todo el día. Debes darte cuenta de que todo lo que esa persona representa ha estado entrando en tus hijos. Ellos van a aprender los puntos de vista acerca de Dios, el concepto acerca de ellos mismos y la filosofía de la vida a través de la persona que los está cuidando. Tú necesitas tener mucho cuidado para escoger quién va a cuidar a tus hijos.

Para ser responsable de tus hijos, tú necesitas pasar tiempo con ellos. Ellos no deben ser considerados como un punto más en tu lista de "pendientes" ni tampoco como un obstáculo más que tienes que quitar de tu camino. Muchos padres realmente no quieren tomar responsabilidad de sus hijos, porque los hijos requieren tiempo y energía. Por lo tanto, ellos los dejan para que se entretengan solos. El hecho de mantener un equilibrio con todas las demandas de la vida puede llegar a ser una cosa muy difícil para un padre, pero tus hijos deberían estar en el comienzo de la lista después de tu esposa.

5. UN BUEN PADRE ENSEÑA E INSTRUYE A SUS HIJOS

Un padre necesita leer y estudiar la Palabra de Dios para que pueda enseñarla a sus hijos. Él debe conocer los mandamientos de Dios. Es imposible enseñar algo que tú no has aprendido. ¿Acaso recuerdas lo que Dios dijo acerca de Abraham, cuando Dios lo llamó Su amigo?

> *Puesto que ciertamente Abraham llegará a ser una nación grande y poderosa, y en él serán benditas todas las naciones de la tierra? Porque yo lo he escogido para que mande a sus hijos y a su casa después de él que guarden el camino del Señor, haciendo justicia y juicio, para que el Señor cumpla en Abraham todo lo que Él ha dicho acerca de él.* (Génesis 18:18-19)

Dios le hizo una promesa a Abraham, y dijo que el cumplimiento de esa promesa estaba conectado con el hecho de que Abraham le enseñara a su familia la Palabra de Dios. Existe una relación entre estas dos cosas. Dios está deteniendo la bendición de algunos padres porque ellos no aman a sus hijos lo suficiente como para enseñarles la Palabra de Dios.

En el libro de Proverbios, Salomón habla acerca de la sabiduría que obtenemos por medio de la instrucción divina:

> *Hijo mío, si recibes mis palabras, y atesoras mis mandamientos dentro de ti, da oído a la sabiduría, inclina tu corazón al entendimiento; porque si clamas a la inteligencia, y alzas tu voz al entendimiento, si la buscas como a plata, y la procuras como a tesoros escondidos, entonces entenderás el temor del Señor, y descubrirás el conocimiento de Dios. Porque el Señor da sabiduría, de su boca viene el conocimiento y la inteligencia.*
> (Proverbios 2:1-6)

Cuando los padres les enseñan a sus hijos los mandamientos de Dios, sus hijos van a aprender que un padre que conoce la Palabra de Dios es digno de

246 ENTENDIENDO EL PROPÓSITO Y EL PODER DEL HOMBRE

ser escuchado. En Proverbios 1:8-9 dice: *"Oye, hijo mío, la instrucción de tu padre, y no abandones la enseñanza de tu madre; porque guirnalda de gracia son para tu cabeza, y collares para tu cuello"*. Se acostumbraba darles una guirnalda o una corona a los atletas que ganaban una carrera. Cuando los hijos reciben instrucciones divinas de parte de sus padres, ellos pueden ganar la carrera que termina en la vida eterna.

6. UN BUEN PADRE ENTRENA Y DISCIPLINA A SUS HIJOS

En Oseas 11:3-4, Dios dice lo siguiente:

Sin embargo, yo enseñé a andar a Efraín, yo lo llevé en mis brazos; pero ellos no comprendieron que yo los sanaba. Con cuerdas humanas los conduje, con lazos de amor, y fui para ellos como quien alza el yugo de sobre sus quijadas; me incliné y les di de comer.

"Sin embargo, yo enseñé a andar a Efraín". Dios estaba hablando acerca de su pueblo. Él estaba diciendo: "Yo siempre he estado contigo. Desde el tiempo que tú eras un niño, Yo estaba obrando en ti. Cuando tú te caías, Yo te levantaba. Yo te estaba entrenando". Este es el espíritu de un padre. Nuestro Padre Celestial tiene un interés muy especial en nuestro entrenamiento. De la misma manera, nosotros debemos entrenar personalmente a nuestros hijos.

En Proverbios 19:18 dice: *"Corrige a tu hijo mientras hay esperanza, pero no desee tu alma causarle la muerte"*. Este es un asunto muy serio. El versículo está diciendo: "Disciplina y entrena a tu hijo ahora, debido a que hay esperanza en esa disciplina, y hay esperanza en ese entrenamiento". Tú le estás dando esperanza a tu hijo o a tu hija cuando tú los disciplinas o los corriges. Tú le estás dando un sistema de valores que va a durar toda su vida.

La Escritura dice que si tú no haces esto, tú estás contribuyendo a la muerte de tus hijos. Ahora, normalmente usamos la frase "estás contribuyendo" o "estás siendo cómplice" cuando nos referimos a los criminales, ¿o no? Alguien comete un asesinato y hay otra persona que lo ayuda a hacerlo. O alguien roba una tienda, y hay otra persona que maneja el automóvil con el cual huyen. Esta segunda persona se llama un cómplice del crimen, lo cual significa que él o ella son tan culpables como aquel que cometió el delito. Así que la Escritura está diciendo que si tú no corriges o disciplinas a tu hijo cuando él lo necesita, entonces, cuando le va mal, tú eres responsable.

247 COMO SER UN BUEN PADRE

Proverbios 29:15 dice: *"La vara y la reprensión dan sabiduría, pero el niño consentido avergüenza a su madre"*. Revisa a los niños que se encuentran en los internados y en los reformatorios. Revisa a los reclusos que están en las prisiones. Mira a las personas que viven en las calles. A muchos de ellos les dejaron hacer lo que querían cuando eran niños, sin que tuvieran a alguien que les enseñara el carácter y los valores.

Mi corazón está con los padres solteros que tienen que llenar las funciones tanto de padre como de madre. Yo quiero decirles a ustedes: no permitan que sus hijos los entrenen a ustedes. Tú tal vez no conoces todo lo que hay en la vida, pero tú conoces mucho más que ellos. Y esto es mucho más que suficiente para que tú te hagas cargo de todo. No me importa qué edad tienen ellos, siendo que tú eres quien ha estado pagando la renta, siendo que tú estás proveyendo para ellos, y por lo tanto, tú pones las reglas. Si ellos desobedecen las reglas, tú tienes que asegurarte que ellos experimenten las consecuencias.

"Enseña al niño el camino en que debe andar, y aún cuando sea viejo no se apartará de él" (Proverbios 22:6). La palabra usada para *"enseñar"* es la misma palabra usada para condicionar. La Biblia está diciendo: "Condiciona a tus hijos en el camino en que deben de ir". ¿Por qué? Porque no se pueden condicionar a sí mismos. Los hijos nacieron con un espíritu rebelde. Tú no necesitas enseñarles a tus hijos a maldecir ni a mentir ni a robar ni a cometer adulterio ni tampoco a tener odio y amargura. Todo esto ya está en ellos. Si tú no los condicionas a ellos, ellos de forma natural se van a desviar. Tú tienes que entrenarlos.

Las cosas que los hijos aprenden de sus padres jamás se apartan de ellos. Yo todavía retengo lo que mi padre y mi madre me enseñaron. ¿Acaso no sabías tú que las mismas tentaciones que vienen a cualquier hombre joven vinieron a mí? Lo que me mantuvo en un nivel a salvo fueron los valores y la moral con que me instruyeron mis padres. Hubo situaciones donde, si no hubiera sido por el entrenamiento de mis padres, yo hubiera caído. La única cosa que me mantuvo a salvo fue el carácter que yo aprendí por medio de su enseñanza y de su corrección. Yo amo a mis padres porque ellos me disciplinaron.

En Hebreos 12:7-11, nos dice los beneficios de la disciplina:

Es para vuestra corrección que sufrís; Dios os trata como a hijos; porque ¿qué hijo hay a quien su padre no discipline? Pero si estáis sin disciplina, de la cual todos han sido hechos participantes, entonces sois hijos ilegítimos y no hijos verdaderos. Además, tuvimos padres terrenales para discipli-narnos, y los respetábamos, ¿con cuánta más razón no estaremos sujetos al Padre de nuestros espíritus, y viviremos? Porque ellos nos disciplinaban por pocos días como les parecía, pero Él nos disciplina para nuestro bien, para que participemos de su santidad. Al presente ninguna disciplina parece ser causa de gozo, sino de tristeza; sin embargo, a los que han sido ejercitados por medio de ella, les da después fruto apacible de justicia.

"Al presente ninguna disciplina parece ser causa de gozo, sino de tristeza; sin embargo, a los que han sido ejercitados por medio de ella, les da después fruto apacible de justicia." Si tú entrenas a tus hijos, ellos van a crecer conociendo los caminos de Dios, y van a tener paz en su corazón.

La versión antigua de la Biblia usa la palabra *"castigar"* en lugar de la pala-bra *"disciplina"*. Algunos hijos son castigados, pero no son corregidos. Los padres confunden algunas veces estas dos cosas. Tus hijos necesitan disci-plina. Disciplinar significa inculcar carácter moral y carácter mental, así como darle valores a la persona. Tú no le das valores solo por el hecho de castigarlo. Tú le das valores por medio de corregirlo.

Mis padres tuvieron una manera maravillosa de sentarse conmigo y de decirme: "Mira, esta es la razón por la que te castigamos". Ellos no solo me castigaban; ellos me corregían. Ellos decían: "Si tú haces esto, esto otro va a suceder" y "Si tú tienes este tipo de amigos, esto otro va a ser el resultado". El hecho de disciplinar a tus hijos en ocasiones va a ser de alguna manera algo penoso tanto para ti como para tus hijos, pero los resultados van a ser positivos y muy saludables.

7. UN BUEN PADRE ANIMA A SUS HIJOS

En 1a. Tesalonicenses 2:11-12 dice: *"Así como sabéis de qué manera os exhortábamos, alentábamos e implorábamos a cada uno de vosotros, como un padre lo haría con sus propios hijos, para que anduvierais como es digno del Dios que os ha llamado a su reino y a su gloria".* Este pasaje nos da tres responsabili-dades adicionales de un buen padre: exhortar, alentar y advertir.

Primeramente, los hijos necesitan exhortación. Algunos hijos nunca escu-chan alguna palabra alentadora de parte de sus padres. ¿Acaso tú has escu-chado la forma como algunos padres hablan con sus hijos? Ellos actúan como si sus hijos no pudieran hacer nada bien. Un niño de diez años de edad está

CÓMO SER UN BUEN PADRE 249

lavando los platos. Su padre entra, y le dice: "¿No puedes limpiar los platos mejor que esto?". El pequeño por lo menos está tratando. Así que debes exhortarlo. Tal vez él deja un poco de jabón en la estufa o en el escurridor. No mires lo que él dejó; mira lo que él limpió. Exhórtalo y anímalo.

Tal vez tu hijo o tu hija no pueden leer tan rápido como tú lo hacías cuando tenías la edad de ellos. No los critiques. Anímalos y exhórtalos. Hay niños que están haciendo su mejor esfuerzo. Hay ocasiones cuando un niño está tratando de ayudar con las tareas de la casa y, por accidente, llega a romper algo. Sus padres van a entrar corriendo a ese cuarto y van a gritar: "¿Qué estás haciendo?". De inmediato, él tiene que escuchar todo un sermón. Así que se va a su habitación con el corazón hecho pedazos, con su espíritu deprimido, y con su ego lastimado. Él piensa: "¡Yo nunca voy a ayudar a mis padres otra vez!". Algunos padres nunca ven la intención de sus hijos. Solo pueden ver su propio enojo y frustración.

Yo nunca voy a olvidar algo que sucedió cuando yo todavía era un cristiano muy joven. Mi hermana era una niña pequeña, y yo estaba pintando un dibujo de ella. Estaba casi terminado y se veía realmente muy hermoso. Yo dejé la pintura sobre la mesa con todas las pinturas de colores abiertas y salí de la habitación por un momento. Cuando regresé, vi que mi hermana estaba poniendo pintura roja en todo mi dibujo. Ella estaba cantando y divirtiéndose bastante. Yo quería pegarle, pero agarré muy fuertemente mi impaciencia. En ese momento, el Espíritu Santo me habló, y me dijo: "No mires lo que ella hizo. Mira lo que ella estaba tratando de hacer". Tú nunca vas a creer lo que yo hice. Yo le dije: "Termínalo bien". Adivinen qué pasó. El arte se convirtió en la materia favorita de ella cuando estaba en la escuela. Ella no tenía las intenciones de destruir mi dibujo. Ella solo estaba tratando de pintar algo.

Los padres necesitan exhortar y animar a sus hijos en todo aquello que los hijos están *tratando de hacer*, aunque esto no les salga perfecto. Tu hijo tal vez no obtuvo la mejor calificación de su clase, pero por lo menos él sí asistió a clases. Hay algunos muchachos que les gusta faltar a la escuela. El maestro sabe que tu hijo por lo menos hizo su mejor esfuerzo. Así que debes corregir e instruir a tus hijos con paciencia y exhortar el esfuerzo de él o de ella.

8. UN BUEN PADRE CONSUELA A SUS HIJOS

Lo siguiente es que los hijos necesitan consuelo. Tú los animas y los exhortas cuando están tratando de hacer algo positivo y cuando tú quieres que ellos mejoren en algo que están haciendo. Pero va a haber ocasiones cuando ellos se van a desanimar, van a estar lastimados, confundidos o desilusionados. Y es en estas ocasiones cuando ellos necesitan consuelo.

¿Cómo puedes tú consolar a tus hijos? Por medio de hacerles saber que son amados, aun cuando cometan errores o no estén a la altura de tus expectativas. Por medio de escucharlos con bondad y con entendimiento cuando ellos se encuentran en medio de sus luchas y problemas. Por medio de abrazarlos cariñosamente y de darles palabras amorosas cuando están tristes.

Para poder ser un consolador, tú tienes que estar accesible a tus hijos. Tú tienes que saber lo que sucede en sus vidas, para que puedas saber cuando están atravesando luchas y soledad. Los hijos van a recibir consolación por medio de saber que tú estás disponible para ellos y que es importante para ti pasar tiempo con ellos. Tu consuelo también les va a ayudar a saber que su Padre Celestial es un Consolador, tal y como Dios es descrito en Su Palabra: *"Bendito sea el Dios y Padre de nuestro Señor Jesucristo, Padre de misericordias y Dios de toda consolación, el cual nos consuela en toda tribulación nuestra, para que nosotros podamos consolar a los que están en cualquier aflicción con el consuelo con que nosotros mismos somos consolados por Dios"* (2a. Corintios 1:3-4).

9. UN BUEN PADRE LE DA ADVERTENCIAS A SUS HIJOS

Los padres también tienen que urgir o advertir a sus hijos para que vivan justamente. Pero ¿cuántos padres confunden la advertencia con amenaza? "¡Te voy a matar si tú no dejas de hacer eso!". Algunos padres no tienen nada de tacto porque no lo conocen. Los hijos interpretan una verdadera advertencia como amor, pero ellos ven una amenaza como odio.

La Biblia dice que debemos advertir a nuestros hijos *"para que vivan vidas dignas de Dios"* (1a. Tesalonicenses 2:12). Este versículo está hablando acerca de una advertencia espiritual. Es la responsabilidad de un padre advertirles a sus hijos de las consecuencias de rechazar a Dios. "Hijo, existe un infierno eterno. Yo te advierto que, lo que tú siembres en esta tierra, tú lo vas a cosechar en la vida venidera." "Hija, yo te quiero advertir que cualquier cosa en que tú te involucres te va a perseguir en tu memoria para siempre." Esto es advertencia espiritual.

Muchos padres advierten a sus hijos, pero sus hijos no los escuchan a ellos porque ellos no están dando ningún ejemplo santo. Si tú estás caminando en los caminos de Dios, cuando les adviertes a tus hijos, ellos van a venir a respetar al Dios de su padre. Ellos van a decir: "Si yo obedezco a mi padre, entonces

CÓMO SER UN BUEN PADRE 251

estoy obedeciendo a mi Dios. Yo sé que mi padre sabe qué es lo mejor para mí, porque yo veo a Dios obrando en su vida. Yo voy a obedecer a mi padre, porque yo quiero que Dios obre también en mi vida".

Algunos de ustedes tal vez no viven con sus hijos. Tal vez tú estás divorciado, y tus hijos viven en otro estado o en otro país. Yo te sugiero que tú les escribas cartas. Es asombroso lo que tú puedes comunicar a través de una carta. Tú puedes poner cosas por escrito, las cuales te serían muy difíciles de decir verbalmente. Establece una relación de amor con tus hijos a través de cartas, de tal manera que tú cuentes con el respeto de ellos cuando tú quieras darles advertencias acerca de las realidades espirituales. Entonces, cuando tú ya no estés aquí, ellos van a recordar: "Mi padre me hablaba acerca de Dios. Él no era el mejor de los papás en esos años. Pero antes de que él muriera, en estos últimos años, él me contó acerca de Dios. Él me dejó lo suficiente como para que yo sepa que él me ama más allá de su tumba". Debes darles advertencias a tus hijos. Es tu responsabilidad.

10. UN BUEN PADRE NO HACE ENOJAR A SUS HIJOS

Finalmente, los padres necesitan tener mucho cuidado de no hacer enojar a sus hijos. La Biblia dice: "*Y vosotros, padres, no provoquéis a ira a vuestros hijos, sino criadlos en la disciplina e instrucción del Señor*" (Efesios 6:4).

Los padres hacen enojar a sus hijos por medio de la impaciencia o la dureza. Pero algunas veces "*provocarlos a ira*" o "*hacerlos enojar*" significa mucho más de lo que normalmente pensamos que está conectado con esta palabra. Debemos notar que el versículo anterior se refiere a *la disciplina y a la instrucción*, como lo opuesto a provocar a ira o hacer enojar: "no hagas enojar, sino disciplina". "No provoques a ira, sino instruye."

El hecho de provocar a ira o hacer enojar significa descuidar. Cuando tú descuidas a tus hijos, tú los estás incitando para que te desprecien. Algunos padres no tienen sensibilidad alguna en cuanto a las necesidades de sus hijos, así que los hijos se exasperan, se enojan y son provocados a ira por esto. Ellos terminan con complejos de inferioridad y con personalidades subdesarrolladas, porque sus padres nunca les mostraron el amor y la bondad de Dios.

¿CUÁL VA A SER TU LEGADO?

Mi oración es que cada padre o cada padre potencial que esté leyendo este libro echen una mirada a su vida y se pregunte, "¿Qué es lo que les voy a dejar a mis hijos?".

¿Acaso quieres dejarles una casa? Bien. Sin embargo, eso no significa que tú les vas a estar dejando un hogar. ¿Acaso quieres dejarles un automóvil? Bien. Pero eso no significa que tú les estás dejando la enseñanza como para que sean lo suficientemente responsables para cuidar de él. ¿Acaso quieres dejarles algunos libros? Maravilloso. Pero esto no significa que tú les estás dejando el interés para leerlos. Los valores se transmiten por medio del ejemplo, y no solo por medio de palabras. Los principios morales se transmiten por medio de la personificación y no a través de discursos o sermones.

Proverbios 17:6 dice: *"Corona de los ancianos son los hijos de los hijos, y la gloria de los hijos son sus padres"*. Yo creo que la cosa más grande que un padre puede llegar a escuchar de su hijo o de su hija es: "Ese es mi papá. Estoy tan orgulloso de él. Él es el mejor padre". ¿Acaso tus hijos van a poder decir de ti, "El orgullo de mi vida es mi padre?" o "¿Yo quiero llegar a ser tal como mi padre?".

Cuando tus hijos desean ser como tú, ellos desean ser como Dios, a quien tú representas. En Efesios 5:1 dice: *"Sed, pues, imitadores de Dios como hijos amados"*. A medida que tú imitas a tu Padre Celestial, tus hijos te van a imitar a ti, y van a reflejar el carácter y la vida de Su Creador. De esto es lo que se trata la tarea de dominio de la paternidad.

PRINCIPIOS

Un buen padre…

1. Conoce al Padre Celestial y representa a Dios ante sus hijos.

2. Ama a la madre de sus hijos.

3. Ama a sus hijos.

4. Es responsable de sus hijos.

5. Enseña e instruye a sus hijos.

6. Entrena y disciplina a sus hijos.

7. Anima y exhorta a sus hijos.

8. Consuela a sus hijos.

9. Les da advertencias a sus hijos.

10. No provoca a ira ni hace enojar a sus hijos.

11. Deja un fuerte legado espiritual a sus hijos.

PREGUNTAS DE ESTUDIO

PREGUNTAS PARA REFLEXIÓN

1. ¿Qué significa ser un buen padre? ¿Qué papel (s) debe (n) desempeñar un padre en la vida de sus hijos?

2. ¿En quién o en qué se basa tu percepción de la paternidad (el ejemplo de tu propio padre, el ejemplo de otro pariente, amigo o mentor, los medios, etc.)?

EXPLORAR LOS PRINCIPIOS Y PROPÓSITOS DE DIOS

3. ¿Por qué muchos hombres no entienden lo que significa ser un verdadero padre?

4. ¿Qué puede pasar cuando los padres son una influencia negativa en sus hijos?

5. ¿Por qué muchos niños hoy en día no tienen el beneficio de un buen padre?

6. ¿Por qué es importante que los padres les comuniquen a sus hijos, especialmente a sus hijos varones, las normas de Dios para la paternidad?

7. ¿Por qué el rol de la paternidad es particularmente importante para Dios?

8. ¿Por qué los hijos de los patriarcas siguieron al Dios de sus padres?

9. ¿Por qué muchos hijos hoy se están alejando del verdadero Dios?

10. ¿Qué pueden hacer los padres para darles a sus hijos una sensación de seguridad?

11. ¿Cómo debe un esposo tratar a su esposa, no solo por su propio bien, sino por el bien de sus hijos?

12. Si un niño no ve que su padre le da a su madre la consideración y el amor que ella merece, a menudo perderá _____ por su padre.

13. ¿Cuál es la definición principal de amor por la que un padre debe vivir?

14. Un padre amoroso es _____ sus hijos.

15. ¿Qué puede suceder si un padre no corrige a sus hijos y / o deja la disciplina de los niños a su esposa?

16. ¿Por qué debes tener cuidado de a quién le permites cuidar a tus hijos?

17. ¿Por qué muchos padres no quieren responsabilizarse por sus hijos?

18. Equilibrar las exigencias de la vida puede ser difícil para un padre, pero la siguiente es la prioridad que sus hijos deben tener en su vida, después de su relación con Dios: [elija uno]

    (a) trabajo, pasatiempos, esposa, hijos

    (b) esposa, hijos, trabajo, pasatiempos

    (c) hijos, esposa, trabajo, pasatiempos

    (d) esposa, trabajo, hijos, pasatiempos

19. La promesa de Dios a Abraham indica que hay una conexión entre enseñarles a los hijos la Palabra de Dios y recibir el _____ de Dios.

20. Cuando los padres enseñan a sus hijos los mandamientos de Dios, ¿qué dos resultados se producen?

21. Los padres a veces confunden a _____ con _____.

22. Disciplinar significa inculcar _____ y _____ _____, darle _____ a una persona. No les enseñas valores tan solo castigando. Tú enseñas valores por _____.

23. ¿De qué maneras específicas puede un padre consolar a sus hijos, y qué ejemplo les dará su consuelo?

24. Los padres deben exhortar y advertir a sus hijos a vivir con rectitud y hablarles de las consecuencias de rechazar a Dios, pero muchos padres confunden _____ con _____.

25. Un hijo interpreta una advertencia como _____, pero ve una amenaza como _____.

26. ¿Por qué muchos hijos no escuchan las advertencias de sus padres?

27. Cuando los padres no muestran a sus hijos la bondad y el amor de Dios, ¿qué les puede pasar a los hijos?

CONCLUSIÓN

Cuando tus hijos quieren ser como tú, quieren ser como Dios, a quien representan. Efesios 5:1 dice: *"Sed imitadores de Dios, por lo tanto, como hijos amados"*. Al imitar a tu Padre celestial, tus hijos te imitarán y reflejarán el carácter y la vida de tu Creador. De eso se trata la asignación de dominio de la paternidad.

APLICA A TU VIDA LOS PRINCIPIOS DE DIOS

PENSÁNDOLO BIEN

+ ¿Qué ven tus hijos reflejado en tus actitudes y comportamiento? ¿Ven la semejanza de tu Padre celestial en ti?

+ ¿Qué problemas de fe, confianza y confianza en Dios están bloqueando tu relación con Él?

+ ¿Estás creando una vida hogareña amorosa, segura y armoniosa, tratando a tu esposa e hijos con amabilidad y consideración?

ORAR SOBRE ESO

+ Pídele a Dios que te permita conocer mejor a Él y Sus caminos para que puedas transmitirles este conocimiento y comprensión a tus hijos. Si tienes problemas para confiar en Dios en cualquier área de tu vida o crees que Él se preocupa por ti, pídele que te ayude a trabajar en estas áreas y que confíes en el amor que Él tiene para ti (ver 1 Juan 4:16).

ACTUAR EN LA VERDAD DE DIOS

+ Desarrolla un programa regular para leer y estudiar la Palabra de Dios para tu propio crecimiento espiritual y para que puedas enseñarlo mejor a tus hijos.

+ ¿De qué maneras puedes enseñar más efectivamente la Palabra de Dios, incluidos los mandamientos y valores de Dios, a tus hijos u otras personas a tu cuidado?

+ ¿Cómo harás más tiempo para tus hijos esta semana, este mes y este año?

+ Determina valores y estándares específicos por los cuales criarás a tus hijos, y revísalos regularmente. Cuando surjan problemas o circunstancias en la vida diaria de tus hijos, aplica estos estándares y valores con amor (¡y asegúrate de vivirlos tú mismo!). Resiste la tentación de excederte o ser demasiado severo con tus hijos.

¿Cuál será tu legado para tus hijos?

12

CLAVES PARA CONVERTIRSE EN UN VERDADERO HOMBRE

LOS PROPÓSITOS DE DIOS DEBERÍAN SATURAR Y ESTAR REBOSANDO EN LA VIDA DEL HOMBRE.

Tú *naciste* como varón, pero tú tienes que *convertirte* en un hombre. Esto significa que hay quienes pueden crecer biológicamente hasta llegar a convertirse solo en varones muy viejos, pero sin haber vivido nunca como un verdadero hombre. En este libro hemos explorado la forma como un varón puede ser transformado en el propósito de Dios, tal y como cuando Dios creó al mundo. El hecho de convertirse en el hombre de Dios es la única manera en que un hombre puede vivir una vida satisfactoria y llena de propósito, porque el propósito de Dios es la clave para la satisfacción.

Para convertirse en un verdadero hombre, el varón necesita llegar a entender que los propósitos de Dios tienen que impregnar toda su vida, de tal manera que puedan fluir hacia las vidas de los demás. Cuando Dios le dio al hombre dominio sobre la tierra, Él estaba diciendo: "Te estoy dando la administración de la creación. Cuida de ella, para que siempre sea un reflejo de mi carácter y de mis propósitos". Ser un administrador significa que le han confiado a uno los bienes que le pertenecen a otra persona. El hombre tiene la responsabilidad de poner en práctica los propósitos de Dios en el mundo y de capacitar a otros para que hagan lo mismo también.

Las siguientes son claves para llegar a convertirse en un verdadero hombre, las cuales incorporan los temas, las verdades y los principios que hemos aprendido en este libro, todo lo cual se traduce como la administración de las vidas y de los recursos que Dios nos ha confiado. Debes leer y volver a leer estas claves hasta que el verdadero significado de lo que significa ser un hombre haya impregnado tu entendimiento y que la presencia de Dios y los propósitos de Dios fluyan de tu vida hacia todo el mundo que te rodea.

CLAVE #1

UN VERDADERO HOMBRE DESEA A DIOS, AMA A DIOS Y AMA LA PRESENCIA DE DIOS

Un verdadero hombre busca tener una comunión íntima con Dios por medio de permanecer continuamente en Su presencia. Él ama poder adorar a Aquel que lo creó y que lo redimió. Las prioridades espirituales de un verdadero hombre toman precedencia por encima de sus prioridades físicas y de sus prioridades temporales. En Lucas 4:3, el diablo tentó a Jesús con una necesidad física. *"Entonces el diablo le dijo: Si eres Hijo de Dios, di a esta piedra que se convierta en pan"*. Jesús le respondió en esencia: "No, tú no entiendes. Yo tengo mis prioridades muy bien clasificadas. Yo prefiero estar en la presencia de Dios que satisfacer cualquier hambre temporal" (ver el versículo 4). Un verdadero hombre tiene muy claro cuáles son sus prioridades.

CLAVE #2

UN VERDADERO HOMBRE BUSCA RESTAURAR LA IMAGEN DE DIOS EN SÍ MISMO

Un verdadero hombre quiere ser renovado espiritualmente para que la plenitud de la imagen de Dios sea restaurada en su vida. Él busca regresar al plan original que Dios tenía cuando creó al hombre por primera vez. Este plan consiste en que los hombres y las mujeres reflejen la naturaleza de Dios, quien es Espíritu, mientras que se encuentren viviendo como seres físicos en la tierra. Un verdadero hombre no es engañado ni seducido por las imágenes falsas de la masculinidad, tal y como las presenta la cultura. Un verdadero hombre quiere llegar a ser todo aquello para lo cual fue creado. Él quiere ser como su Padre Dios.

CLAVE #3

UN VERDADERO HOMBRE ASPIRA A TRABAJAR Y A DESARROLLAR SUS DONES Y SUS TALENTOS

Después de que Dios colocó a Adán en Su presencia, Dios le dio trabajo para hacer. Jesús, quien es el segundo Adán, parecía tener dos palabras favoritas que reflejaban los propósitos de Dios para el hombre. Una era la palabra *padre*. La otra palabra era *trabajo*. Por ejemplo, consideren estas declaraciones de Jesús: *"Jesús les dijo: Mi comida es hacer la voluntad del que me envió y llevar a cabo su obra"* (Juan 4:34). *"Pero Él les respondió: Hasta ahora mi Padre trabaja, y yo también trabajo"* (Juan 5:17). *"Nosotros debemos hacer las obras dell que me envió mientras es de día; la noche viene cuando nadie puede trabajar"* (Juan 9:4). *"Yo te glorifiqué en la tierra, habiendo terminado la obra que me diste que hiciera"* (Juan 17:4).

Jesús tenía la intención de hacer la obra de Su Padre hasta terminarla. Un verdadero hombre aspira a hacer el trabajo de Dios el Padre, mientras que desarrolla y usa los talentos y los dones que Dios le ha dado. Él no es flojo; él tiene una visión para su vida, y él está dispuesto a cumplirla. En el sistema de Dios, el hombre que trabaja y que comete errores es mejor que el hombre que no hace nada.

La motivación de un verdadero hombre es trabajar para llegar a cumplir los propósitos para los cuales fue creado. Jesús dijo: *"En verdad, en verdad os digo: me buscáis, no porque hayáis visto señales, sino porque habéis comido de los panes y os habéis saciado. Trabajad, no por el alimento que perece, sino por el alimento que permanece para vida eterna, el cual el Hijo del Hombre os dará, porque a este es a quien el Padre, Dios, ha marcado con su sello"* (Juan 6:26-27). En otras palabras, existe una razón mucho mayor para trabajar. No trabajes solo para pagar tus deudas. No trabajes solo por la comida. Debes entender la verdadera naturaleza del trabajo. En el Jardín del Edén, no había ningún supervisor, no había nadie que pagara la nómina de la semana. A Adán le fue dado el trabajo, porque era una parte natural de su ser. A través del trabajo, él cumplió su propósito como hombre.

Mateo 25:16, que es una parte de la parábola de los talentos, es un versículo muy poderoso: *"El que había recibido los cinco talentos, enseguida fue y negoció con ellos y ganó otros cinco talentos"*. ¿Cómo es que este hombre ganó más dinero? Él puso su dinero inicial a trabajar, y el dinero se multiplicó. Dios quiere que nosotros vayamos a trabajar para multiplicar Su reino en esta tierra.

CLAVE #4

UN VERDADERO HOMBRE HONRA SU MATRIMONIO Y A SU FAMILIA POR ENCIMA DE CUALQUIER INTERÉS PERSONAL

El primer milagro de Jesús fue en una boda (ver Juan 2:1-11). De esta manera, Su ministerio fue introducido al mundo como el tipo de ministerio que apoya a la familia. Jesús es un hombre de familia. Su deseo número uno en este momento es estar casado con Su novia, que es la Iglesia. Los libros de Efesios y de Colosenses dicen que el Espíritu Santo es el sello de nuestra salvación. Tal y como un anillo de compromiso, el Espíritu Santo es nuestra promesa de que vamos a casarnos con nuestro Novio, que es Jesús. El libro de Apocalipsis dice que Jesús está esperando a Su novia. Después de que Él regrese a la tierra por nosotros, vamos a estar con Él en las Bodas del Cordero. Vamos a ser consumados con Cristo Jesús.

Jesús ama a Su prometida. Él es un hombre de familia, y Él cuida de Su novia. La Biblia dice que Él dio Su vida por ella. Él la lava *"para santificarla, habiéndola purificado por el lavamiento del agua con la palabra"* (Efesios 5:26). El hombre debe amar a su esposa *"así como Cristo amó a la iglesia y se dio a sí mismo por ella, así también deben amar los maridos a sus mujeres, como a sus propios cuerpos. El que ama a su mujer, a sí mismo se ama"* (v. 25, 28). Un verdadero hombre protege y cuida a su familia y a su esposa, viendo por las necesidades de ellos antes que por las necesidades de él. Unos pocos hombres que verdaderamente entiendan esta verdad y que se propongan vivirla, pueden establecer un estándar para las naciones enteras.

CLAVE #5

UN VERDADERO HOMBRE SE PROPONE APRENDER, VIVIR Y ENSEÑAR LA PALABRA DE DIOS Y LOS PRINCIPIOS DE DIOS

En Génesis 2:15-17, Dios ordenó al primer hombre que guardara Su Palabra, diciendo que si la desobedecía, él iba a morir. Por medio de este acto, Él estableció el principio de que *"No solo de pan vivirá el hombre, sino de toda palabra que sale de la boca de Dios"* (Mateo 4:4).

Un verdadero hombre es un hombre de principios. Él se da cuenta de que su espíritu debe ser nutrido por la Palabra de Dios o su salud espiritual se va a venir abajo. La Palabra de Dios es el precepto por el cual él vive. Y debido a que es un líder responsable, él también está dedicado a enseñar las Escrituras a su familia.

Un verdadero hombre permite que la Palabra de Dios transforme su vida para que él pueda representar la voluntad de Dios en la tierra, y por lo tanto, esparcir el Jardín de la presencia de Dios a un mundo que está viviendo en la oscuridad del pecado y de la separación de Dios.

Haced todas las cosas sin murmuraciones ni discusiones, para que seáis irreprensibles y sencillos, hijos de Dios sin tacha en medio de una generación torcida y perversa, en medio de la cual resplandecéis como luminares en el mundo, sosteniendo firmemente la palabra de vida, a fin de que yo tenga motivo para gloriarme en el día de Cristo, ya que no habré corrido en vano ni habré trabajado en vano. (Filipenses 2:14-16)

CLAVE #6

UN VERDADERO HOMBRE DEMUESTRA LA FE Y LA INSPIRA EN OTROS

Cuando tú regresas a tu imagen original como hombre, tú te conviertes en una persona que hace que la persona crea que todo es posible. ¿Acaso tú puedes pensar en Jesús como algo inferior a esto? Él fue el Único en la historia que dijo: *"Nada es imposible para Dios"* (Lucas 1:37). Lo que Él dijo es tan alto y tan supremo que solo Dios podía haberlo dicho.

Jesús no solo lo dijo, sino que Él lo creyó. Esta es la razón por la que el mendigo, la prostituta y el hombre religioso, todos estos se acercaban a Él. Él les hacía creer que nada era imposible. El verdadero hombre tiene un espíritu de fe e inspira fe a los demás.

¿No te gustaría estar cerca de alguien que dice: "Tú puedes hacerlo". "Yo sé que las cosas han estado muy difíciles, pero tú lo vas a lograr", y también, "Todo mundo falla de vez en cuando. Levántate e inténtalo otra vez?". Aun en la hora más oscura, el verdadero hombre cree que existe una salida. Él te va a decir mil veces: "Levántate otra vez; tú puedes hacerlo". Las imitaciones de hombres no tienen fe. Ellos dicen cosas como: "¿Acaso estás hablando de comenzar un negocio? Mejor quédate con ese trabajito seguro que tienes". Un verdadero hombre sabe que no hay trabajo que le pueda dar a una persona una verdadera seguridad, y por lo tanto, él pone su fe en Dios, y confía en la guía de Dios. Algunas veces, un verdadero hombre puede llegar a asustarse, pero él no se va a preocupar, porque él confía en el hecho de que Dios va a completar la obra que Él comenzó. La fe es creer lo que Dios dice, y no lo que tú ves. Esta es la fe de un verdadero hombre.

CLAVE #7

UN VERDADERO HOMBRE ESTÁ DEDICADO A CULTIVAR A OTROS PARA QUE LLEGUEN A SER LO MEJOR

Un verdadero hombre se propone animar a otros para que reflejen la imagen y la creatividad de Dios en todo lo que son y en todo lo que hacen, espiritualmente, emocionalmente, psicológicamente y físicamente. Él ora pidiendo sabiduría y guía en cómo cultivar a su esposa y a sus hijos, para que ellos puedan madurar en Cristo Jesús y lleguen a convertirse en todo aquello para lo cual Dios los creó. Él anima a su familia en sus talentos y en sus dones mientras que, al mismo tiempo, les ayuda a desarrollarse en todas las formas posibles. Como cultivador, él se deleita en ver que estos dones se desarrollen en la vida de ellos, de la misma manera como Dio se deleita al ver que nosotros usamos nuestras habilidades para Su gloria.

CLAVE #8

UN VERDADERO HOMBRE AMA LA COMPASIÓN, LA MISERICORDIA Y LA JUSTICIA

Un verdadero hombre ejercita la compasión, la misericordia y la justicia. A través de ellas, él muestra la verdadera fuerza, y trae el reino de Dios hacia muchas otras personas.

La *compasión* es la pasión que apunta al hecho de hacer libres a las personas. Cada vez que Jesús tuvo compasión, Él estaba a punto de arreglar algo. Si las personas tenían hambre, Él tenía compasión por ellos. Si ellos estaban *"como ovejas sin pastor"* (Mateo 9:36), Él tenía compasión de ellas, y decía: "Yo soy el Buen Pastor; Yo te voy a guiar" (ver Juan 10:11-15). Mostrar compasión significa aplicar las fuerzas de uno mismo para suplir las necesidades de otros.

La *misericordia* no es tratar a una persona como se lo merece cuando ha cometido algo en contra de ti. Dios ha extendido Su misericordia hacia nosotros a través de la salvación. *"Pero Dios demuestra su amor para con nosotros, en que siendo aún pecadores, Cristo murió por nosotros"* (Romanos 5:8). Como Sus representantes en la tierra, Él quiere que nosotros mostremos misericordia también. No debemos buscar venganza en contra de los demás, sino que tenemos que perdonarlos, y tenemos que hacer todo lo que podamos para llevarlos a que reciban a Cristo Jesús. *"Por tanto, somos embajadores de Cristo, como si Dios rogara por medio de nosotros; en nombre de Cristo os rogamos: ¡Reconciliaos con Dios!"* (2a. Corintios 5:20).

La *justicia* significa que estamos haciendo lo que es correcto a los demás. Dios odia la injusticia. Un verdadero hombre refleja Su naturaleza y Su carácter por medio de seguir Su mandamiento de *"solo practicar la justicia, amar la misericordia, y andar humildemente con tu Dios"* (Miqueas 6:8).

CLAVE #9

UN VERDADERO HOMBRE ES FIEL Y LEAL AL REINO DE DIOS Y A SU MISIÓN, QUE ES LA IGLESIA

En Mateo 6:33, Jesús redujo la vida a una sola cosa: *"Pero buscad primero su reino y su justicia, y todas estas cosas os serán añadidas"* (Mateo 6:33). De hecho, Él estaba diciendo: "Miren, todos ustedes están hablando acerca de la hipoteca de su casa, acerca de su automóvil, de sus propiedades, de su ropa, comida, de sus bebidas y todo lo demás. Ustedes tienen sus prioridades en un completo desorden. Deben buscar primeramente el Reino de Dios".

Un verdadero hombre tiene pasión de ver el reino de Dios establecido en su país. Los pecadores lo entristecen. Las vidas destruidas lo deprimen. La persona que no conoce a Cristo le preocupa. Un verdadero hombre se regocija cuando las personas son liberadas del diablo. La Biblia dice que Jesús envió a sus discípulos con la autoridad de echar fuera demonios, de sanar a los enfermos y de resucitar a los muertos (ver Lucas 10:1-24). Cuando ellos regresaron, ¿qué fue lo que hizo Jesús? La Biblia dice que Él estaba lleno de gozo y que *"Se regocijó mucho"* (Lucas 10:21). En el idioma original griego, la palabra de esta frase viene del significado "brincar de gozo", o "estar extremadamente contento". Jesús comenzó a brincar de gozo. Él estaba muy feliz de ver que los hombres liberaran a otros hombres. Él les dijo a los discípulos: *"Sin embargo, no os regocijéis en esto, de que los espíritus se os sometan, sino regocijaos de que vuestros nombres están escritos en los cielos"* (v. 20). En otras palabras: "No se regocijen de que los demonios tienen miedo de ustedes. Regocíjense de que ustedes son salvos. Esto es lo que Me hace feliz". Los verdaderos hombres tienen el espíritu de la Gran Comisión en su vida: tienen un amor por las almas y una pasión de que otros conozcan a Cristo Jesús.

CLAVE #10

UN VERDADERO HOMBRE SE MANTIENE EN DIOS

Finalmente, un verdadero hombre no toma a la ligera la presencia de Dios en su vida. Él guarda su corazón y sus acciones para que él pueda estar cerca de Dios y que pueda reflejar Su carácter y Sus caminos continuamente. Él pone toda su confianza en el Señor, porque él sabe que Dios es capaz de *"guardaros sin caída y para presentaros sin mancha en presencia de su gloria con gran alegría"* (Judas 24).

UNA PALABRA FINAL

Las comunidades y las naciones van a ser transformadas cuando los hombres volteen a Dios y a los propósitos de Dios para ellos. Dios está buscando a aquellos que se van a dedicar y a aquel que *"se pusiera en pie en la brecha delante de mí a favor de la tierra"* (Ezequiel 22:30). Dios quiere traer Su poder transformador de vidas a los matrimonios destrozados, a las familias dañadas, a las sociedades mutiladas y a los individuos, sean hombres, mujeres o niños, que necesitan reconciliación con Dios y que necesitan una restauración de los propósitos de Dios en sus vidas. Pero Dios está esperando a hombres como tú. Hombres verdaderos que se entreguen a sí mismos para cumplir su propósito de dominio de esparcir la presencia de Dios a través de todo el mundo. Yo oro para que las personas puedan ser capaces de ver tu vida y que puedan decir: "Ahora yo sí sé cómo se ve un verdadero hombre", a medida que son transformadas por la presencia de Dios que está en ti.

PREGUNTAS DE ESTUDIO

PREGUNTA PARA REFLEXIÓN

1. ¿Qué tipo de mayordomo eres de las vidas y recursos que Dios te ha dado?

EXPLORAR LOS PRINCIPIOS Y PROPÓSITOS DE DIOS

2. ¿Cuál es la primera clave para convertirse en un verdadero hombre?

3. La segunda clave es que un verdadero hombre busca restaurar la _____ de Dios en sí mismo.

4. La plenitud de la imagen y semejanza de Dios se restaura a la vida de un hombre a medida que el _____ _____.

5. ¿Por cuál cosa un verdadero hombre no es engañado ni enamorado?

6. ¿Cuál es la tercera clave para convertirse en un verdadero hombre?

7. Dios quiere que vayamos a trabajar para _____ Su reino en la tierra.

8. La cuarta clave es que un verdadero hombre honra a su _____ y _____ arriba _____ _____.

9. ¿Cuál es la quinta clave para convertirse en un verdadero hombre?

10. ¿Qué sucede si un hombre no puede alimentar su espíritu con la Palabra de Dios?

11. El sexto principio es que un verdadero   demuestra _____ y _____ en otros.

12. ¿Qué declaración hizo Jesús en Lucas 1:37 que demostró su creencia en Dios e inspiró la fe en otros?

13. ¿Dónde encuentra su seguridad un verdadero hombre?

14. Un verdadero hombre podría ser _____, pero él no _____.

15. ¿Cuál es la razón de la actitud del hombre en la declaración anterior?

16. Un verdadero hombre se esfuerza por _____ otros para reflejar el _____ y _____ de Dios en todo lo que son y hacen.

17. Un verdadero hombre no tan solo alienta, sino también _____ a su familia a desarrollar sus dones y talentos de cualquier manera que pueda.

18. Como cultivador, el hombre _____ al ver los dones de su esposa y sus hijos desarrollados en sus vidas.

19. ¿Cuál es la octava clave para convertirte en un verdadero hombre?

20. ¿Cuál es la definición de compasión?

21. Mostrar compasión significa aplicar tu _____ para satisfacer las necesidades de las personas.

22. La misericordia no es tratar a una persona como el _____ cuando cometió un error contra ti.

23. ¿Cuál es la definición de justicia?

24. La clave número nueve dice que un verdadero hombre es _____ y _____ para el reino de Dios y la misión de Dios, la Iglesia.

25. ¿Con cuál afirmación resumió Jesús el enfoque de la vida de un verdadero hombre?

26. ¿Cuál es el espíritu de la Gran Comisión que los verdaderos hombres deben tener en sus vidas?

27. ¿Cuál es la décima clave para convertirse en un verdadero hombre?

CONCLUSIÓN

Las familias, las comunidades y las naciones se transformarán cuando los hombres regresen a Dios y a sus propósitos para ellos. Dios está esperando verdaderos hombres que se comprometan a cumplir su propósito de dominio de difundir la presencia de Dios en todo el mundo, y llevar la sanidad y la esperanza a los demás. ¿Te comprometerás a ser un hombre así?

APLICA A TU VIDA LOS PRINCIPIOS DE DIOS
PENSÁNDOLO BIEN

+ ¿Dirías que las prioridades de Dios son tus prioridades? Si no, ¿qué prioridades necesitas cambiar para que tu vida se enfoque en Dios y Sus caminos?

+ ¿El desbordamiento del carácter y los valores de tu vida tiene un efecto positivo o negativo en tu familia y otras personas con las que te contactas? Piensa en tres ejemplos que respaldan tu respuesta.

ORAR SOBRE ESO

• Las contribuciones y responsabilidades de un hombre son importantes en la vida de su familia y en el mundo. Él puede lograrlos tan solo permaneciendo cerca del Padre celestial y confiando en Su gracia y ayuda. Pídele a Dios que llene tu corazón con Su Espíritu y su presencia cada día, y que te permita rendirte plenamente a Él para que Su vida se desborde desde ti hacia aquellos a tu alrededor.

ACTÚA EN LA VERDAD DE DIOS

• Haz un plan para tu crecimiento personal en el Señor, y para enseñar y cultivar a tu familia. Piensa en cómo puedes desarrollarte tú y los que están bajo tu cuidado en las siguientes áreas:

Tú mismo:

☐ Buscar a Dios y tener comunión con Él

☐ Leer y estudiar la Palabra de Dios

☐ Vivir la Palabra de Dios y los principios

☐ Proteger tu corazón y tus acciones

☐ Honrar y pasar tiempo con tu familia

☐ Fortalecer tu fe

☐ Practicar compasión, misericordia y justicia

☐ Desarrollar tus dones y talentos

☐ Tener una pasión por establecer el reino de Dios en la tierra y por la salvación de los demás

Aquellos bajo tu cuidado

☐ Enseñarles la Palabra de Dios y los principios

☐ Inspirar fe en ellos

☐ Cultivar sus personalidades, regalos y talentos

☐ Inculcar en ellos las prioridades y los deseos de Dios

UNA PALABRA PARA LOS HOMBRES DE LAS NACIONES DEL TERCER MUNDO

Los 6.7 mil millones de personas que llaman hogar a este planeta están divididos en varias categorías. El grupo más grande se ha identificado como las naciones del Tercer Mundo. El término Tercer Mundo es un término que es despreciado y resentido por muchos que lo interpretan como inferior, pobre, subdesarrollado y atrasado. Este término fue ideado hace muchos años por un economista en una reunión del G-5 en la ciudad de Génova, Suiza en un intento de definir al mundo en términos económicos. La intención no era degradar a ningún grupo de personas, sino más bien identificar a las naciones que caen en un contexto histórico común, que da como resultado el hecho de que tienen situaciones socioeconómicas comunes, así como otras características similares.

Hablando técnicamente, el término fue un intento por describir la agrupación de personas que no tenían la oportunidad de desarrollarse o de llevar al máximo su verdadero potencial, debido a que eran víctimas de una opresión colonial o de regímenes que suprimían los instintos creativos y de progreso de las masas. A la vasta mayoría de ellos no se les permitía participar o beneficiarse directamente de la revolución industrial, sino que eran víctimas de ella al ser usados como combustibles humanos, como esclavos para las maquinarias de la industria. Muchas de estas personas son productos de la esclavitud, de la colonización, de la servidumbre incondicional o de la opresión ideológica. El grupo que es conocido hoy en día como el Tercer Mundo está formado por más de las dos terceras partes de la población mundial y contiene a toda raza, a todo color, a todo tipo de antecedente étnico y a todo tipo de nacionalidad. Las naciones del Tercer Mundo, por lo tanto, incluyen miles de millones de personas que todavía están luchando para tratar de encontrar su lugar dentro del esquema global de los avances sociales, técnicos y económicos.

La naturaleza de su historia, la esclavitud, el ser echados de su lugar, el abuso social y la castración cultural que han sufrido, han dejado a estas personas sin ningún sentido del valor personal o de un claro concepto de sí mismas. Muchos fueron apartados de sus familias, de sus tradiciones y de sus culturas, y fueron abandonados para sobrevivir en un mundo que no tiene definición alguna para poder guiarlos. El impacto en los varones a través de estas tragedias históricas ha sido lo más dramático. Ellos fueron arrebatados de su dignidad humana, de su sentido de masculinidad, del entendimiento de su propósito. Los resultados fueron devastadores, a medida que muchos de estos hombres perdieron toda esperanza, perdieron su autoestima, y perdieron su significado en la vida. Ellos tuvieron que verse a sí mismos como víctimas de la historia, sin tener sentido alguno de cómo debería ser un verdadero hombre.

Si tú caes dentro de esta clasificación histórica por ser un hombre del Tercer Mundo, y quieres volver a descubrir tu verdadera masculinidad y la dignidad de lo que significa ser un hombre dentro del orden divino de Dios para la creación, este libro fue escrito para ayudarte a hacer exactamente eso. Debes recordar que tu pasado no tiene que convertirse en tu futuro, y que tú no eres una víctima de tu historia. Yo quiero retarte para que abraces el gozo, la responsabilidad y el honor de ser un varón y un hombre hecho a la imagen de Dios. Tú tienes la obligación de restaurar la verdadera imagen de la masculinidad y de establecer el modelo para tus hijos en esta nueva generación. Ahora es tu tiempo para poder estar y sentirte orgulloso de ser un hombre del Tercer Mundo.

El hombre del Primer Mundo que es Europa ha fallado en presentar cómo es el verdadero hombre a la imagen de Dios. El hombre del Segundo Mundo que es el Nuevo Mundo y la Revolución Industrial ha fallado también en presentar cómo es el verdadero hombre a la imagen de Dios. Ahora tú eres del último mundo, del mundo final, que es el Tercer Mundo. Es tu turno para redescubrir el significado original de lo que es ser un verdadero hombre y de lo que significa representar la imagen de Dios ante un mundo que está en una necesidad desesperada de tener un prototipo del varón que pueda restaurar el propósito a las mujeres y a los niños. Ahora es tu turno. Hazlo por nuestros hijos, y marca la diferencia.

ACERCA DEL AUTOR

El Dr. Myles Munroe (1954-2014) fue un orador motivacional internacional, autor de éxitos de ventas, educador, mentor de liderazgo, y consultor gubernamental y de negocios. Viajaba extensamente por todo el mundo, abordando temas críticos que afectan a todas las áreas del desarrollo humano, social y espiritual. El tema central de su mensaje es la maximización del potencial individual, incluyendo la transformación de seguidores en líderes, y de líderes en agentes de cambio.

El doctor Munroe fue fundador y presidente de Bahamas Faith Ministries International (BFMI), una organización multidimensional con oficinas principales en Nassau, Bahamas. Fue director general (CEO) de International Third World Leaders Association (Asociación Internacional de Líderes del Tercer Mundo) y presidente de International Leadership Training Institute (Instituto Internacional de Adiestramiento en Liderazgo). Fue además el fundador y productor ejecutivo de programas de radio y televisión transmitidos alrededor del mundo. Era invitado frecuente en otros programas de radio y televisión en emisoras internacionales, y fue colaborador de varias ediciones bíblicas, revistas y boletines como *The Believer's Topical Bible*, *The African Cultural Heritage Topical Bible*, *Charisma Life Christian Magazine* y *Ministries Today*. Fue un popular autor de más de 40 libros, entre otros, *El poder del carácter en el liderazgo*, *Propósito y poder de la autoridad*, *Principios y beneficios del cambio*, *Convirtiéndose en un líder*, *La persona más importante sobre la tierra*, *El espíritu de liderazgo*, *El poder de la visión*, *Entendiendo el propósito y el poder de la oración*, *Entendiendo el propósito y el poder de la mujer*, y *Entendiendo el propósito y el poder del hombre*.

El doctor Munroe ha cambiado las vidas de multitudes en todo el mundo con un poderoso mensaje que inspira, motiva, desafía y empodera a las personas para descubrir su propósito personal, desarrollar el verdadero potencial, y manifestar las habilidades únicas del liderazgo. Por más de treinta años, ha adiestrado a decenas de miles de líderes en negocios, industria, educación, gobierno y religión. Asistió personalmente a más de 400,000 personas cada año, en su desarrollo personal y profesional. Su llamado y su mensaje trascienden edad, raza, cultura, credo y trasfondo económico.

Myles Munroe obtuvo sus grados de bachillerato y maestría de la Universidad Oral Roberts y la Universidad de Tulsa, en Oklahoma. Recibió además diversos grados honorarios. Sirvió como profesor adjunto de la Escuela Graduada de Teología de la Universidad Oral Roberts.

Los padres de dos hijos adultos, Charisa y Chairo (Myles, Jr.), el doctor Munroe y su esposa Ruth viajaban como equipo, ofreciendo juntos seminarios de enseñanza. Ambos eran líderes que ministraban con corazones sensibles y visión internacional. En noviembre de 2014, murieron trágicamente en un desastre aéreo rumbo a una conferencia anual de liderazgo auspiciada por Bahamas Faith Ministries International. Un enunciado en el libro del doctor Munroe, *El poder del carácter en el liderazgo*, resume su propio legado: "Recuerden que el carácter asegura la longevidad del liderazgo, y los hombres y mujeres de principios dejarán importantes legados y serán recordados por futuras generaciones".